国家社会科学基金项目
项目编号：13BGL121
项目名称：公益类事业单位治理结构模式及运行机制研究

公益类事业单位治理结构模式及运行机制研究

柳学信 等◎著

GOVERNANCE STRUCTURE MODEL AND OPERATION MECHANISM OF CHINA'S PUBLIC WELFARE INSTITUTIONS

图书在版编目（CIP）数据

公益类事业单位治理结构模式及运行机制研究/柳学信等著．—北京：经济管理出版社，2020.6

ISBN 978－7－5096－7212－9

Ⅰ.①公…　Ⅱ.①柳…　Ⅲ.①行政事业单位—行政管理—研究—中国　Ⅳ.①D630.1

中国版本图书馆 CIP 数据核字（2020）第 108274 号

组稿编辑：张永美
责任编辑：胡　茜　赵亚荣
责任印制：黄章平
责任校对：陈晓霞

出版发行：经济管理出版社
（北京市海淀区北蜂窝 8 号中雅大厦 A 座 11 层　100038）
网　　址：www.E－mp.com.cn
电　　话：（010）51915602
印　　刷：三河市延风印装有限公司
经　　销：新华书店
开　　本：720mm×1000mm/16
印　　张：15
字　　数：261 千字
版　　次：2020 年 8 月第 1 版　　2020 年 8 月第 1 次印刷
书　　号：ISBN 978－7－5096－7212－9
定　　价：68.00 元

撰写分工

内容摘要	柳学信
前　言	柳学信
第一章　公益类事业单位改革进展	柳学信
第二章　公益类事业单位治理的现状及问题	曹晓芳
第三章　国外公共产品体制发展与改革	唐士玉
第四章　公益类事业单位治理改革博弈分析	孔晓旭
第五章　公益类事业单位治理架构与原则	张宇霖
第六章　公益类事业单位治理模式运行机制及保障措施	李胡扬
第七章　我国公立医院治理模式及其构建	柳学信
第八章　我国公立大学治理结构模式及其构建	柳学信
第九章　结论	柳学信

内容摘要

目前我国共有超过 120 万个事业单位，涉及 3000 多万名职工。事业单位提供了科、教、文、卫等公共产品，是我国公共服务的主要载体。长期以来，国家对事业单位进行过多次调整和改革，但事业单位依然存在定位不清、体制僵化和改革滞后等问题。2012 年 4 月发布的《中共中央、国务院关于分类推进事业单位改革的指导意见》，确定了事业单位分类改革思路，但是目前改革已经进入深水区，推进缓慢。公益类事业单位将是整个事业单位改革的核心和难点。公益类事业单位目前普遍存在组织形式单一、所有者缺位、内部人控制等问题，加上前期推行的"扩大自主权"和"市场化"改革，使部分公益类事业单位以公共服务的名义营利。存在这些问题的一个根本原因是公益类事业单位尚未建立有效的治理结构，因而未能清晰界定并规范内部和外部利益相关人的职责和权限。有效的治理结构通过建立科学合理的决策、执行和监督机制，可以解决目前公益类事业单位存在的诸多问题。因此，治理结构的建立和运行将是推进我国公益类事业单位改革的一个重要突破口和切入点。目前，改革已经启动，而理论储备不足，亟须研究当前和未来改革制度环境约束下，如何建立适合公益类事业单位特点的治理结构模式及其运行机制，为推进公益类事业单位改革提供理论分析和政策建议。

有效的治理结构通过建立科学合理的决策、执行和监督机制，可以解决目前公益类事业单位存在的诸多问题。本书以建立公益类事业单位治理模式和运行机制为核心，在深入分析我国公益类事业单位及其治理改革进展现状和存在问题的基础上，通过借鉴国外公共产品和公共服务供给体制发展与改革经验，建立基于利益相关人视角的公益类事业单位治理改革博弈模型，详细分析公益类事业单位治理改革过程中政府、公益类事业单位和广大用户之间的利益博弈过程和博弈结果；在理论分析的基础上，确定公益类事业单位治理架构与原则，研究建立我国公益类事业单位治理模式及其运行机制和保障措施。同时，将所建立的公益类事业单位治理模式应用于分析我国公立医院和公立大学的治理问题，构建公立医院和公立大学的治理模式。本书的研究有助于拓宽公司治理结构理论的适用范围。事业单位作为我国特有的名称和组织形态，国内外对其治理结构问题研究较少。本书根据公共服务供给体系的不同组织形式特点，在一个整合框架下研究事业单位治理结构模式及其运行机制问题，对于完善公司治理理论具有潜在的重要价值。同时，本书系统研究公益类事业单位治理结构模式及其运行机制问题，有助于丰富事业单位改革的理论研究；并且本书的研究专门针对制约公益类事业单位改革和发展的关键问题，有助于推进我国公益类事业单位改革。因此，本书不仅具有较好的理论价值，还具有较强的实践借鉴价值。

本书主要研究包括公益类事业单位改革进展、公益类事业单位治理的现状及问题、国外公共产品体制发展与改革、公益类事业单位治理改革博弈分析、公益类事业单位治理架构与原则、公益类事业单位治理模式运行机制及保障措施、公立医院治理模式、公立大学治理结构模式及其构建等内容。具体如图 1 所示：

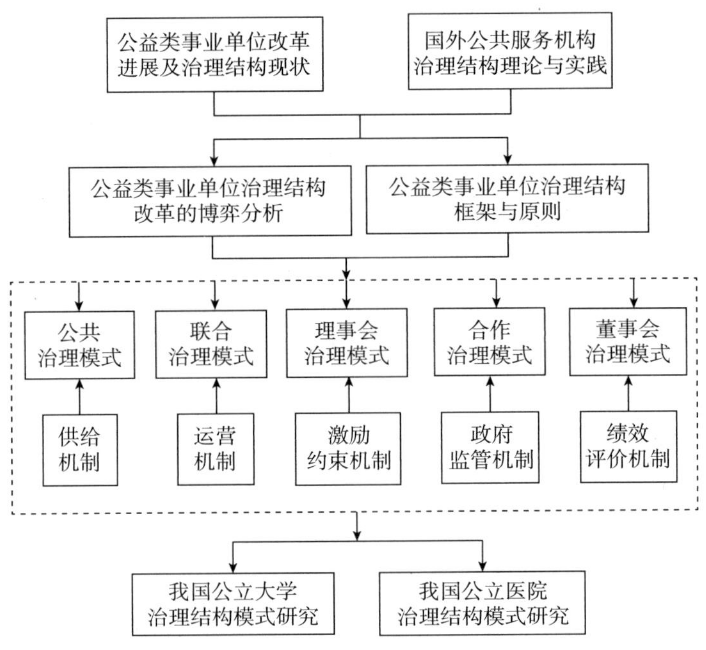

图 1　本书研究框架

在公益类事业单位改革进展方面。中华人民共和国成立至今，我国事业单位已走过70多年历程，经历了计划经济阶段、改革探索阶段、深化改革阶段及分类改革阶段，科、教、文、卫领域改革都取得了重大进展，在这个过程中各类公益类事业单位财政拨款不断增加，社会贡献也在不断提高。但我们必须看到，改革的整体进程还比较缓慢，许多问题没有得到实质性解决，如对传统体制存在惯性依赖，相关社会主体参与不足，政事分开、管办分离进程举步维艰，公益类产品定价不科学，缺乏完善的绩效评价机制，缺乏法律规章，政府与市场关系失调等。因此，我们亟须建立有效的治理结构模式和运行机制以应对公益类事业单位目前面临的诸多问题。

（1）公益类事业单位治理的现状及问题方面。计划经济体制下的公益类事业单位治理结构遵循“资产政府所有、领导政府任命、价格政府制定、经营政府控制、盈亏政府统负”的理念，这一传统理念是我国公益类事业单位管制政策和法律制定实施过程中所驻足的政治逻辑基础。治理结构的特点主要表现为：管理体制的行政化、经费来源的供给化、人员编制的干部化、职能目标的计划化及行为模式上的双规化。政府主导下的治理模式在计划经济时代起到一定的积极作用，但公益类事业单位所属行业的产权结构、治理结构和市场结构无一不带有强烈的政府主导倾向。目前，出身于计划经济体制下的公益类事业单位治理模式还未完全摆脱政治性治理的束缚，公益类事业单位治理仍处于“强政府，弱社会”阶段。具体问题表现为：公益类事业单位治理体制改革动力不足，公益类事业单位“政事不分、管办不分、政资不分”的现象仍然存在，公益类事业单位缺乏灵活多样的激励机制，社会治理主体实质性参与不强，不同政策系统间契合和衔接不到位，公益类事业单位治理结构职能定位不明确，治理结构所有权虚化，资源配置效率低。

（2）国外公共产品体制发展与改革方面。我国公益类事业单位改革需要根据自身的特点构建具有自身特色的治理模式、运行机制，虽然国外没有公益类事业单位，但是因为公益类事业单位提供的产品多为广义上的公共产品，因此可以从国外各国公共产品的供给机制改革历程和发展现状中吸取可以借鉴的经验。广义的公共产品具有非排他性或非竞争性，并且具有民生必需性和较强的外部性，产生了“搭便车”、公地悲剧、排他成本等问题。因此，国外公共产品的供给也经历了从社会自发供给、政府供给、市场化供给等过程，虽然不是每个国家都经历了每个过程，但就目前现状来看，多数国家的公共产品的供给并不是单一的供给模式，而是根据所提供的公共产品的特性的不同，采用政府供给、市场供给、社会供给的多元化供给模式。对国外公共产品供给改革历程、典型模式特点的总结以及案例国家典型行业公共产品供给模式、管理模式等方面的总结，可以为我国事业单位改革提供一定的经验借鉴。

（3）公益类事业单位治理改革博弈分析方面。公益类事业单位治理的博弈分析涉及三个主体，分别为政府、社会公众、公益类事业单位，它们追求的目标各不相同。政府的目标是整体社会福利最大化，实现公平和效率两方面，以及可持续发展；社会公众追求的是公共服务的便利化；而公益类事业单位追求的目标是利润最大化。虽然三个主体追求的目标不同，但它们之间存在内在联系，可以互相影响和相互作用。博弈论是关于聪明而又理性的多个参与者在利益相互影响的情况下如何选择策略、采取行动以及与对手互动的决策理论，恰好可以满足上述问题研究的要求，因此本书使用博弈论的方式建立模型来分析公益类事业单位治理的相关问题。根据公益类事业单位治理博弈模型分析结果，对公益类事业单位采用服务及成本监督下的补贴方式更适合我国国情。

（4）公益类事业单位治理架构与原则方面。考虑到公共服务涉及的各个方面，基于营利/非营利、公立/私立两个维度以及政府、市场、社会公众等要素建立了公益类事业单位整体治理框架。整体治理框架反映了公益类事业单位公共服务供给的各个参与部分之间的关系，框架既包括了作为公共服务生产者的公益类事业单位、作为公共服务消费者的社会公众与机构，同时也包括了作为关键治理机制的政府和市场。另外，为了保证公益类事业单位的有效治理，在改革过程中应坚持政事分开、管办分离原则，分权制衡原则，公益属性原则和多元治理原则。最后，在综合考虑公益类事业单位的供给体制、运营体制、公共服务的共用品特性、规模和服务范围以及服务特点等因素后，可将未来的公益类事业单位治理结构模式分为政府治理、联合治理、理事会治理、合作治理和董事会治理等多种治理模式。

（5）公益类事业单位治理模式运行机制及保障措施方面。为了减少公共服务产品从产生到供给，从决策到执行过程中的低效与滞后问题，公益类事业单位治理机制应该从政府监管、强制约束、供给、运营、激励约束、绩效评价、社会监督等角度来考虑，针对不同的治理模式，建立了相应的治理机制，主要包括政府监管机制、法律政策机制、供给机制、运营机制、激励约束机制、绩效评价机制、社会监督机制。

作为本书所建立的治理结构模式和运行机制的应用，最后我们探究了公立医院和公立大学的治理问题。在公立医院改革方面，按照政府与市场的关系，即政府参与公立医院管理的程度强弱，总结出四种模式：政府治理模式、托管治理模式、公私合作治理模式以及董事会治理模式。政府治理模式是指由政府出资、建设和运营公立医院。该模式的资金来源主要是财政税收和财政补贴，政府为主要供给主体，并实现外部监督。托管治理模式是指医院产权所有者将医院的经营管理权交由第三方职业管理团队来负责，他们通常具有较专业的经营管理技能和较强的经营管理能力，并承担一定的经营管理风险进行有偿经营。公私合作治理模式是指允许民间资本加入公立医院，参与医院的改制、改组和改造，形成以公有制医疗机构为主体、多种所有制医疗机构共同发展的新格局。董事会治理模式由董事会、监事会和管理层构成。董事会应由出资者代表、医院代表、政府相关部门人员以及财务、法律等利益相关者构成。董事会对出资人负责，主要职责是审议医院的重大决策，任命董事会成员和重要行政人员以及制定国有资本再投资计划等。在公立大学改革方面，要把握大学治理结构的两大基本关系，大学外部治理要建立政府、社会和大学的多元治理模式，大学内部治理要处理好行政权力和学术权力的矛盾，建立互动制衡机制。要正确定位政府与我国公立大学的关系，既不能越位也不能缺位，真正形成政府宏观控制、学校自主办学的新型政校关系，并建立健全拨款体制，完善评估监督机构，建立大学内部权责划分的制约机制，实行学院参与型的治理模式，调整学术权力与行政权力的关系，鼓励利益相关者参与大学治理，营造现代大学制度文化氛围。

前　言

事业单位提供了科、教、文、卫等公共产品，是我国公共服务的主要载体，为我国经济社会发展提供了基本保障。截至 2017 年底，我国约有 130 万个科、教、文、卫类事业单位，其中，科技类事业单位 0.36 万个，教育类事业单位 24.6 万个，文化类事业单位 31 万个，卫生类事业单位 98 万个。改革开放以来随着我国经济社会的快速发展，对事业单位所提供的公共产品和服务的需求一直持续上升。公共产品和服务的短缺问题和效率问题一直困扰着我国事业单位的改革和发展。长期以来国家对事业单位进行过多次调整和改革，取得了一定进展，但是依然有众多历史遗留问题有待解决。

公益类事业单位作为我国事业单位的主体，是我国事业单位改革的核心和重点。目前我国公益类事业单位依然存在定位不清、体制僵化和改革滞后等问题，加上对传统体制的惯性依赖、过度依赖财政拨款、相关社会主体参与不足、政事分开与管办分离进程举步维艰、公益产品定价不科学、缺乏法律规章、缺乏完善的绩效评价机制、政府与市场关系失调等问题，都严重制约了我国公益类事业单位的持续、健康和稳定发展。存在这些问题的一个主要原因是公益类事业单位尚未建立有效的治理结构，因而未能清晰界定并规范内部和外部利益相关人的职责和权限。目前，我国公益类事业单位的治理结构的制度建设还存在很大局限性，公益类事业单位治理体制改革动力不足，公益类事业单位“政事不分、管办不分、政资不分”的现象仍然存在，公益类事业单位缺乏灵活多样的激励机制，社会治理主体实质性参与不强，不同政策系统间契合和衔接不到位，公益类事业单位治理结构职能定位不明确，治理结构所有权虚化，资源配置效率低。

2012 年 4 月发布的《中共中央、国务院关于分类推进事业单位改革的指导意见》，确定了事业单位分类改革思路：将事业单位分为行政、生产经营和公益服务三类。行政类事业单位职能收归行政机构，生产经营类转为企业，公益服务类保留并强化公益属性。5 年内完成行政类和生产经营类事业单位改革任务，公益服务类事业单位改革取得明显进展。但是截至目前，改革推进缓慢。公益类事业单位将是整个事业单位改革的核心和难点。而且有效的治理结构通过建立科学合理的决策、执行和监督机制，可以解决目前公益类事业单位存在的诸多问题。因此，治理结构的建立和运行将是推进我国公益类事业单位改革的一个重要突破口和切入点。

目前，改革已经启动，而理论储备不足。亟须研究当前和未来改革制度环境约束下，如何建立适合公益类事业单位特点的治理结构模式及其运行机制，为推进公益类事业单位改革提供理论分析和政策建议。本书以建立公益类事业单位治理模式和运行机制为核心，在深入分析我国公益类事业单位及其治理改革进展现状和存在问题的基础上，通过借鉴国外公共产品和公共服务供给体制发展与改革经验，建立基于利益相关人视角的公益类事业单位治理改革博弈模型，详细分析公益类事业单位治理改革过程中政府、公益类事业单位和广大用户之间的利益博弈过程和博弈结果；在理论分析的基础上，确定了公益类事业单位治理架构与原则，研究建立了我国公益类事业单位治理模式及其运行机制和保障措施；同时，将所建立的公益类事业单位治理模式应用于分析我国公立医院和公立大学的治理问题，构建了公立医院和公立大学的治理模式。因此，本书不仅具有较好的理论价值，还具有较大的实践借鉴意义。

本书有助于拓宽公司治理结构理论的适用范围。事业单位作为我国特有的名称和组织形态，国内外对其治理结构问题研究较少。本书根据公共服务供给体系不同组织形式特点，在一个整合框架下研究事业单位治理结构模式及其运行机制问题，对于完善公司治理理论具有潜在的重要价值；同时，本书系统研究公益类事业单位治理结构模式及其运行机制问题，有助于丰富事业单位改革的理论研究；而且本书的研究专门针对制约公益类事业单位改革和发展的关键问题，有助于推进我国公益类事业单位改革。

本书主要内容分为六个部分：

（1）公益类事业单位改革进展及治理结构现状（第一、第二章）。厘清公益类事业单位历史沿革，对我国公益类事业单位改革进展及问题进行分析，对公益类事业单位治理结构改革进展进行回顾，并对公益类事业单位在治理模式中日益显现的问题进行总结。

（2）国外公共产品体制发展与改革（第三章）。重点从理论和实践两方面分析美国、英国等发达国家教育和医疗等公共服务机构治理结构模式及其发展演进的基本情况。通过对国外的理论和实践进行比较和总结，为我国公益类事业单位治理结构和运行机制改革提供借鉴。

（3）公益类事业单位治理改革的博弈分析（第四章）。利用机制设计理论和多重委托—代理模型，揭示公益类事业单位治理改革过程中政府、公益类事业单位、社会公众与其他利益相关人的利益博弈过程以及可能的均衡结果。研究公益类事业单位治理中内外部利益相关人的职责和权限，以及在我国改革制度环境约束下，公益类事业单位治理改革设计中决策、执行与监督权力的最优配置问题。

（4）公益类事业单位治理架构与原则（第五章）。基于营利/非营利、公立/私立两个维度以及政府、市场、社会公众等要素建立了公益类事业单位整体治理框架，并根据公益类事业单位的供给体制、运营体制、公共服务的共用品特性等因素建立了包括政府治理、联合治理、理事会治理、合作治理和董事会治理等多种治理模式，同时为了保障各种治理模式的正常运行，还建立了相应的治理原则和运行机制。

（5）公益类事业单位治理模式运行机制及保障措施（第六章）。由于我国公益类事业单位尚未建立有效的治理结构，因而未能清晰界定并规范内部和外部利益相关人的职责和权限。从内部来看，严重依赖政府的单边治理导致管理模式过于官僚化，缺乏有效的监督机制、竞争机制和决策机制。从外部来看，法律机制不健全，监管机制不健全，市场机制没有发挥实际作用。同时，利益相关人的参与机制缺失导致消费者的参与度和外部监管程度低下，影响了公益类事业深化改革的推进。有效的治理结构通过建立科学合理的决策、执行和监督机制，可以解决目前公益类事业单位存在的诸多问题。因此，治理结构的建立和运行将是推进我国公益类事业单位改革的一个重要突破口和切入点，同时需要建立一系列保障措施为公益类事业单位治理模式的顺利进行保驾护航。

（6）我国公立医院和公立大学治理结构模式研究（第七、第八章）。利用所建立的治理结构模式和治理机制框架，研究我国公立医院和大学如何建立有效的治理结构模式及治理机制问题。

目　录

第一章　公益类事业单位改革进展

公共类事业单位是我国事业单位的主体，负责为全国人民提供科技、教育、文化、卫生等公共服务。因此，坚持公益是事业单位改革的目标取向。中华人民共和国成立以来，我国的事业单位经历了近 70 年的发展历史。回顾和分析公益类事业单位改革的路径，把握公益类事业单位的发展历程以及政治、经济和社会环境，将使我们更加清楚地了解中国公益事业单位改革中存在的问题，它将有助于阐明改革思路，制定科学的改革方案，从而更有效地推进改革。

一、公益类事业单位历史沿革

公益类事业单位是中国传统计划经济体制的产物，是提供公共产品和服务的“领头羊”。由于我国行政管理体制改革和公共机构改革的内涵和外延不断变化，公益类事业单位的概念和历程的梳理就成为重中之重。

（一）公益类事业单位概念及其历史沿革

1. 事业单位

事业单位最初是泛指文化、教育、卫生、科研等领域的机构，其投资均来自国家。1952 年 6 月发布的《关于全国各级人民政府、党派、团体及所属事业单位的国家工作人员实行公费医疗预防的指示》指出：扩大医疗预防范围，使国家工作人员和党组织，工人和青年妇女组织，工作组、文化、教育、卫生、经济建设等机构的国家工作者和革命残废军人，得到享受公费医疗预防的待遇。这是事业单位第一次出现在正式文件中。新中国成立后，党和政府带领全国人民开始建设新社会的实践。在一个相当多人还没解决温饱问题的时代，如何向最广大的人民群众提供尽可能多的福利是党和国家亟待解决的问题；同时，在高度集中的计划经济体制背景下，政府直接投入和配置各个领域，引导社会事业的建立和发展。可以看出，事业单位是中国计划经济体制下不可避免的制度安排和必然产物。

随着事业单位改革进程的不断深入和对事业单位理解的不断深入，国家对不同时期的事业单位做了不同的界定。1963 年 7 月，国务院出台《关于编制管理的暂行办法》，加强和规范机关事业单位管理，并从职能性质和经费来源上规范了事业单位：国家创造或改善生产条件，促进社会福利，满足人民群众的文化、教育、卫生需求，资金由国家支付①。随后，1965 年 5 月，国家编制委员会发布了《关于划分国家机关、事业、企业编制界限的意见》，明确了事业单位的定义：任何直接从事工农业生产和人民文化生活等服务的活动，所产生的价值不能以货币形式表示，属于全民所有制单位，列为国家事业单位编制②。这一时期对事业单位概念的理解有三个主要特征：一是其经费来源主要是由国家财政拨款；二是由国家设立，属于全民所有制；三是劳动成果所产生的价值不能直接用货币表示。在改革开放初期，事业单位主要是修复被破坏的事业建制、员工队伍等，实现原有公共服务职能的延续。1984 年，全国编制工作会议发布了《关于国务院直属单位编制管理的试行办法》，将事业单位界定为：任何为国家创造或改善生产条件的服务，从事国民经济、人民的文化生活、社会福利等，并非以为国家积累资金为目的的单位③。事业单位的这一定义反映出中国正在从计划经济向商品经济转变。但是，上述文件仅为草案，尚未正式发布。尽管国家一再界定事业单位的概念，但尚未正式确定为法律。1998 年，国务院颁布了《事业单位登记管理暂行条例》，首次规定了事业单位的定义：为了公益目的，国家机关或其他组织利用国有资产组织的教育、科技、文化、卫生等活动的社会服务机构，且具备法人条件④。这个定义突出了事业单位的公益性、国有性和组织性。一般来说，事业单位是由国家机构、其他组织、社会组织利用国有资产成立，以实现社会福利为目的，旨在满足人们的需求（如教育、科技、文化和卫生）的非营利

---

① 参见《关于编制管理的暂行办法》（1963 年 7 月）。

② 参见《关于划分国家机关、事业、企业编制界限的意见》（1965 年 5 月）。

③ 参见《关于国务院直属单位编制管理的试行办法》（1984 年）。

④ 参见《事业单位登记管理暂行条例》（1998 年）。

组织。它们不是以营利为目的，而是一些国家机构的分支机构，用于改善社会福利，提供各种社会服务，满足社会各个领域的需求。

此外，诸多学者也对事业单位进行了深入研究，对事业单位定义的界定，存在多种说法。成思危认为事业单位是指由各级政府、企业法人、社团法人或公民个人合法组织、自主运作经营的，法人独立承担民事责任、以社会福利为目的，在科技、教育、文化和卫生等领域从事非营利社会服务①。黄学恒认为事业单位指隶属于国家行政机关、没有生产收入、由国家自今年支持、不独立核算、提供非物质生产和服务的社会组织②。朱庆芳等认为事业单位是服务于党政机关、社会生活等领域的社会组织，旨在为国家改善生产、提高社会福利、满足人民群众科教文卫等各个方面的需求③。郑国安等认为事业单位就是政府机构为履行其政府职能而成立的向社会提供公共服务的公益性机构④。虽然各界学者、专家对事业单位概念的界定不统一，但通过上述概念，可以总结学者、专家对事业单位定义界定的一致点：首先，"事业单位"本身并未强调所有制、举办主体的含义。其次，学者、专家在不断深化对事业单位非营利特征的认识。再次，服务作为事业单位的核心特征，从计划经济时期一直保持并作为一种共识传承至今。最后，事业单位的活动领域相对稳定，主要集中在科教文卫等领域。

从这个角度看，事业单位是中国特有的，具有中国特色社会主义特征。结合上述专家、学者、法规等对事业单位的定义，本书将其定义为：由国家机构、企业、社会团体、个体公民和其他社会力量组织的，从事科学、教育、文化、卫生等社会福利事业的非营利性社会组织。这个定义与国际非政府组织、非营利组织和第三部门等组织相对照，突出了我国事业单位具有公益性、非营利性、知识密集性和社会服务性的特点。

2. 公益类事业单位

1992 年党的十四大提出建立社会主义市场经济体制，标志着中国的事业单位改革跻身于一个全新的阶段。事业单位改革已经不再是仅依附于其他的改革，而是开启了自身的改革历程。《事业单位登记管理暂行条例》（1998 年）中指出：

---

① 成思危．中国事业单位改革——模式选择与分类引导［M］．北京：民主与建设出版社，2000.

② 黄学恒．中国事业管理体制改革研究［M］．北京：清华大学出版社，1998.

③ 朱庆芳．现代事业人事管理［M］．北京：中国人事出版社，1997.

④ 郑国安．非营利组织与中国事业单位体制改革［M］．北京：机械工业出版社，2002.

"事业单位是指国家以社会公益为目的，由国家机关或由其他组织利用国有资产举办的，从事教育、科技、文化、卫生等活动的社会服务组织。"[①] 事业单位的公益性组织定位得到明确。党的十六大提出要突出社会管理和公共服务职能，2008 年出台的《关于事业单位分类试点的意见》第一次把事业单位划分为承担行政职能的、从事生产经营活动的以及从事公益服务的三类[②]，公益类事业单位首次出现在大众视野，主要是指提供社会服务或为政府职能提供支持的事业单位。

此外，相关学者和专家也依据前人的研究成果以及国家发布的相关政策，对公益类事业单位的概念界定提出了自己的一些看法，这些看法有助于我们更好地理解公益类事业单位的概念。殷献茹认为公益类事业单位是为社会提供公益服务的社会组织，具有公益功能，不从事商业活动[③]。徐婧雯认为公益事业单位是政府授权进行公益事业发展，为社会提供公共服务的单位。资金来源于财政拨款，单位没有独立的经济核算，而且其直接目的不是获取利润[④]。郑梅秀认为公共类事业单位是具有现代商业体系和事业法人资格的组织。公益类事业单位的概念没有一个相对明确的定义。学者对公益类事业单位的概念界定主要集中在其功能和发展目标上。

综上所述，本书界定了公益类事业单位的概念：公益类事业单位是独立于政府和企业的，不承担任何行政职能，致力于为社会提供公共服务，或为政府履行职能提供支撑的非营利的社会组织或机构。这一定义是基于公益类事业单位所承担的职能，重点是公益类事业单位的性质及其与行政机构的区别。综上所述，公益类事业单位的特点可以概括如下：①非行政性。与行政机关不同的是，公益类事业单位不行使行政职能，因此是非行政的。②非生产经营性。与企业不同的是，公益性机构没有能力生产和经营，因此具有非生产经营性。③非营利性。公益类事业单位承担着重要的社会职能，其经费大部分源于财政拨款，不以营利为直接目的，因此具有非营利性的特征。④服务性。公益类事业单位涉及科技、教育、文化、公共卫生等领域，主要为社会提供公共服务产品，它们不具有排他性，所以服务性是一个重要的特征。

---

① 参见《事业单位登记管理暂行条例》（1998 年）。

② 参见《关于事业单位分类试点的意见》（2008 年）。

③ 殷献茹．我国公益类事业单位改革的对策研究［J］．产业与科技论坛，2010，9（9）：21－23.

④ 徐婧雯．公益性事业单位改革探究［D］．黑龙江大学硕士学位论文，2010.

3. 公益类事业单位的分类

2008 年，《关于事业单位分类及相关改革的试点方案》第一次提出把事业单位划分为三个大类，即承担行政职能的事业单位、从事公益服务的事业单位和从事生产经营活动的事业单位①，又将从事公益服务的事业单位具体划分成公益一类、公益二类和公益三类，如表 1 –1 所示。

表 1 –1　事业单位分类②

分类		职责
行政职能		从事行政决策、行政执行、行政监督等工作
生产经营		从事生产经营活动，可实现由市场配置资源的事业单位
公益服务	公益一类	从事关系国家安全、公共安全、公共教育、公共文化、公共卫生、经济社会秩序和公民基本社会权利的公益服务，不能或不宜由市场配置资源的事业单位，不开展经营活动，不收取服务费用
	公益二类	面向全社会提供人民群众需求和经济社会发展需要的公益服务，可部分实现由市场配置资源的事业单位
	公益三类	服务具有公益属性，可基本实现由市场配置资源的事业单位。这类单位实行经费自理，自主开展公益服务活动和相关经营活动

2011 年 3 月国务院发布的《关于分类推进事业单位改革的指导意见》，明确提出将现有事业单位划分为三大类，分别为行政职能类、生产经营类以及公益服务类，又具体将公益服务类细分为公益一类和公益二类。其中，公益一类事业单位是指提供义务教育、基础研究、公共文化、公共卫生、基本医疗服务等基本公共服务，以及不能或不应由市场配置资源的单位或组织；公益二类事业单位是指为社会提供公共福利服务，费用按政府确定的公共服务价格收取。其部分资源可通过市场分配，如普通高等教育机构、非营利性医疗机构等，如表 1 –2 所示。

《中国统计年鉴》中对事业单位的划分如下：①国有。由国家财政预算拨款，或者列入财政预算外资金管理，以及经费主要来自国有主管部门或国有上级单位的事业单位。②集体。经费主要来自集体单位的事业单位。③私营。公民个

① 参见《关于事业单位分类及相关改革的试点方案》（2008 年）。

② 参见《关于事业单位分类试点的意见》（2008 年 11 月）。

表 1-2　公益类事业单位分类要素及其分布

属性 分类	市场化程度	资源是否由市场配置	经费来源	改革方向	涉及领域
公益一类	低	不能或不宜	全额拨款 财政保障	严格监管，不得从事经营活动	·义务教育 ·基础性科研 ·公共文化 ·公共卫生及基层 ·基本医疗服务
公益二类	较高	部分配置	差额拨款 财政补助 政府购买	可依法开展经营活动	·高等教育 ·非营利性医疗

资料来源：《中共中央　国务院关于分类推进事业单位改革的指导意见》（2011 年）。

人或者合伙成立的事业单位。④经费来源不明确的事业单位，按照管理方式进行归类。《中国统计年鉴》对事业单位的划分主要是依据事业单位的资金来源。

综合上述公益类事业单位的分类方法，本书将公益类事业单位按照行业分为科技、教育、文化、卫生四大类，并从这四方面介绍公益类事业单位的发展历程。

（二）公益类事业单位发展历程

我国事业单位经过几十年的发展，已具有庞大规模。据有关统计，全国现有近 130 万个事业单位，从业人员超过 3000 万人，占国家公共部门就业人数的 41%，占全国劳动力总数的 4%。公益类事业单位工作人员则成为事业单位工作人员的重要组成部分。其中，教育事业单位工作人员总数约占事业单位人员总数的 47%；卫生事业单位工作人员总数约占事业单位人员总数的 15%；文化事业单位工作人员总数约占事业单位人员总数的 4%；科研事业单位工作人员总数约占事业单位人员总数的 3%[①]。

与我国实行改革开放的历史进程大致相同，对事业单位的改革和调整也基本

① 赵秀竹，张帆，武宁．事业单位改革对公益类事业单位的影响及对策研究［J］．中国卫生产业，2017，14（16）：148-150，153.

上始于20世纪七八十年代。在改革之前，我国事业单位的管理体制属于典型的国家统管模式，改革开放后，政府放松了对经济和社会领域的控制，逐步进入国家与社会关系重构的改革阶段，放松了对事业单位的控制。在推进事业单位改革的进程中，我国一直把科技、教育、文化、卫生这四个行业作为改革重点。王敬元（2015）将改革开放后的公益类事业单位改革分为四个主要阶段，第一阶段是从1978年党的十一届三中全会到1985年全面推进科教文卫体制改革，其主要任务是对各项制度加以修订，恢复其公共服务职能；第二阶段始于1985年，国家行政管理部门针对科技、教育、文化以及卫生等公益类事业单位改革发布各项文件，到1992年党的十四大之前，其主要任务是在市场化趋势下，简政放权，弱化事业单位的公益职能；第三阶段是1992年党的十四大确立社会主义市场经济体制的改革目标，进入适应市场经济体制的新阶段；第四阶段是从2011年国务院出台《关于分类推进事业单位改革的指导意见》开始，标志着公益类事业单位改革进入分类改革的新阶段。本书依据其划分方法，将新中国成立后的公益类事业单位改革按照科技、教育、文化、卫生这四个行业大致划分为计划经济（1949～1984年）、改革探索（1985～1992年）、深化改革（1993～2010年）和分类改革（2011年至今）四个阶段，分别从每个阶段的发展环境、发展状况、面临的主要问题、主要改革措施及改革成效进行论述。

1. 计划经济阶段（1949～1984年）

新中国成立以来，我国实行高度集中的计划经济体制，采取福利平等的政治取向。政府一直将“发展社会事业，尽可能为广大公众提供福利”视为一项重要任务。另外，政府拥有几乎所有的社会资源，按需分配和使用，而事业单位是政府完成各种公共服务的主要承担者，受到政府统一安排的约束。在之后数十年中，事业单位在提供公共服务、履行公共职能方面发挥了关键性的作用。然而，“文化大革命”却破坏了许多制度和规范。因此，20世纪70年代末80年代初，为思想整顿的需要，满足经济建设的中心需求，国家和部分事业管理部门开始对因“文化大革命”而遭到破坏的各项制度进行调整和规范，创新管理体制及其内部管理办法，消除了原有体制的弊端。例如，重新建立了包括基础教育和高等教育在内的综合教育体系，对高等院校及相关科研机构的职能和岗位进行了全新调整；专业技术职称评定标准得到恢复，专业技术职位的聘任制度得到了广泛实施。再如，对公益类事业单位的组织及人事部门的权责问题进行了适当的权利下放，并组织相关部门进行后勤试点工作。如表 1－3 所示，1949～1984 年科技、教育、文化、卫生行业的发展指标体现了本阶段公益类事业单位在计划经济体制下逐步恢复与扩张的改革特点。

表 1－3　1949～1984 年科技、教育、文化、卫生行业发展指标

行业／指标／年份	科技	教育			文化	卫生	
	国家财政科技拨款（亿元）	机构数（个）	专任教师数（万人）	教育经费（亿元）	机构数（个）	机构数（个）	人员数（万人）
1949		351019	92		2863	3670	54
1950		387853	99	3.76	4537	8915	61
1951		505305	132	7.42	5497	16181	69
1952		531463	156	8.95	6142	38987	82
1953	0.56	516670	170	12.80	6726	52038	94
1954	1.22	511085	173	13.77	7044	56610	104
1955	2.13	509391	179	14.08	7156	67725	105
1956	5.23	535985	199	16.47	7919	107305	120
1957	5.23	558631	219	19.52	8400	122954	125
1958	11.24	806491	265	19.83	9652	196829	153
1959	19.15	759121	295	24.09	10259	231958	164
1960	33.81	749578	326	31.78	9667	261195	177
1961	19.49	664998	313	26.78	11410	269197	178
1962	13.73	688449	305	24.07	10107	217985	169
1963	18.61	727965	316	24.91	11182	215491	173
1964	24.27	1085669	369	27.80	11586	215474	177
1965	27.17	1700475	445	29.12	11977	224266	187
1966	25.06	1062409	396	34.43	10721	206613	183
1967	15.35	1018093	394	32.70	10238	196455	185
1968	14.80	1008252	410	27.50	9854	171494	183
1969	24.15	1011044	456	27.04	8990	153891	181
1970	29.96	1066519	492	27.56	8604	149823	179
1971	37.68	1063634	556	33.00	8885	131367	194
1972	36.10	1102502	619	38.54	9148	135127	217

续表

行业 指标 年份	科技	教育			文化	卫生	
	国家财政科技拨款（亿元）	机构数（个）	专任教师数（万人）	教育经费（亿元）	机构数（个）	机构数（个）	人员数（万人）
1973	34.59	1129374	651	42.07	9628	143733	231
1974	34.65	1154296	687	45.98	10113	149965	244
1975	40.31	1217209	745	48.26	10558	151733	259
1976	39.25	1236818	819	50.49	10970	157959	278
1977	41.48	1183963	860	53.04	11283	164199	294
1978	52.89	1112266	861	65.60	10381	169732	311
1979	62.29	1068398	870	76.96	32072	176793	334
1980	64.59	1036368	877	94.18	35477	180553	354
1981	61.58	1001496	867	102.48	39522	190126	380
1982	65.29	982880	847	115.68	47248	193438	396
1983	79.03	959444	833	127.85	52813	196017	409
1984	94.72	948356	824	148.16	61589	198256	421

注：①由于此阶段资料十分有限，本阶段科技行业机构数及R&D人员数、文化行业人员数及事业费数、卫生行业总费用数据缺失较多，因此该表不予显示；国家财政科技拨款数1949～1952年数据缺失；1949年教育经费数据缺失。②本阶段卫生机构数不包括村卫生室，卫生机构人员数不包括乡村医生和卫生员。

资料来源：《新中国60年统计资料汇编（全国）》、《中国科技统计年鉴》（1992）。

在计划经济体制下，事业单位在提供公共服务方面发挥了关键性的作用。但随着改革开放的推进，市场化的经济体制改革使原有体制下的管理方式难以维持，弊端日益显露，这也为开启改革探索阶段奠定了基础。下面对计划经济时期科技、教育、文化、卫生四大领域的公益类事业单位的发展情况及其改革必要性进行简要说明。

（1）科技。新中国成立之初，我国实行计划经济体制，原有的科技体制在此基础上逐步形成。新中国成立后，国家高度重视科学技术发展问题。随着社会主义制度的建立，科学事业飞速发展，国家财政科技拨款也不断攀升，由1953年的0.56亿元增加到1984年的94.72亿元，如图1－1所示。1956年制定了“12年科技发展规划”，在当时的社会背景下，为国家安全、经济发展和社会进步发挥了至关重要的作用，也为科学技术的快速发展打下了坚实的基础。然而，随着我国经济体制的变革，原有的科技体系越来越不适应经济发展：科研机构运行僵化，缺少适应实际应用和市场需求的能力和动力，导致科技与经济脱节。因此，自1978年实行改革开放以来，国家开始以经济建设为中心，大力发展生产力，科技事业单位作为改革先锋，开始有步骤地进行体制性改革，并预期在改革科研单位管理制度等方面开始逐步实践。

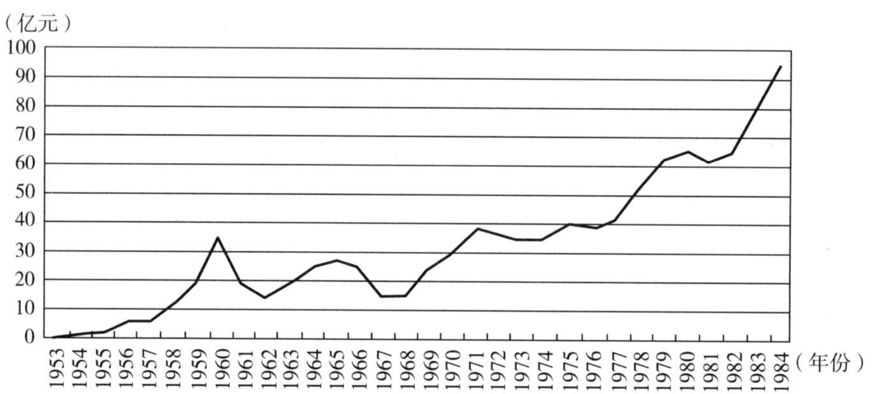

图1-1　1953~1984年国家财政科技拨款状况

资料来源：国家统计局。

（2）教育。教育服务行业是国民经济和社会发展的重要行业。在计划经济时代“学校办社会”的模式下，教育事业单位在公共服务中扮演了重要角色。但长期的计划经济体制也不可避免地束缚和制约了教育事业单位的发展：政府管得过多过死，事业单位市场意识不强，服务意识不强，缺乏面向市场和社会教育要求的主动性；人员机构臃肿，极大地增加了财政负担。随着改革开放政策的实施，我国对人才的需求不断增加，教育领域引起了国家的关注。1980年2月，国务院颁布实施了《中华人民共和国学位条例》，这也意味着自高考恢复以来，高等教育逐渐走向法制化、制度化。也正因如此，工作的制度化和科学化也必将得到显著改善。同年10月，国务院批准通过了《关于中等教育结构改革的报告》，这也标志着中等职业教育开始受到广泛关注。这一系列的法规政策也为下一阶段教育事业单位的体制改革奠定了基础，总体来讲，在这一阶段，无论专任教师数还是教育经费等都有大幅度提升，国家关于教育事业单位改革在诸多逆境中取得了一定成效，具体如图1-2所示。

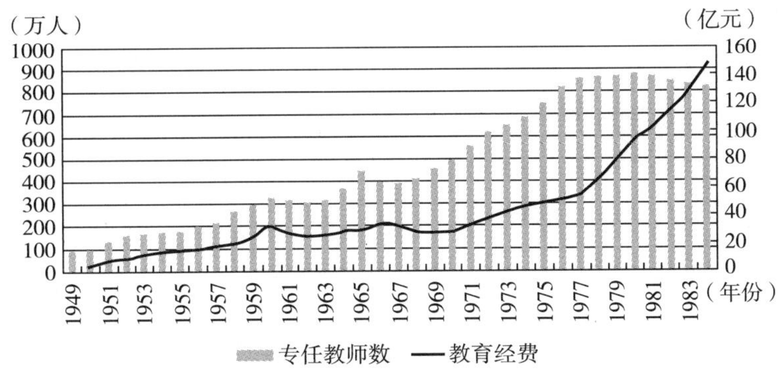

图1－2　1949～1984年专任教师数和教育经费发展状况

资料来源：国家统计局。

（3）文化。文化事业单位是在计划经济体制下形成的，20世纪50年代末，文化界的社会主义改造基本完成。各类私营的文化企业相继重组为公有制企业，以公有制为主体的所有制结构得以形成，文化“事业单位”属性也基本确立，文化行业的经营管理也开始在计划经济体制下运作起来。它在经济上依赖国家资金，并根据行政级别高低分配资源，有高度集中的审批制度。当国家开始允许其从事经营活动时，文化事业单位改革便拉开了序幕。1978年财政部批转了《人民日报》等8家报社的报道，要求试行企业化管理，这标志着此后30年以市场化为主线的文化事业单位改革的开始，同时也揭开了下一阶段对文化管理体制、文化单位经营机制、文化企事业组织模式改革的序幕，在这个阶段，随着人民对物质文化需求的不断增加，文化行业机构数量大幅增加，如图1－3所示。

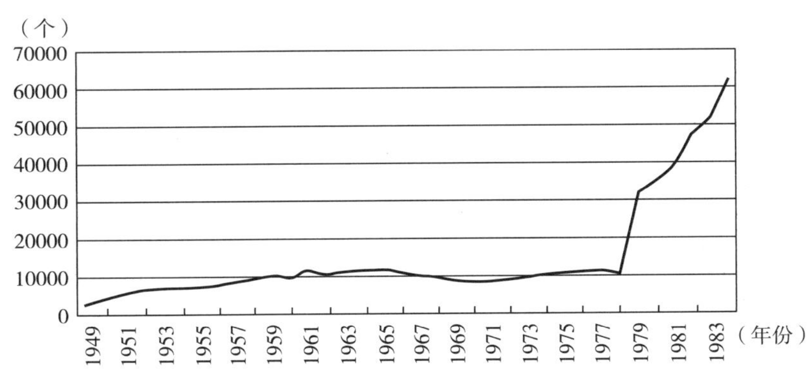

图1－3　1949～1984年文化机构数发展状况

资料来源：国家统计局。

（4）卫生。在计划经济体制下，我国的大部分社会事业都是由国家直接组织、有计划地进行管理。在计划经济时期，医疗卫生是社会公益事业，卫生事业单位追求社会公益目标。公共卫生机构和专业医疗服务机构的收入全部纳入各级财政预算，接受政府主管部门的管理和控制，执行政府统一规定服务标准和服务价格，必要时承担政府下达的任务。自20世纪70年代后期改革开放以来，随着经济体制改革的全面推进，卫生事业单位不得不进行适应新经济体制的改革。1980年国家开始实行增量改革，针对计划经济中出现的缺医少药的问题，鼓励个体、多部门、多渠道办医，这也为下一阶段对卫生事业单位实行简政放权做了充分的准备工作，总体上讲在这一阶段，由于国家政治、经济等环境的频繁变动，医疗卫生机构数处于不断波动中，机构数量在1961年达到最高水平的269197个，如图1－4所示。

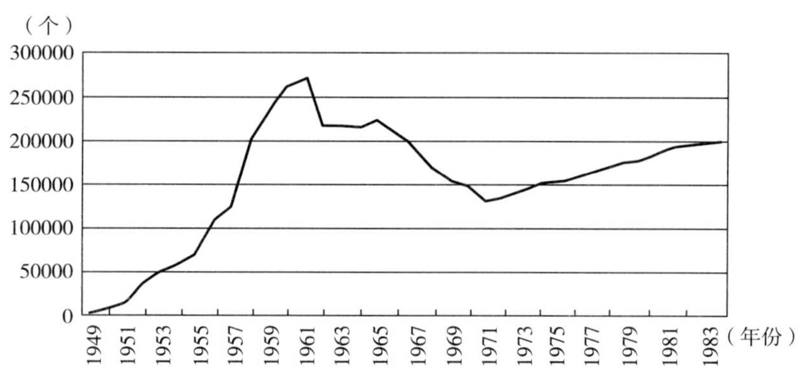

图1－4　1949～1984年医疗卫生机构数发展状况

资料来源：国家统计局。

总体来说，这一阶段的公益类事业单位的改革正处于起步阶段，逐步恢复与扩张是这一阶段的主要任务，具体措施尚处于初级阶段，所采取的方式也是渐进式的。在不断调整、恢复和规范化的过程中，公益类事业单位改革也将进入一个崭新的阶段。

2. 改革探索阶段（1985～1992年）

随着改革的不断深入，农村开始实行家庭联产承包责任制。同时，以扩大企

业自主权为主的经济改革也在城市展开，遍布城乡的改革热潮、企业的简政放权、市场经济的不断深入推动着事业单位尤其是公益类事业单位进入改革发展的新时期。1985 年，科教文卫等公益类事业单位开始全面推进改革。从计划经济体制的尝试阶段开始，公益类事业单位的改革正式进入改革探索阶段。在此阶段，有关部门出台了一系列有关科技、教育、文化、卫生等领域事业单位改革的政策，现阶段科技、教育、文化、卫生行业的发展，体现了全面启动和全方位探索的改革特点，如表 1－4 所示。

表 1－4　1985～1992 年科技、教育、文化、卫生行业发展指标

行业/指标/年份	科技		教育			文化			卫生		
	机构数（个）	国家财政科技拨款（亿元）	机构数（个）	专任教师数（万人）	教育经费（亿元）	机构数（个）	人员数（万人）	事业费（亿元）	机构数（个）	人员数（万人）	卫生总费用（亿元）
1985	4690	103	926546	837	184.16	64286	133	9.32	978540	561	279
1986	5793	113	914867	854	214.32	65285	50	10.74	999102	573	316
1987	5568	114	901326	869	226.66	64697	50	10.77	1012804	584	380
1988	5275	121	885828	885	278.75	64710	50	12.18	1012485	592	488
1989	5354	128	867894	892	594.67	63610	56	13.57	1027522	603	616
1990	5416	139	854778	901	659.36	64156	50	15.19	1012690	614	747
1991	5463	161	816084	901	731.50	63674	51	17.28	1003769	628	893
1992	5440	189	798047	906	867.05	60101	46	19.46	1001310	641	1097

注：①本阶段卫生机构数包括村卫生室，卫生机构人员数包括乡村医生和卫生员；②本阶段科技行业 R&D 人员数据缺失。

资料来源：《新中国 60 年统计资料汇编（全国）》，《中国科技统计年鉴》（1993）。

1987 年党的十三大提出了干部制度和人事制度改革的整体构想，对公益类事业单位实行分类管理，同时也明确规定了管理原则、方式及权限等相关问题的改革要求。

（1）科技。这方面的改革主要集中在改革运行机制上，以科学研究和经济建设为核心，推动组织结构和科技人员管理制度的调整。改革的主要措施有：改革科技投入机制，从科技投入、银行贷款、社会融资三个方面实施科技融合新机制；引进竞争激励机制，不断优化人力资源配置，促进人才的公平竞争和合理流动；加强对科研院所和执法机构的监督管理。1985 年 3 月，中央发布《关于科学技术体制改革的决定》，科技体制改革由此开始。该项政策主要致力于改革科研机构的财政分配制度，改革科研机构的运行机制，发展技术市场，逐步减少经营类科研机构的经营费用，严格管理基础研究和公益类科研机构的经营支出，实行院所长负责制（扩大院所人事、项目、合同、财务决策圈等）；实施技术合同制（改革计划项目制）、开放技术市场、加强技术成果转化的中间环节、引导科研机构建立科技企业等一系列措施。根据科研活动类型的不同实行经费的分类管理。图 1－5 描绘了 1985～1992 年科技拨款占公共财政支出的比重，从图中可以看出财政拨款制度及科研机构的运行机制的改革等一系列措施使科技拨款占比有所下降。之后国务院又出台了《关于科学技术拨款管理的暂行规定》，对科技事业单位的经费制度进行了更为细化的分类管理。

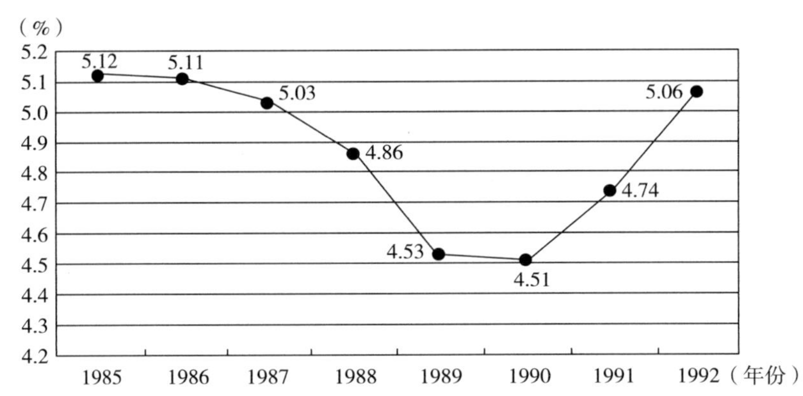

图 1－5　1985～1992 年科技拨款占公共财政支出的比重

资料来源：EPS 中国科技数据库。

（2）教育。教育事业单位改革主要体现在教育普及和结构优化上。改革的主要措施有：普及九年制义务教育，基础教育由地方负责、分级管理；调整中等教育结构，大力发展职业技术教育；高等教育毕业生实行“双向选择”制度；加强地方政府对教育改革的决策权和协调力；征收农村和城市教育附加费，实行奖学金制度。1985 年 5 月，中央政府颁布了《关于教育体制改革的决定》，标志着教育事业单位改革的开始：以“地方负责，分级管理”为基本教育模式；加

强对职业技术教育的重视程度；改革高校的招生计划和毕业生分配制度，扩大高校办学自主权。图 1－6 描述了 1978～1985 年普通中专学校数，从图中可以看出在中央的号召下，普通中专学校数量得到了大幅上升。

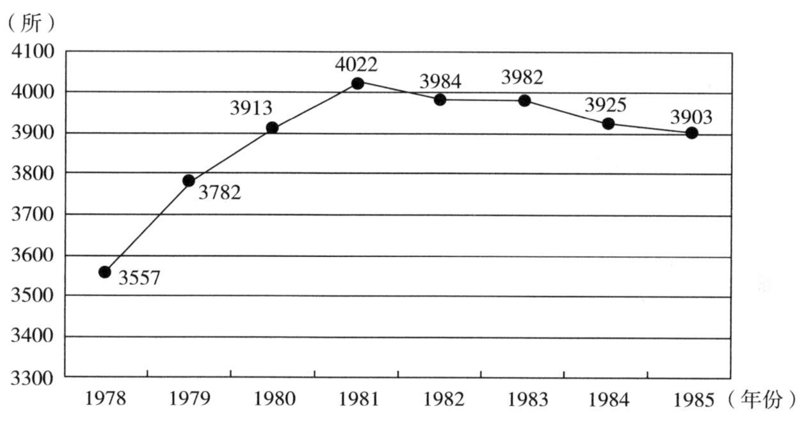

图 1－6　1978～1985 年普通中专学校数

资料来源：EPS 中国教育数据库、《中国教育统计年鉴》。

（3）文化。这一领域事业单位改革主要表现在双轨制合法化。改革的主要措施有：大力引入竞争机制；不断拓宽经费来源；对表演团体实行分类管理。1985 年，文化部发布了《关于艺术表演团体改革的意见》，对文化事业单位改革做出了重要部署。鼓励文化事业单位开展商业活动，允许其取得营业执照，“双轨制”开始逐步合法化。1984 年，城市经济体制改革正式启动，公共服务部门改革分行业开始，文化事业单位改革从一些行业着手，未来几年，政府还不断加大对文化事业单位经营活动的鼓励程度。1987 年，中央政府开始实施正式政策，允许文化事业向工商行政管理部门申请办理《营业执照》并依法经营，这意味着“双轨制”走向了合法化。1989 年 1 月，财政部发布文件称，根据事业单位经常性业务收入的稳定性，国家预算内事业单位实体被分为“全额预算管理”“差额预算管理”和“自收自支管理”三大类，并从国家预算管理角度来确定这一阶段的改革，这表明在不改变“预算内事业单位”性质的前提下，体制内文化事业单位将分为“公益性”“准公益性”及“经营性”三类。与此同时，如图 1－7 所示，文化事业费总支出占国家财政比重呈总体上升趋势。

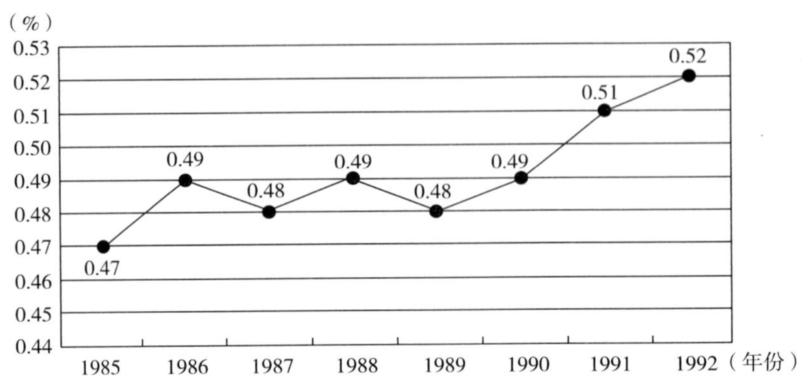

图 1－7　1985～1992 年文化事业费总支出占国家财政比重

资料来源：EPS 中国文化数据库、《中国统计年鉴》。

（4）卫生。这一领域事业单位改革主要表现在简政放权，扩大事业单位自主权。改革的主要措施有：放权让利，扩大医院自主权；改革卫生管理体制；拓宽卫生筹资渠道，转换运行机制；增强卫生经济实力；改革医疗保健制度，完善健康保障体系；健全计划生育服务体系，初步实施公费医疗制度改革。1985 年我国医疗改革的帷幕正式拉开，此次改革始终坚持放权让利，扩大医院自主权的核心思想。《中共中央关于经济体制改革的决定》的通过标志着我国正式启动了城市经济体制改革。现阶段的改革开始从农村向城市转变、从经济管理到涉及经济、科技、教育、政治体制等各个领域转变。这为中国医疗改革的全面发展奠定了基础。1985 年 4 月，《关于卫生工作改革若干政策问题的报告》指出了改革的必要性，要放宽政策，实施分权，多方集资，拓宽卫生事业的发展渠道，由此拉开了医疗机构转型的序幕。1992 年 9 月，国务院制定了《关于深化卫生改革的几点意见》，提出要改革卫生管理体制；拓宽卫生筹资渠道；转换运行机制；增强卫生经济实力；深化医疗卫生体制改革，健全健康保障制度；开拓国际医药卫生市场。通过这几轮改革，在政府政策的引导下卫生事业单位运营活力明显增强，单位筹资渠道不断丰富化，费用总支出呈不断增长趋势，到 1992 年卫生费用总支出已达 1097 亿元，如图 1－8 所示。

此外，1987 年召开的党的十三大明确提出了关于干部制度、人事制度改革的总体思路，建立了公益类事业单位分类管理制度。1992 年 10 月，党的十四大提出关于建立和发展社会主义市场经济体制的决定，对市场经济条件下的各单位

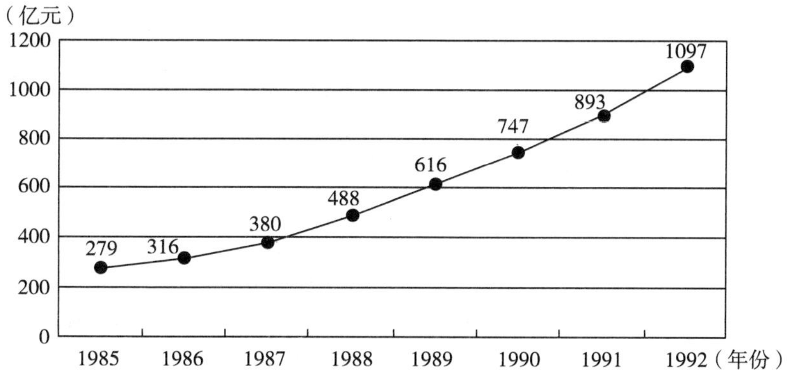

图 1－8 1985～1992 年卫生费用总支出状况

资料来源：国家统计局。

运作出台了新的要求：要加快工资制度改革，逐步建立符合机关、企事业单位各自特点的工资制度和正常的工资增长机制，同时要加快人事劳动制度改革，逐步建立健全符合机关、企事业单位不同特点的科学分类管理制度和有效的激励机制。

总的来说，此阶段的公益类事业单位改革仍处在探索阶段，主要关注的是管理体制、运行机制方面存在的问题。在这一阶段，党政机关等相关机构改革的政策与实践，为公益类事业单位改革提供了借鉴，为下一阶段的深化改革打下了基础。

3. 深化改革阶段（1993～2010 年）

党的十四大提出建立社会主义市场经济体制后，随着经济体制改革的不断深入，尤其是多种所有制经济的不断发展和市场机制作用范围的不断扩大，事业单位受到了生存和竞争的压力，各领域在不断适应市场、接轨市场中先后进行了改革。此后，公益类事业单位改革也进入了全面深化阶段，如表 1－5 所示。

1996 年，中央办公厅、国务院办公厅发布了《中央机构编制委员会关于事业单位改革若干问题的意见》，该文件提出改革要遵循“区域覆盖”和“就近服务”的原则，确立科学的总体布局，坚持社会发展方向，实行分类管理和总量控制，建立有效的管理体制、运行机制和自我约束机制，统筹人事制度、分配制度、社会保障和考核等其他方面。1999 年，中央机构编制委员会对事业单位进行

表 1-5　1993～2010 年科技、教育、文化、卫生行业发展指标

行业 / 指标 / 年份	科技			教育			文化			卫生		
	机构数（个）	R&D 人员（万人）	国家财政科技拨款（亿元）	机构数（个）	专任教师数（万人）	教育经费（亿元）	机构数（个）	人员数（万人）	事业费（亿元）	机构数（个）	人员数（万人）	卫生总费用（亿元）
1993	5446	26	226	780541	911	1060	57901	45	22	1000531	654	1378
1994	5422	26	268	766026	924	1489	58326	44	29	1005271	663	1761
1995	5841	24	302	750759	940	1878	56755	45	33	994409	670	2155
1996	5826	23	349	726982	960	2262	53690	154	39	1078131	674	2709
1997	5826	25	409	708502	979	2532	53969	161	46	1048657	683	3197
1998	5778	23	439	688536	992	2949	337772	177	51	1042885	686	3679
1999	5705	23	544	660575	1013	3349	329919	165	56	1017673	689	4048
2000	5064	23	576	631931	1033	3849	282784	148	63	1034229	691	4587
2001	4593	21	703	572930	1052	4638	260506	137	71	1029314	687	5026
2002	4372	21	816	538366	1077	5480	305603	161	84	1005004	653	5790
2003	4193	20	945	506888	1097	6208	349055	166	94	806243	622	6584
2004	3979	20	1095	474972	1115	7243	362363	224	114	849140	633	7590
2005	3901	22	1335	445982	1133	8419	381512	180	134	882206	645	8660
2006	3803	23	1689	420209	1152	9815	376660	191	158	918097	668	9843
2007	3775	26	2136	396759	1169	12148	375599	196	199	912263	696	11574
2008	3727	26	2611	376024	1180	14500	365945	200	248	891480	725	14535
2009	3707	28	3277	353416	1194	16502	305764	198	292	916571	778	17542
2010	3696	29	4197	328716	1200	19561	313540	211	323	936927	821	19980

资料来源：《中国统计年鉴》（1999～2011）、《新中国 60 年统计资料汇编（全国）》、《中国科技年鉴》（2000）。

登记管理，提出了建立事业单位登记管理制度，为事业单位的市场化改革和机构改革提供了法律依据。此外，为进一步加强事业单位用人制度的规范性，中央办公厅于 2000 年发布了《深化干部人事制度改革纲要》，如表 1-6 所示，该纲要提出推行聘用合同制度，建立岗位管理制度，实行公开招聘制度。

2006 年 10 月，党的十六届六中全会再次提出加快事业单位改革，加快机关事业单位养老保险制度改革，实行符合事业单位特点的收入分配制度。2006 年，事业单位在改革公务员工资制度的同时，也对收入分配制度进行了改革，建立了岗位绩效工资制度。如图 1-9 所示，岗位绩效工资由岗位工资、薪级工资、绩

效工资和津贴补贴四部分组成。

表 1－6　2000 年事业单位人事制度改革

人事制度改革	内容
推行聘用制度	破除事业单位目前实际存在的干部身份终身制，全面推行聘用制度
建立推行岗位管理制度	对不同类型的事业单位领导人员，分别实行聘任、选任、委任、考任
改革收入分配制度	实行按岗定酬、按任务定酬、按业绩定酬的分配办法
建设高素质人才队伍	大力发展并规范人才市场，逐步实现人才资源配置的社会化

资料来源：2000 年《深化干部人事制度改革纲要》。

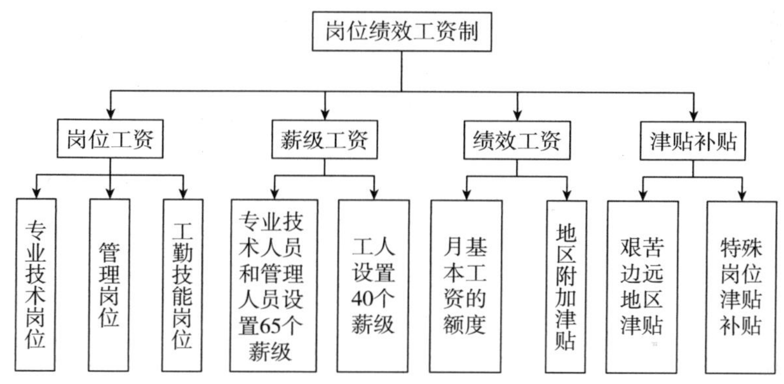

图 1－9　2006 年岗位绩效工资制度

2003 年党的十六届三中全会审议通过了《关于完善社会主义市场经济体制若干问题的决定》，对科技、教育、文化、卫生改革做出总体部署，各领域事业单位改革开始从分行业、分区域改革进入行业区域相结合、分类改革、统筹推进的新时期。2010 年，党的十七届五中全会再次强调要深化事业单位收入分配制度改革，推动机关养老保险制度改革，积极稳妥推进科技、教育、文化、卫生等机构的分类改革。以上措施为全面推进和不断深化事业单位改革打下了坚实的基础。

随着事业单位总体改革的不断深入，各领域改革也在有条不紊地进行。下面将从科技、教育、文化、卫生四个事业领域进行简要说明。

（1）科技。这一领域事业单位改革主要体现在科研机构改革上，改革的主要措施有：按照“稳住一头，放开一片”的方针，开展以结构调整、人才分流和机制转变为重点的改革试点；使技术成果和知识产权资产化，并将大量科研机构纳入市场运行机制；对具有技术和市场优势的机构可以兴办企业或转为企业；对综合服务能力较强的，可转变为技术创新推广中心，实行企业化管理；积极组织和推动科研机构、高等学校、企业开发高技术成果，实现产业化；继续推进国家高新技术产业开发区的发展。截至2010年，我国科学研究与开发机构数达3639所，研究与试验发展人员共3542244人，其中博士、硕士和本科毕业研究与试验发展人员分别为201728人、495133人、1091322人，较2009年分别增长11.34%、12.63%、13.40%。另外，如图1－10所示，高技术产业从业人员数量也从1995年的448万余人大幅增加到2010年的1092万余人。由于科技队伍建设的不断加强、人才激励机制的逐步健全、相关制度政策的不断创新，如图1－11所示，技术市场营业额由1995年的268.34亿元大幅增加到2010年的3906.58亿元，高新技术产业得到了飞速发展。

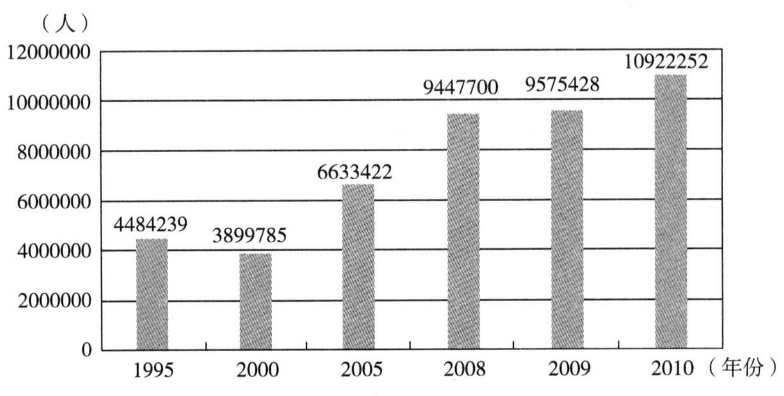

图1－10　1995～2010年高技术产业从业人员年平均人数

资料来源：国家统计局。

（2）教育。这一领域事业单位改革主要表现在学校的办学体制、管理体制和投资体制等方面。改革的主要措施有：建立与社会主义市场经济体制相适应的综合配套教育体系；逐步推进“包得过多、统得过死”的体制改革；建立健全教育立法；通过初、中级和成人职业技术教育，加大教育与经济结合的力度，实现统筹规划。以学前教育为例，根据国家统计局公布的数据，学前教育学校数在

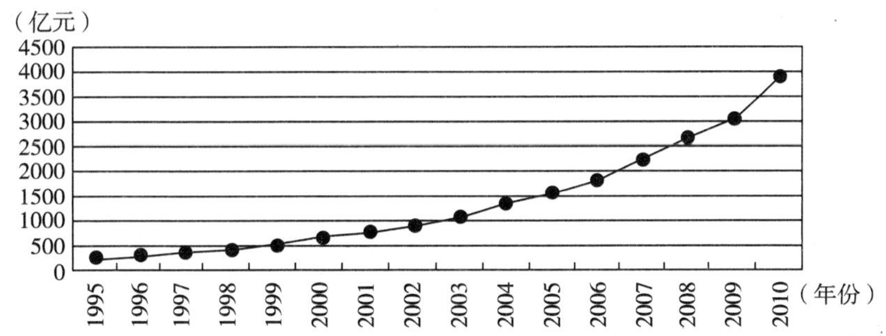

图 1－11　1995～2010 年技术市场成交额

资料来源：国家统计局。

前期经历小幅上涨后，1998～2001 年学前教育学校数量持续缩减，并于 2001 年骤减 6.41 万家。如图 1－12 所示，全国学前教育数量经历了一波戏剧化的起落，这主要是由于适龄幼儿减少，导致全国范围内的学校大规模撤并。随后，由于学前教育市场化改革，民间资本持续进入学前教育行业，故而在经历骤减后，学校数又重新持续平稳地上升。

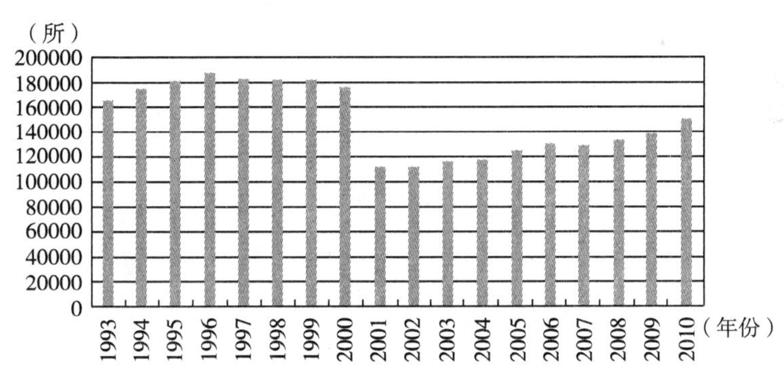

图 1－12　1993～2010 年学前教育学校数

资料来源：国家统计局。

随着教育事业领域改革的不断完善，国家教育经费投入比例也在不断提高，如图 1－13 所示，1993 年，我国教育经费投入约 10599374 万元，经过近 20 年的发展，截至 2010 年，我国教育经费投入约 195618471 万元，增长幅度约为 95.58%，足以看出教育对国家长远发展的重要性，而教育投入是支持国家长远发展的基本战略投资，是教育事业发展的物质基础和公共财政的重要职能。

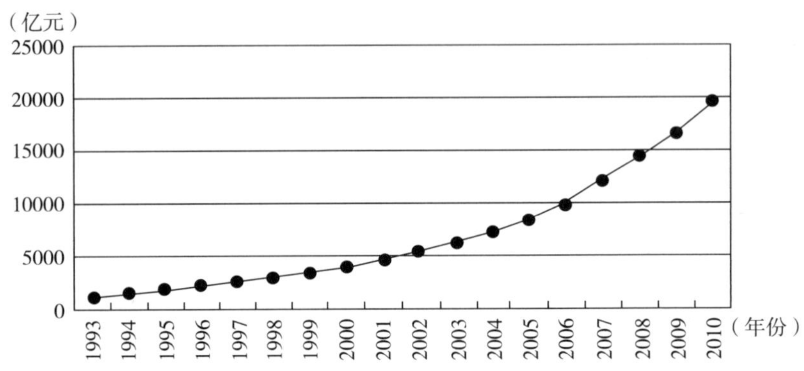

图 1-13　1993～2010 年教育经费投入

资料来源：国家统计局。

（3）文化。该领域事业单位改革主要表现在体制上向着将事业和产业分离运作的方向发展，前者主要提供公共文化产品和服务，是非营利性的；后者主要提供私人文化产品和服务，是营利性的。改革的主要措施有：全面推进出版机构及其他文化事业单位的企业化经营管理；实行事业与产业分类改革，剥离文化产业的事业体制；改革广播电视融资体系，推进各种形式的承包责任制。现阶段，文化体制改革积极推进经营性文化单位向企业转化，显著增强了文化事业单位的发展活力及市场竞争力，进一步解放和发展了文化生产力，使广大文化工作者充分调动他们的积极性和创造性。截至 2010 年底，除全国保留事业性质的出版社外，出版行业各经营性单位转企改制工作已全面完成。全国电影制片厂已完成转企改制工作，省、地级电影公司及电影院转企改制工作正持续深入推进，200 多家文艺院团成为转企改制试点单位。在转企改制过程中，如图 1-14 所示，文化类事业单位人员数量波动明显，很多年份呈下降趋势，但国有文化单位市场主体缺失，竞争力弱的局面开始得到有效扭转，文化事业单位开始得到蓬勃发展。

（4）卫生。这一领域事业单位改革主要表现在对分类管理的探索上。改革的主要措施有：逐步打破国家统包统揽的做法，公共医疗制度将实现由国家社会保障为主的转变；划分各地医疗卫生机构的类型，健全医疗机构分类管理的相关

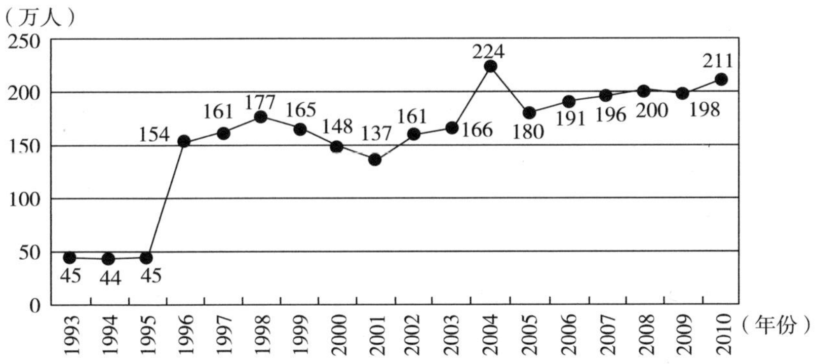

图 1-14 1993~2010 年文化类事业单位从业人数

资料来源：国家统计局。

制度；进一步推进城镇医疗机构分类管理改革，不断加强卫生行业监管力度，积极探索有关医疗行业国有资产管理的各种有效形式，继续推进公立医院试点改革，积极吸引国内外社会资源建立医疗服务体系，拓宽医疗资源多元化渠道，为下一步改革打下坚实基础。在此期间，由于社会资本不断涌入，卫生类事业单位总费用增加明显，1993 年卫生总费用 1378 亿元，2010 年卫生总费用已达到 19980 亿元，如图 1-15 所示。以公立医院为例，2003 年，在国家战胜“非典”疫情后，公立医院改革的问题再一次成为改革的热点问题，一些地方政府在卫生事业单位改革中采取了更多举措。2003 年，上海市政府颁布了《关于本市促进

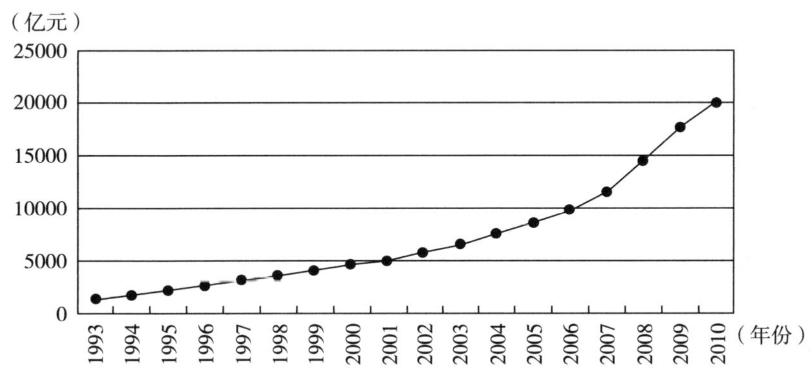

图 1-15 1993~2010 年卫生总费用

资料来源：国家统计局。

社会办医发展民办医疗机构的若干意见（试行）》，提出将公益性医疗机构和经营性医疗机构相融合，促进二者错位竞争和共同发展，吸引社会资金以各种形式投资医疗机构。2004 年，杭州市政府出台了《关于医药卫生和医疗保险救治体制改革的若干意见》，鼓励民间资本和海外资本以收购、兼并、重组等形式参与公立医院产权制度改革。结果民营资本进入医疗服务市场获得了更大的空间，民间资本投资建立竞争性的医疗市场进入发展新时期。

总的来说，此阶段的公益类事业单位改革取得了重大突破，整个改革稳步推进和深化。一大批科研机构逐步融入市场化和企业化运营；高新技术产业得到快速发展；分类改革正在部分省市试点；岗位管理正在逐步展开；教育立法也取得了长足进步，通过加强统筹规划，各行各业与经济结合的力度不断加大。事业部门和事业单位改革取得了明显成效，为今后进一步深化和分类改革积累了经验。

4. 分类改革阶段（2011 年至今）

在面对社会主义现代化建设的新形势和新要求下，我国社会事业发展滞后，与一些公共机构的功能界定不清晰，政府和事业单位定位不明确，事业单位和企业功能界定不清、运行机制不灵活；公共服务供给总量不足，供给方式比较单一，资源配置相对不合理，质量和效率普遍偏低；支持公共服务的政策措施仍不完善，监督管理相对薄弱。上述问题严重阻碍了公益事业的健康发展，分类改革势在必行。改革后的公益服务类事业单位要支持服务型政府建设，成为提供基础公共服务的主力军，帮助政府实现公共服务的核心功能。因此，这一阶段开启了分类改革的序幕。如表 1－7 所示，2011～2016 年，科技、教育、文化、卫生行业的发展情况则体现了本阶段公益类事业单位改革全面统筹推进的态势。

表 1－7　2011～2016 年科技、教育、文化、卫生行业发展指标

行业/指标/年份	科技			教育			文化			卫生		
	机构数（个）	R&D人员（万人）	国家财政科技拨款（亿元）	机构数（个）	专任教师数（万人）	教育经费（亿元）	机构数（个）	人员数（万人）	文化事业费（亿元）	机构数（个）	人员数（万人）	卫生总费用（亿元）
2011	3673	31.6	4797	311463	1208	23869	309698	221	393	954389	862	24269
2012	3674	34.4	5600	297752	1213	28655	296083	210	480	950297	912	28119
2013	3651	36.4	6185	282176	1219	30364	292884	215	530	974398	979	31669

续表

行业/指标/年份	科技			教育			文化			卫生		
	机构数（个）	R&D人员（万人）	国家财政科技拨款（亿元）	机构数（个）	专任教师数（万人）	教育经费（亿元）	机构数（个）	人员数（万人）	文化事业费（亿元）	机构数（个）	人员数（万人）	卫生总费用（亿元）
2014	3677	37.4	6455	269782	1232	32806	287356	204	583	981432	1023	35312
2015	3650	38.4	7006	258730	1243	36129	299149	229	683	983528	1069	40975
2016	3611	39	7761	245730	1261	38866	310641	235	771	983394	1117	46345

资料来源：《中国统计年鉴》（2012～2017）。

2011 年国务院出台《关于分类推进事业单位改革的指导意见》（以下简称《意见》），在划分事业类别的基础上，明确指出公益服务将继续保留在事业单位序列中，公益属性得到加强。《意见》规定，2015 年要完成事业单位分类改革，到 2020 年，要建立职能明确、治理良好、效率高、监管力度强的机构管理体制和运行机制。关于这一阶段改革的主要思路与成效：一是分类改革已成为此阶段突出的主线，事业单位根据职能划分为行政管理类、生产经营类和公益服务类；二是强化公益性职能，对保留下来的公益类事业单位，着重强调其公益服务职能；三是全面推进事业单位内部监管改革，对事业单位内部监管的改革要求不断加强。

此外，中央政府就基础性科研、义务教育、公共文化、公共卫生等公益服务出台了一系列政策。这些政策对公益服务类事业单位改革进程起到了推动作用，对建立中国特色公益服务体系发挥了重要作用。

（1）科技。该领域事业单位改革主要表现在科技事业的多样化发展与监管上。改革的主要措施有：完善科技事业单位的法律法规和监管制度，有序放开科技服务市场准入，构建统一开放、竞争有序的市场体系；逐步加大信息开放和共享力度，积极推进科技服务公共技术平台建设，提升科技事业单位技术保障能力；建立多元化的资金投入体系，拓展科技融资渠道；加强科技人员培训，完善人才评价体系。2014 年，国务院出台了《关于改进加强中央财政科研项目和资金管理的若干意见》和《国务院关于加快科技服务业发展的若干意见》，提出要优化整合各类科技计划，建设国家科技管理信息系统，推动我国科技事业发展；把科技服务和配套技术纳入国家重点支持的高新技术领域，加大对科技事业的财政支持力度。如图 1－16 所示，2011～2016 年国家财政科技拨款逐渐增加，表明国家对科技事业的支持力度不断加大。

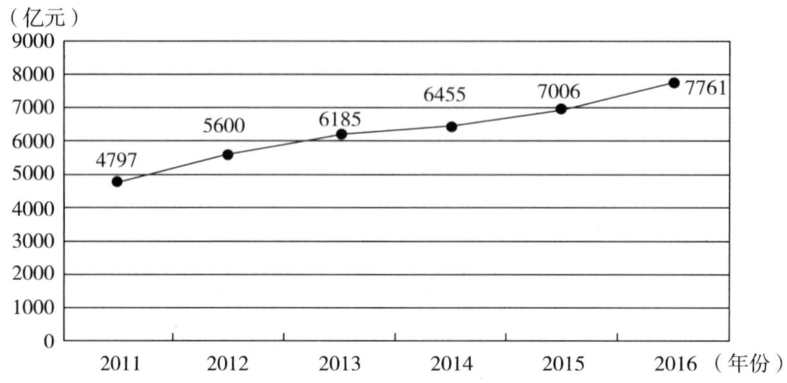

图 1－16　2011～2016 年国家财政科技拨款

资料来源：国家统计局。

（2）教育。该领域事业单位改革主要表现在加大教育投入以及重视人才培养上。改革的主要措施有：拓宽经费来源渠道，多方筹集教育经费，切实提高财政教育支出占公共财政比重；全面部署学前教育发展；深化技能型人才培养模式改革；注重提升中小学教师队伍整体素质；不断健全学生资助政策体系。2011 年 7 月，国务院发布的《关于进一步加大财政教育投入的意见》提出各级人民政府要进一步优化财政支出结构，减少一般性支出，重点放在教育领域，重点确保教育支出。如图 1－17 所示，2011 年后教育经费投入呈现持续上升趋势。

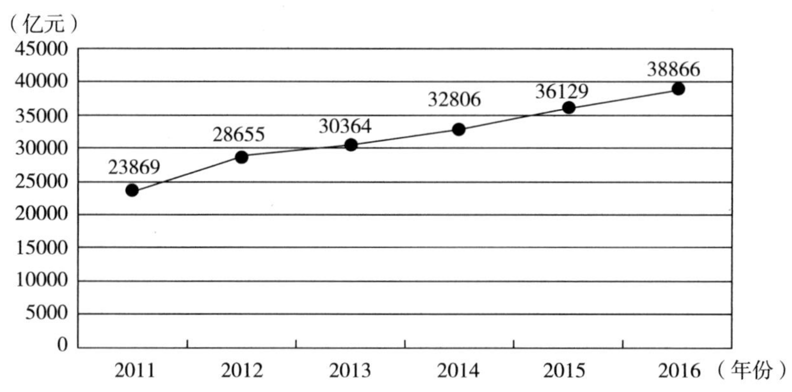

图 1－17　2011～2016 年教育经费投入情况

资料来源：国家统计局。

（3）文化。这一领域事业单位改革主要表现在分类管理和吸引民间资本上。改革的主要措施有：坚持“因地制宜，分类指导”的要求，不断完善配套措施；按照“增加投入、转换机制、增强活力、改善服务”的要求，全面实施事业单位岗位设置管理，完善竞聘上岗和公开招聘制度，不同程度建立绩效考核评价机制；加强对政府向社会力量购买公共文化服务工作的组织领导、政策支持、财政投入和监督管理。在此期间，文化类事业单位人员数量由于分类改制波动比较明显，但随着政府购买公共文化产品和服务的力度加大，文化总投入费用呈明显增长趋势，2016 年文化支出总额已达到 771 亿元，具体如图 1－18 所示。2015 年 6 月，《关于做好政府向社会力量购买公共文化服务工作的意见》出台，提出要积极有序推进政府向社会力量购买公共文化服务工作，完善文化管理体系，促进公共文化服务社会化发展。党的十八届三中全会后，我国开始出现了一批专门从事政府采购的公共文化服务的专业化社会组织。典型的例子是上海华爱社区管理服务中心，北京民办悠贝亲子图书馆、皮卡书屋，无锡全中文化公司等。

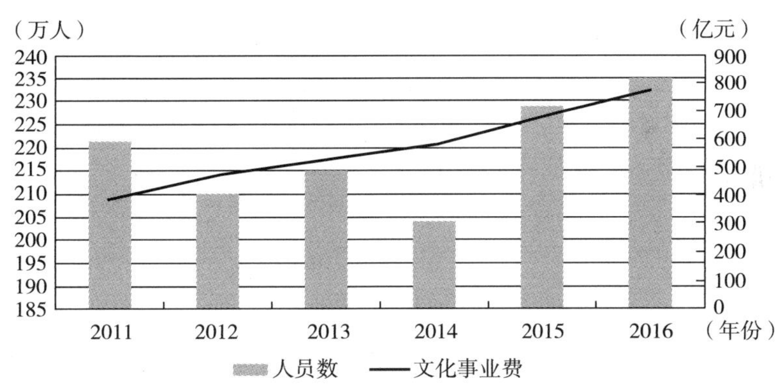

图 1－18　2011～2016 年文化行业人员数和事业费状况

资料来源：国家统计局。

（4）卫生。这一领域事业单位改革主要表现在基础医疗服务体系的建设上。改革的主要措施有：加强公共卫生服务体系建设，建立城乡基层分工协作机制，实现信息沟通和资源共享；优化医疗资源配置，健全医疗保障体系，加快推进公共卫生服务均等化；不断增强对医疗费用的监管力度；卫生资源配置结构不断向基层和公共卫生倾斜。2012 年 10 月，《卫生事业发展“十二五”规划》出台，提出要加强公共卫生服务体系和医疗服务体系的建设，提出要完善医疗保障体系，巩固新型农村合作医疗体系的发展，建立健全药品供应安全体系，控制医疗费用的不合理增长，加强医药卫生人员队伍建设和医学科技发展。下面通过对2011～2016年卫生人员数、参合率及个人卫生支出占卫生总费用的比重进行描述，来进一步说明政府对基础医疗服务体系的重视程度在不断加大。如图1－19所示，2011～2016年卫生人员数、技术人员数和执业医师数持续增长，表明此阶段卫生管理专业化和职业化水平显著提高。

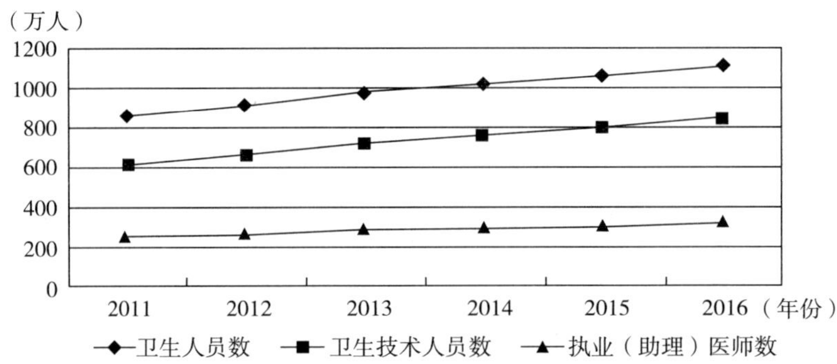

图1－19　2011～2016年卫生人员数变化趋势

资料来源：国家统计局。

如图1－20所示，2011年参合率为97.48%，2016年参合率为98.80%，参合率持续上升，为实现城乡统一的医疗保障制度奠定了基础。

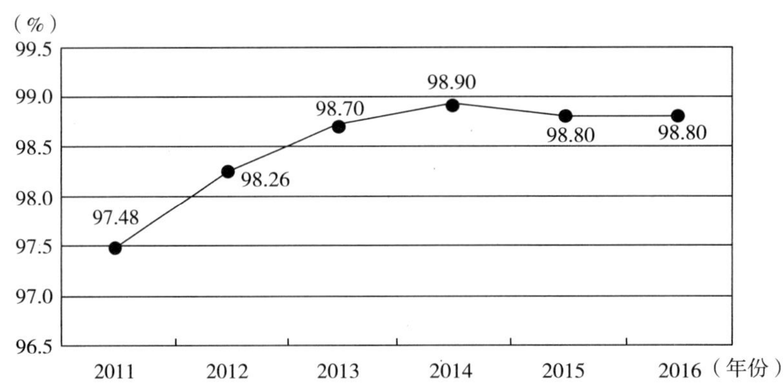

图1－20　2011～2016年参合率

资料来源：国家统计局。

如图1-21所示，2011年个人卫生支出占卫生总费用的比重为34.77%，2016年降至28.78%，说明政府对医疗费用的监管力度不断增强。

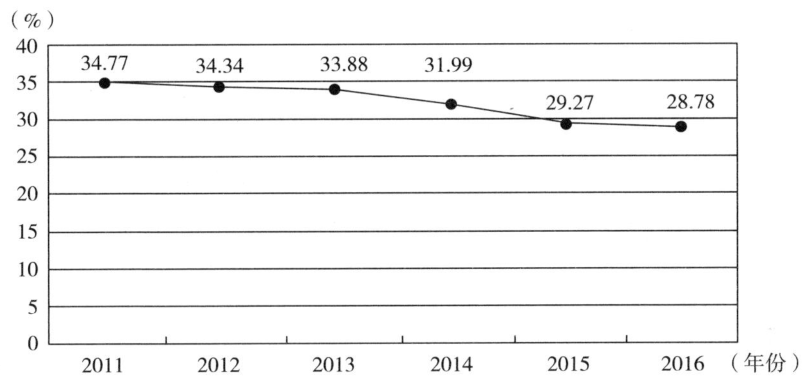

图1-21　2011~2016年个人卫生支出占卫生总费用的比重

资料来源：国家统计局。

总的来说，此阶段的公益类事业单位分类改革逐渐扩展与深化。制度化、科学化、社会化、多元化的改革发展是这一阶段深化改革的基本思路。在此阶段，国家对科技事业的支持力度不断加大，大力支持高新技术发展，财政教育支出占公共财政比重不断增加，人才培养模式的多样化不断深化，积极吸引民间资本，资源配置不断向基层倾斜等。各地大力推进公益类事业单位的改革，取得了显著成就：改革配套措施不断完善，干部人事管理、创新机构管理、政府购买服务、收入分配标准化、加强和改进党的建设等一系列政策，促进了事业单位改革新的管理体制框架的形成；事业单位公益属性不断增强，事业单位逐利机制得到大力破除；机构编制管理进一步创新，积极推进以审批制度与备案制度相结合、编制保障与购买服务相结合、事前审批与事中事后监督相结合为目标的编制管理创新改革；法人治理结构试点不断扩大为今后深化改革积累了丰富的经验。

公益类事业单位改革所经历的四个阶段紧密联系、密不可分。从最初的计划经济时代，到后来的启动探索，再到更进一步地深化，最后到如今的分类改革，公益类事业单位改革虽已取得积极进展，积累了丰富的经验，但仍存在结构失衡、资源浪费等问题。当然，公益类事业单位改革也不是一蹴而就的，而是一项长期、艰巨的历史任务，它所被赋予的使命和重任还远没有实现，仍需进一步理清改革思路，制定科学的改革方案，更加坚定、扎实、有效地推进改革。

（三）公益类事业单位发展历程的特点

在回顾了中华人民共和国成立后中国公益类事业单位的改革进程之后，我们可以看到，改革的成果还是很大的，分类改革已经明确。公益类事业单位的生命力大大提高，公共服务能力和水平得到很大提高，基本满足了中国公共服务发展的需要。在公益类事业单位改革的每个阶段，国家都出台了相关的政策支持其改革，如表1－8所示。

表1－8　新中国成立后我国公益类事业单位发展阶段

阶段 行业	1949～1984年 计划经济阶段	1985～1992年 改革探索阶段	1993～2011年 深化改革阶段	2011年至今 分类改革阶段
科技	拨乱反正，实施体制改革，改革科研单位管理制度	改革运行机制、财政拨款制度，建立现代的科研院所管理制度	建立政事分离、权责明确的管理制度，人才分流和机制转变	以科学分类为基础推进改革
教育	拨乱反正，端正思想路线，清除“左”的思想对教育的影响	教育普及与结构优化，地方分责、分层次管理	建立适应社会主义市场经济体制的教育体系	围绕经费、创收等财政视角改革，加大教育投入
文化	市场化是改革的主线，国家开始允许文化事业从事经营活动	双轨制的合法化，文化市场开始建立管理体系	文化产业和文化事业分开运作，办文化转变为管文化	完善文化管理制度，分类管理，吸引个人资本
卫生	渐进式改革，鼓励个体、多部门、多渠道开办医疗机构	简政放权，扩大医院自主权	产权改革，医药分离，市场化改革	推进基本医疗保障制度改革以及医疗服务体系的构建

基于我国公益类事业单位改革发展的四个阶段，我们可以得出中国公益类事业发展历程的特点如下：

1. 公益类事业单位改革始终坚持社会主义市场经济改革的方向

改革开放40年来，党和国家从农村到城市，从经济基础到上层建筑，依次推进经济体制、政治体制、文化体制、社会体制以及其他各方面全方位、深层次

的改革，逐步形成了符合我国国情的改革开放总体布局，逐步实现了从计划经济向社会主义市场经济的根本转变。公益类事业单位改革是我国改革开放总体布局的重要组成部分，是社会主义制度的自我完善，它与经济、政治和社会改革紧密相连并相互作用。因此，公益类事业单位改革从最初的计划经济时代到不断探索、深化再到如今的分类改革都始终坚持党的领导，坚持社会主义的基本经济制度。也正因如此，改革才能调动各方面的积极性，改革的成果才能为绝大多数人共享。

2. 公益类事业单位改革始终坚持党管干部、素质优先的原则

自公益类事业单位改革进入深化改革阶段以来，国家不断出台关于事业单位干部制度、人事制度改革的政策文件，建立了事业单位有效的管理体制、运行机制和自我约束机制，对事业单位人事制度、分配制度、社会保障和考核等进行了总体规划。综观这一系列的改革措施及成果，整体都凸显了“党管干部、素质优先”的原则。从严治党、从严治吏，是转变政府职能、建设服务型政府的重要举措，素质优先则说明了事业单位的重要性以及本身的性质特点，无论是搞科技创新，还是公益服务，都必须与人才选拔相匹配。

3. 公益类事业单位改革始终坚持政事分开与加强监管相结合

在传统的管理体制下，政府及其管理部门通过行政命令、规定和强制性计划直接管理各类事业单位。这种与政府相关且高度集中的管理体系混淆了政府、事业管理者和事业经营者之间的功能界限，它不仅扩大了政府的职能，增加了国家的财政负担，也降低了公益类事业单位的运作效率。自公益类事业单位改革以来，现代公共服务机构在人员配置、任免，业务经费和工资分配方面拥有更大的自主权，可以依法开展商业活动，也可以开展社会活动。因此，虽然公益类事业单位拥有更多的自主权，但政府一直坚持与公共服务机构合理分工，从微观管理转向宏观调控，通过强化监管，确保政府对公共服务产品的公益性和社会性负责。

4. 公益类事业单位始终将创新管理体制和运行机制作为改革重点

公益类事业单位改革一方面坚持不懈地创新管理体制，另一方面不遗余力地创新运行机制。在创新管理体制和方法上，政事分开，尽量避免直接管理事业单

位，进一步实现事业单位的法人自主权。对于向社会提供公共服务的单位，它们积极推进管办分离，逐步消除行政层级。在创新运行机制方面，建立了事业单位的法人治理结构，建立了健全的决策、执行及监督机制，提高了运营效率，确保了公益目标的实现。

5. 公益类事业单位改革始终坚持分类指导和统筹协调相结合

由于我国东中西部地区经济、地理、人文等各方面的差异很大，社会事业各行业的特点各有不同，同行业不同单位的特点和现状也大相径庭，因此中国公益性事业单位改革始终坚持分类指导原则。2011 年 3 月，《关于分类推进事业单位改革的指导意见》出台，全面部署推进公共机构改革的分类：根据不同类型的公益类事业单位的特点，实施改革和管理；根据社会功能分为三个类别的事业单位，并进一步将公益类事业单位划分为两个子分类，实施分类管理。此外，公益类事业单位改革始终坚持统筹兼顾，充分发挥中央和地方政府的积极性，与行业体制和政府机构改革挂钩。

6. 公益类事业单位始终坚持改革、发展和稳定相协调

公益事业单位改革在面临着传统思想观念挑战的同时，也面临着诸如人口转移和复杂债务处理等历史问题的制约。因此，改革不可能一蹴而就，要体现过渡性，在推进各项配套改革的同时，将改革力量与社会负担能力有机结合起来，稳步推进公益事业单位改革。在改革公益类事业单位的过程中，各项配套改革同步实施，如深化人事制度改革、推进收入分配制度改革、促进社会保险制度改革等多项配套改革。事实证明，只有坚持改革、发展和稳定的协调，才能使经济和社会顺利发展。

改革开放以来，我国公益类事业单位在管理主体、运行机制和管理方式等方面都突破了单一化的体制限制，向多元化方向发展。改革的最主要效果是建立了与市场经济相适应的分类改革的概念和制度。公益类事业单位是事业单位的主力军，是政府和人民生活的桥梁。公益类事业单位改革探索伴随着我国改革开放的整个过程，其发展的四个不同阶段是密不可分、不断探索深化的过程。但是，公益类事业单位的改革不是一蹴而就的，尽管取得了一系列成就，但整体的进程比较缓慢，仍需不断深化，稳步推进。

二、公益类事业单位改革现状及问题

改革现状分析是挖掘改革中深层次问题的前提，而对问题的全面剖析是建立有效的治理模式和运行机制的基础，通过对我国公益类事业单位发展历史的分析，可知目前我国公益类事业单位改革取得了一定成果，管理效率和效果提升明显。这一方面源自政府职能的有效转变，另一方面也受益于市场机制在公共服务供给体系所发挥的作用，特别是政府购买公共服务机制推行后，政府和市场新型关系的建立解决了公益类事业单位效率低下以及所提供公共产品和服务质量不过关、数量不达标等问题。但是，由于公益类事业单位数量众多，所涉及的行业类型千差万别，所以改革中依然面临着许多难啃的"硬骨头"，如政府市场关系失调、缺乏法律规章和相关社会主体参与不足等。

（一）公益类事业单位改革现状

目前，我国公益类事业单位主要集中在科技、教育、文化、卫生、医疗等行业，其业务主要包括基础性研究、义务教育、公益性文化事业、基本医疗卫生服务和其他社会公共事务等。随着近几年国家改革力度的不断加强，科、教、文、卫等公益类事业单位的社会贡献不断增加，社会公众的基本公共需求满足程度明显提高。

1. 财政公共预算支出状况

政府财政拨款依然是我国公益类事业单位的主要资金来源，通过2007年财政部决定实施新《政府收支分类科目》后的历年数据可以发现，各领域的财政拨款数量呈增长趋势，特别是教育和医疗卫生领域增长幅度较大。另外，通过对比不同领域的拨款数量发现，教育领域国家财政拨款数量最多，医疗卫生领域次之，文化体育和科学技术领域财政拨款数量相对较少，具体如表1-9所示。

表1-9　各公益类事业单位财政公共预算支出　　单位：亿元

年份＼项目	科学技术	教育	文化体育和传媒	医疗卫生
2007	1783.04	7122.32	898.64	1989.96
2008	2129.21	9010.21	1095.74	2757.04
2009	2744.52	10437.54	1393.07	3994.19
2010	3250.18	12550.02	1542.70	4804.18
2011	3828.02	16497.33	1893.36	6429.51
2012	4452.63	21242.70	2268.35	7245.11
2013	5084.30	22001.76	2544.39	8279.90
2014	5314.45	23041.71	2691.48	10176.81
2015	5862.57	26271.88	3076.64	11953.18
2016	6563.96	28072.78	3163.08	13158.77

注：为保证数据统计一致性，选择2007年财政部实施新《政府收支分类科目》后的数据。

资料来源：《中国统计年鉴》。

最近几年政府对公益类事业单位的财政公共预算支出不仅体现在绝对量的逐年增加上，而且占GDP的比例也呈增长趋势，其中教育和医疗方面的支出不但占GDP的比例较大，而且增长幅度也比文化和科技高。2016年科学技术预算支出占GDP的0.88%，教育预算支出达到GDP的3.77%，文化体育和传媒预算支出占GDP的0.43%，医疗卫生预算支出达到了GDP的1.77%，具体如图1-22所示。

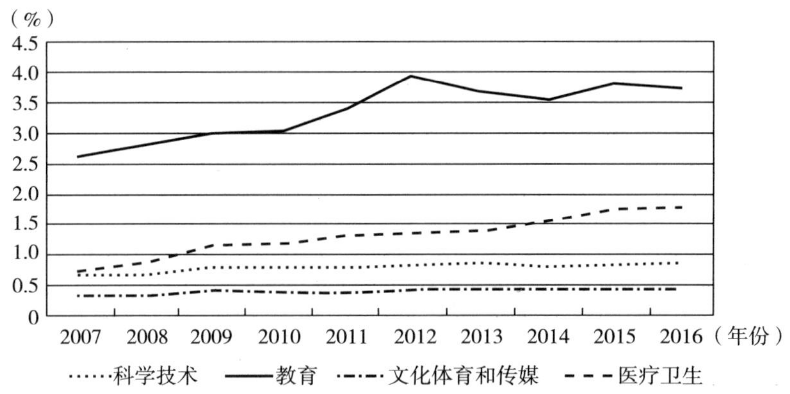

图1-22　各公益类事业单位公共预算支出占GDP比重

资料来源：国家统计局。

政府财政公共预算支出的增加体现了政府对社会公众基本公共需求的重视，但公益类事业单位对政府财政拨款的过度依赖也造成了诸如绩效考核困难、市场监管机制运行困难等一系列问题。

2. 基本社会贡献状况

虽然公益类事业单位依然面临诸多问题，如过度依赖政府财政、效率低下、市场竞争机制难以发挥监管作用等，但随着政府财政预算投入加大，各类公益类事业单位对社会公众的贡献也在不断提高，人民群众享受到了数量更多、质量更高的教育、医疗卫生、文化等基本公共服务。为了更全面地展示各公益类事业单位目前社会贡献状况，本研究统计了有数据记载以来的科技、教育、文化、卫生等领域的相关指标数据，如图 1－23、图 1－24、图 1－25、图 1－26、图 1－27、图 1－28 所示。

在科学技术方面，技术市场规模不断壮大，特别是从 2008 年以后增长幅度较大，到 2016 年技术市场成交额已经达到 11407 亿元。专利申请授权量也随着政府科技投入的增加呈现大幅度增长趋势，2006 年全年专利申请授权量达到 1753763 件（见图 1－23）。

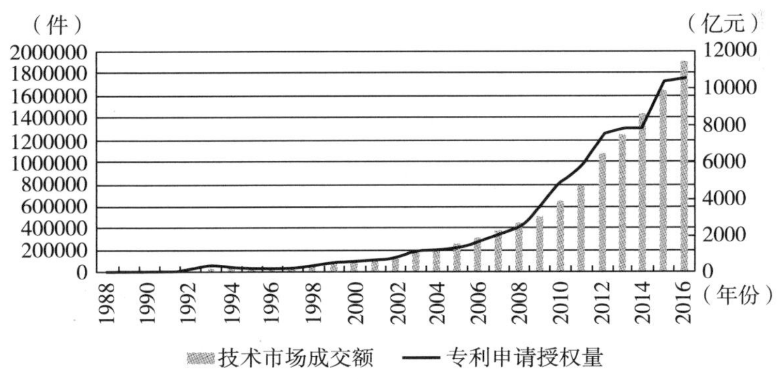

图 1－23　科技领域基本社会贡献状况

资料来源：国家统计局。

在教育方面，近几年毕业生升学率稳中有升，基本都达到了 90% 以上，2016 年小学毕业生升学率达到了 98.7%，初中毕业生升学率达到了 93.7%，高中毕业生升学率达到了94.5%（见图1－24）。

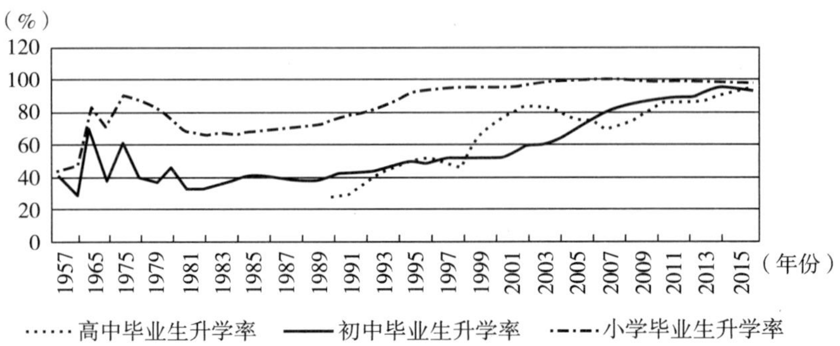

图1－24　教育领域基本社会贡献状况

资料来源：国家统计局。

同样，享受高层次教育人员和出国留学人员数量也呈增长趋势，特别是2006年以后增幅明显提高，2016年在校研究生人数达1981051人，出国留学人员达544500人（见图1－25）。随着教育经费的不断投入，我国成人文盲率（15岁以上人口）也呈现下降趋势，2016年我国成人人口文盲率已经下降到5.28%（见图1－26）。

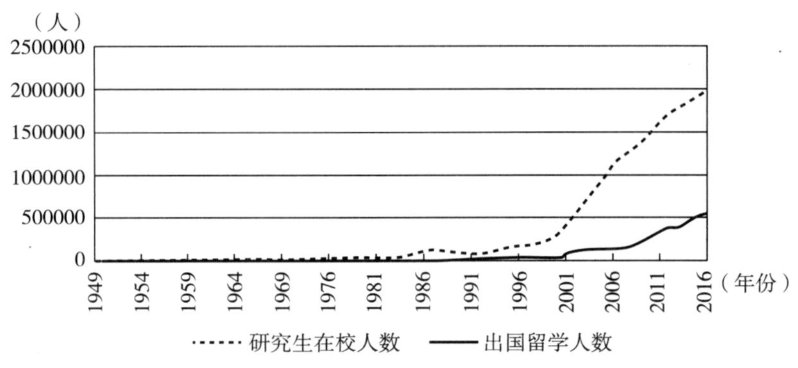

图1－25　教育领域基本社会贡献状况

资料来源：国家统计局。

在文化方面，除了报纸总印数由于移动互联网的影响呈下降趋势外，图书和

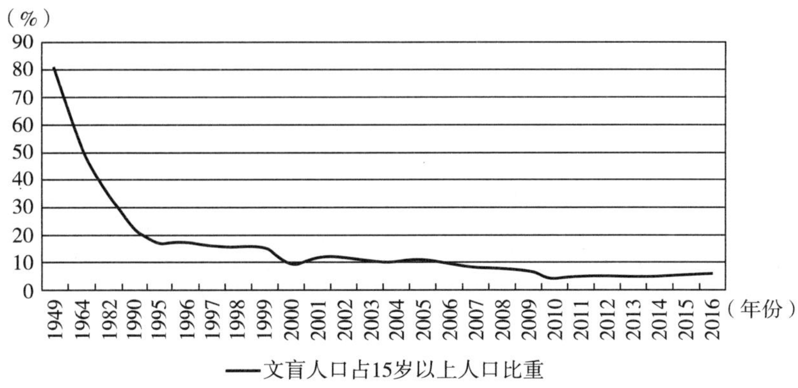

图 1－26　教育领域基本社会贡献状况

资料来源：国家统计局。

期刊近几年均呈现小幅增长。虽然报纸总印数呈现负增长，但经过几十年的大幅度增长，其绝对量依然可观，2016 年报纸总印数仍维持在 390. 1 亿份的高水平上，期刊总印数达到 27 亿册，图书总印数达到了 90. 4 亿册（见图 1－27）。

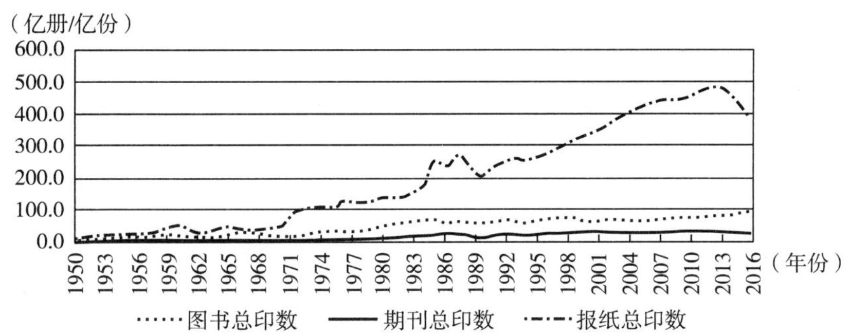

图 1－27　文化领域基本社会贡献状况

资料来源：国家统计局。

在医疗卫生方面，无论是床位绝对量还是每千人口床位量都呈现大幅增长，特别是 2009 年以后增长幅度更加明显，社会公众并没有因为人口数量的增加而遭受床位紧张的窘境，近几年两项指标都维持在了较高水准，2016 年总床位数达到 741 万张，每千人口床位数达到 5. 37 张（见图 1－28）。

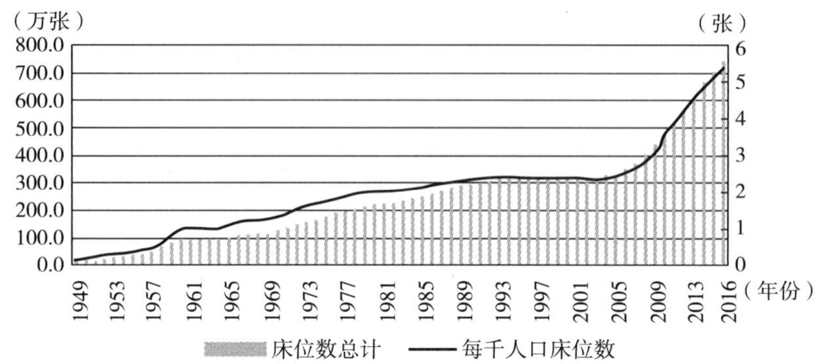

图1－28 卫生领域基本社会贡献状况

资料来源：国家统计局。

以上数据可以在一定程度上反映出我国公益类事业单位的社会贡献在最近几年都达到了历史最高水平，而且增幅明显，这一方面受益于政府财政公共预算支出的增加，另一方面也得益于公益类事业单位其他方面改革的不断推进。但也要看到，埋藏在绝对量数据下的公益类事业单位产出效率并不一定符合我们的预期，我国公益类事业单位仍然面临一系列问题。

（二）公益类事业单位改革存在的问题

我国正处在社会主义初级阶段，随着经济水平的不断提高，社会公众对公共服务的要求也随之增加，虽然我国已经进行了几轮事业单位改革，但是依然有众多历史遗留问题有待解决，再加上新问题的不断出现，目前公益类事业单位改革面临重重困境。虽然新一轮改革在一定程度上减少了事业单位数量，但其数量依然庞大，国家财政拨款也连年增加，许多问题并没有得到实质性解决，具体来讲主要包括以下几点：

1. 对传统体制的惯性依赖

在计划经济时期，政府在社会资源配置中发挥绝对作用，事业单位完全由政府出资，并受政府控制。由于政府和事业单位各自权利和义务划分不够准确，导致事业单位运营效率极其低下。改革以后，虽然大多数事业单位建立了法人治理

结构和现代企业制度，实现了自我管理，但有的单位经费来源依然依赖政府财政拨款，单位负责人仍然由政府直接任命，这就导致了大多数单位虽然从表面上看是独立的市场企业，但实际上还没有真正理清和政府的关系，事业单位在与政府的关系中仍然处于从属地位。综合分析来看，体制惯性是导致上述问题的主要因素，即传统体制在新的体制框架下仍然发挥了一定影响，使新体制的运行出现传统体制的痕迹甚至被传统体制逐渐同化。因此，要想实现公益类事业单位彻底变革，打破传统体制惯性是首要一步。

2. 过度依赖财政拨款

公益类事业单位在建立法人治理结构、引入市场竞争机制后，在资金方面应该实现自负盈亏，这是它们正常参与市场竞争的前提。但目前很多事业单位经费仍然主要源自政府财政拨款，这不仅阻碍了公益类事业单位自己的市场化进程，同时也增加了政府的财政负担。除了传统计划体制影响外，政府相关政策的不健全和缺乏相应的政策落实机制也是重要的原因。因此，在未来公益类事业单位改革中，我们要不断探索相关政策的具体落实机制，不断增加公益类事业单位资金的获取渠道，避免政府财政过度补贴，尽量使公益类事业单位主要通过增强自身市场竞争力去获取更多生产公共产品和服务所需的资金。

3. 相关社会主体参与不足

社会主体参与不足主要涉及公益类事业单位治理和公共产品与服务生产两个方面。公益类事业单位治理需要多方共同参与，仅依靠政府协调和市场竞争机制不能解决所有问题，目前我国公益类事业单位治理依然以行政手段为主，社会公众、相关社会机构和行业协会等明显参与不足，也缺乏相应的协调机制。社会公众作为被服务对象，在目前改革中依然面临能力不强和动力不足两个方面的困境，另外，行业协会和相关机构由于缺少行政权力，也未能有效参与到公益类事业单位治理实践中。从公共产品和服务的生产方面来讲，推动社会各方面力量举办公益类事业，不仅可以向社会公众提供更多选择，扩大公共产品和服务的供给总量，而且有利于打破公益类事业的政府垄断，形成相互竞争、取长补短、共同发展的良好局面。但目前政府仍然是公益类事业的主要承办方，社会力量参与公共产品和服务生产数量仍然不足。在未来的改革中，促进各社会主体参与公益类事业单位改革将是工作重点之一。

4. 政事分开、管办分离进程举步维艰

我国公益类事业单位改革一直强调政事分开、管办分离，但实际上并没有取得预期效果，很多单位仍然没有摆脱政府的过度干预。在国家的行政体制影响下，公益类事业单位并没有实现真正自我管理，政府依然从宏观上对公益类事业单位的资金来源、人事安排等进行调控，推力与拉力的相互交织使去“行政化”举步维艰。另外，在公益类事业单位内部，某些领导为争取政绩，以对上负责为主，很少真正关注公共产品和服务的生产情况，并且对改革缺少决心。因为在任期内难以保证会取得明显的业绩，且稍不留意又会引发内部矛盾，产生失控现象，所以改革相对保守。并且公益类事业单位内部职工，在事业编制的保障下，担心失去既有利益，都希望留在“体制内”。所以，公益类事业单位的这种窘境不仅涉及体制问题，更是一种深入内部所有人员的根深蒂固的观念。在未来，政事分开、管办分离仍然是改革的难点之一。

5. 公益类事业单位产品定价不科学

公共服务供给体系引入市场机制需要符合市场规律的产品定价，但目前由于公益类事业单位体制的特殊性和公共产品和服务的特点，导致公共产品和服务的定价并不符合市场规律也缺乏科学性，社会公众在很多时候承担了更高价格。我国公共产品和服务通常采用成本加成法进行定价，即价格管理部门依据上报的产品和服务成本确定市场价格，但公益类事业单位在确定成本时掺杂了较多主观因素，导致公共产品和服务价格上涨。例如，政府对公益类事业单位考核的标准之一是要实现国有资本的保值增值，在这种压力下，为了达到考核标准，公益类事业单位必然会抬高公共产品和服务的市场价格。另外，由于水、电、煤气等公共产品是社会公众生活的必需品，其价格的形成和调整关系到社会公众的切身利益，很多情况下不能完全依赖市场定价机制。因此，未来确定合理的公共产品和服务的定价机制仍然是政府工作的难点，也是改革的关键环节。

6. 缺乏完善的绩效评价机制

公益类事业单位的主要作用是按照社会发展的共同需求向社会公众提供公共产品和服务，所以公益类事业单位不适合采取商业类事业单位的评价模式，也不能采取行政类事业单位的评价模式，由于情况特殊，目前我国公益类事业单位仍

然没有建立有效的绩效考核机制，单位人员危机和服务意识不强，工作效率低下的情况依然普遍。虽然几轮改革都涉及绩效评价工作，但在实施过程中却面临诸多阻力，问题依然没能从根本上解决。例如，部分公益类事业单位为了照顾整体利益，依然坚持平均主义思想，没有严格执行绩效考核标准，导致绩效考核制度形同虚设。还有些单位对绩效考核不合格的员工，没有及时进行反馈沟通，帮助其改善绩效，导致绩效考核效率极其低下，类似情况还有很多。总之，目前公益类事业单位的绩效考核问题非常突出，要想建立有效的评价机制，政府和单位本身还需要在实践中不断摸索。

7. 缺乏政策法律

虽然我国在公益类事业单位改革进程中出台了大量政策和法律，但依然不够完善。首先，适用于公益类事业单位的专门性法律法规还比较少，由于针对性立法不够健全，政府相应主管部门的行政性审批依然是公益类事业单位成立、合并、撤除等一系列程序的主要方式，这种方式带有浓厚的行政色彩，阻碍了公益类事业单位建立法人治理结构和现代企业制度。其次，相关的配套政策和落实机制也有待继续完善，截至目前，公益类事业单位的收入分配、人事安排、社会保障、财务管理等配套政策依然较少，另外，由于缺少具体的落实机制，许多政策只停留在书面上，并没有取得实践效果。政策和法律是公益类事业单位改革的根本基础，在未来改革中还需继续完善。

8. 政府与市场关系失调

政府和市场作为资源配置的两种方式，在公益类事业单位改革中扮演了重要角色，两者之间关系决定了单位治理的效率和效果。虽然在分类改革后，市场机制逐渐被引入治理框架中，但目前我国公益类事业单位在运营中的诸多方面仍然由政府主导，市场机制并没有真正发挥作用，公益类事业单位的人事安排、财务管理等方面的运营效率并不是非常理想，政府和市场之间的关系还有待进一步完善。在未来改革中，政府这只“看得见的手”应该主要负责公益类事业单位宏观调控，而具体的资源配置应该交由市场来完成，政府要加大购买公共服务力度，增加公益类事业单位在市场中的竞争对手，使市场机制能够真正在公共服务市场发挥作用。

第二章　公益类事业单位治理的现状及问题

公益类事业单位治理新理念在政府角色和职能定位上表现为政府战线的部分退出和市场价值的回归。具体表现为公共服务的市场化和社会化，政府是“掌舵人”而不是“划桨人”，在政府管理的价值选择上表现为市场优先、顾客至上、服务意识、民主参与等，在政府管理机制方面新理念表现为加强良性市场竞争机制、完善政府职能分权化、合理规划公共服务和提高民众参与度，以结果为导向、以顾客为根本和以共识为基础的契约式管理等。公益类事业单位政治和市场治理目前也取得了一些成绩，如相关配套政策不断完善、机构编制管理进一步强化等，但仍面临一些问题：公益类事业单位治理体制内部改革动力不足，“政事不分、管办不分、政资不分”的现象仍然存在，公益类事业单位缺乏灵活多样的激励机制，社会治理主体实质性参与不足，不同政策系统间契合和衔接不到位，公益类事业单位治理结构职能定位不明确，治理结构所有权虚化，资源配置效率较低。

一、公益类事业单位治理结构的演进

（一）公益类事业单位不同阶段治理结构特点

按照公益类事业单位的改革历程，可将公益类事业单位治理结构演进划分为计划经济阶段（1949～1984 年）、改革探索阶段（1985～1992 年）和深化改革阶段（1993 年至今）三部分。以下分别从三个阶段阐述公益类事业单位治理结

构的特点和规律。

1. 计划经济阶段（1949～1984年）

新中国成立后很长时间内包括事业单位在内的各行各业亟待恢复，为了巩固政权，快速复原并发展生产力，我国国民经济实施高度集权的计划经济。公益类事业单位隶属政府相关部门直接领导，人事、财务和资源由政府部门统一管理和调配，经费由政府财政支付，责任由政府承担，决议决策需按层级上报批准，内部治理结构呈现严密的垂直权力体系链条。在此背景下，公益类事业单位最大限度地避免了参与市场竞争，此外，这个阶段公益类事业单位还经历了由货币工资制和实物工资制向职务等级货币工资制的过渡，员工选聘制度也开始推行。下面将分别从科技、教育、文化、卫生四个领域对计划经济时期公益类事业单位内外部治理结构及机构设置等方面进行重点分析，以进一步厘清公益类事业单位此阶段的治理特点。

（1）科技类事业单位。1949年，中国人民政治协商会议通过了《中央人民政府组织法》，设立“科学院”来行使全国科学研究事业管理职能。1956年，国务院成立了科学规划和国家技术委员会，1958年，这两个委员会合并为国家科学技术委员会。随着社会、经济和科技的发展，简单的科技管理组织结构弊端逐步显现，内部体系管理混乱、管理效率降低的缺点越发明显。1967年，国家科学技术委员会与中科院合并为中国科学院革命委员会。

（2）教育类事业单位。1949年，教育部召开第一次全国教育工作会议。1950年，召开第一次全国高等教育工作会议，同年，颁布新中国第一个《中学暂行教学计划（草案）》。1951年，召开第一次全国中等教育会议。1964年，重新恢复高等教育部。1966年，高等教育部再次并入教育部。此阶段的教育体系严格按照政府垂直权力链条进行，命令上传下达，全国整体的教育资源按照国家计划统一分配。1970年，教育部撤销，招生考试制度废除。1975年，高等学校招生统一考试制度恢复。

（3）文化类事业单位。1949年，文化部成立，同年12月，中宣部对其下属的文化机构进行改组，其中一部分合并到政务院的管辖范围。1954年，国务院对文化机构做出调整。1954～1956年国务院新增加17个部门，机构变得庞大。1970年，国务院文化组成立，文化部撤销。1982年，文化部重新设立。

（4）卫生类事业单位。1949年，中央人民政府卫生部设立六大行政区军政委员会卫生部，其主要任务是愈合党和政府在战争中的创伤。1954 年，中华人民共和国卫生部成立。20 世纪 70 年代末，全国农村合作医疗覆盖率达 90% 以上，国家实行严格的药品生产流通和价格管理。这一时期的卫生行政管理体制实行综合管理，在维护人民群众健康方面发挥了重要作用。

2. 改革探索阶段（1985～1992 年）

1985～1992 年，随着高度集权计划经济弊端逐步显现，公益类事业单位在中共中央做出《关于经济体制改革的决定》后顺时势开始改革，国家借鉴国企改革取得的成果，对科教文卫等公益领域的治理模式进行探索。治理结构方面的举措包含政府下放各事业单位的管理权，各公益类事业单位推行行政首长负责制。与此同时，政府对事业单位的控制有所减弱，由直接变为间接管理，公益类事业单位也开始了一定程度的自主权，承担起更多的社会服务职能。此外，这个阶段公益类事业单位人员薪酬均改为结构工资制，还建立了晋级工资制和分级管理工资制，根据不同等级，任期、聘任和合同制度协同实施。下面分别从科技、教育、文化、卫生四个领域对改革探索时期公益类事业单位机构设置及下属机构人财物等权利的配置进行重点分析，进一步厘清公益类事业单位治理结构的发展趋势。

（1）科技类事业单位。“文化大革命”结束后，国内各个领域的管理工作开始逐渐恢复，此时的中科院不再承担原国家科学技术委员会的职能。1986 年，国家自然科学基金委员会成立。这个阶段中国科技管理组织结构的主要特点是各部委进行分工管理、上下级严格划分，此阶段缺少统筹管理的部门和制度，管理效率不高。

（2）教育类事业单位。1985 年 6 月，人大常委会设立国家教育委员会，撤销教育部。此时，我国教育体制的主要表现为教育事业管理权限不明晰。为改善这一局面，1985 年发布的《中共中央关于教育体制改革的决定》鼓励社会力量办学，并于 1986～1991 年先后发布实施了八项政策规定。这些政策对“社会力量办学”有限制细则，如民办高等教育等。但是，通过一系列规范性政策的实施，民办高等教育机构的办学行为能够有章可循，提高办学效率，维持办学秩序。

（3）文化类事业单位。1987 年文化部文物事业管理局改为国家文物事业管理局。1988 年国务院将文化部、对外文化联络委员会等机构合并为中华人民共和国文化部，1989 年国务院将文化市场管理局下设到文化部。1991 年文化经济的概念首次在国务院出台的《文化部关于文化事业若干经济政策意见的报告》中提出，1992 年国务院办公厅编著的《重大战略决策——加快发展第三产业》中明确用到“文化产业”概念。随着经济体制改革的深入，文化的产业属性逐步凸显，但是探索期的文化事业系统没有也不需要文化市场，即使有也不合法或不被承认。

（4）卫生类事业单位。此阶段我国城市卫生服务体系分为市（中心医院、专科医院、市中心防疫机构等）、区、街道三个层级，卫生事业单位改革主要表现在简政放权，扩大事业单位自主权等方面。1985 年，我国医疗改革启动，旨在扩大医院自主权，改革卫生管理体制。1985 年，《关于卫生工作改革若干政策问题的报告》提出医疗机构转型的方向。1992 年，卫生体制改革在国务院制定的《关于深化卫生改革的几点意见》中提出，强调要拓宽卫生筹资渠道，转换运行机制，开拓国际医药卫生市场。这个阶段卫生事业体系结构表现出一定的改革积极性和主动性，但运行机制及管理体制方面还存在权力下放程度不够的局面。

3. 深化改革阶段（1993 年至今）

1992 年党的十四大提出发展社会主义市场经济必须处理好政府和市场的关系，并明确市场在国家宏观调控下对资源配置起基础性作用。在这样的历史背景下，事业单位作为提供国民经济基础设施的重要提供载体，隶属于市场化改革的一部分，开始引入外资和民间资本，建立事业单位法人登记制度，推进公益类事业单位保险制度改革，进一步完善公益类事业单位收入分配规则和监管机制。在薪酬方面，引进竞争、激励机制，工资增长开始与年度考核挂钩。随着公益类事业单位改革市场化程度不断加深，变革模式多样化。在分类改革背景下公益类事业单位治理模式按行业属性划分为政府治理模式、联合治理模式、理事会治理模式、合作治理模式和董事会治理模式五种类型。在公共安全、国防等领域普遍采用政府治理模式，政府起主导作用，拥有绝对决策权和管理权，负责公益类事业单位的投资、运营、建设，外部依据不同领域设立专门的公共服务政府机构，内部自上而下进行垂直管理。在基础卫生、义务教育文化等领域采取联合治理模式，政府起主导作用，拥有绝对决策权和控制权，由联合政府实施投资、建设、运营，外部设立跨行业、跨区域的联合政府机构或委员会，对公共服务统筹监管。在公立医院和公立大学等领域采纳理事会治理模式，政府负责投资建设，公益类事业单位组织内部在市场环境下自主运营和管理，组织结构由理事会和管理层组成。在公共基础设施建设方面，政府和市场共同出资运营管理，政府拥有决策权，企业之间按市场机制进行竞争。针对民营事业单位，市场为主导，政府干预较少，组织内部由董事会和管理层组成，董事会拥有决策权，由股东代表大会选举产生，管理层由董事会任命，负责日常事务。此外，此阶段在薪酬变动、人事制度、财务制度、养老保险制度等方面与公益类事业单位分类改革紧密联系，旨在能从内外形成良性一体化循环治理模式。下面分别从科技、教育、文化、卫生四个领域对深化改革阶段公益类事业单位政府管理体制的设置及下属机构人财物等权利的配置进行重点分析，进一步分析公益类事业单位治理结构的特点。

（1）科技类事业单位。1997 年，党的十五大强调科技体制改革的重要性。2008 年，国务院赋予科技部统筹协调的管理职能。2014 年，新一轮的科技体制改革启动，改革力度进一步加强。

（2）教育类事业单位。1985 年，人大常委会设立国家教育委员会，撤销教育部。1998 年，《关于国务院机构改革的决定》将国家教育委员会更名为教育部。2000 年，教育部构建了教师资格制度法律法规体系。2015 年，“高中阶段教育普及”首次写入中共中央全会审议文件。

（3）文化类事业单位。1996 年，《中共中央关于加强社会主义精神文明建设若干重要问题的决议》提出要进行文化体制改革。2002 年，党的十六大明确了文化体制改革的方向，强调了发展文化事业和文化产业的重要性。2010 年，国家税务总局发布的《关于新办文化企业企业所得税有关政策问题的通知》鼓励了金融危机期间文化企业的发展。2010 年，国家税务总局发布《关于公布学习出版社等中央所属转制文化企业名单的通知》，说明了文化事业单位转制为文化企业单位的实践已经开始逐步实现。2010 年，财政部颁布了《关于发布中央各部门各单位出版社出资人名单的通知》，明晰了文化事业单位按时完成转制的任务。

（4）卫生类事业单位。1993 年，第一次全国文化市场工作会议在北京召开。1997 年后，市级卫生服务体系迅速发展。1998 年，卫生部设 10 个职能司（局、厅）。2003 年，卫生部内设司局进行了调整。2006 年，卫生部相关内设机构进行了调整，疾病控制司更名为疾病预防控制局，卫生执法监督司更名为卫生监督局，基层卫生司更名为妇幼保健局，妇幼保健司更名为社区卫生司。2008 年，

国家食品药品监督管理局改由卫生部管理。

（二）公益类事业单位治理结构总结

计划经济时期，我国的政府部门、学术界和社会各阶层都把公益类事业单位视为一个关系“国计民生”的重要组织部门。“国计民生 = 国家治理 = 国家资本 = 国家保护 = 国家经营”这一传统理念是我国公益类事业单位管制政策和法律制定实施过程中所驻足的政治逻辑基础。传统公益类事业单位治理结构的主要特征是：资产政府所有、领导政府任命、价格政府制定、经营政府控制、盈亏政府统负，在指令性计划经济体制下，公益类事业单位表现如下：①在管理体制上行政化。在特定的政治经济体制下，强调“事业”性质，社会事业与经济活动、行政行为与公益行为、行政行为与企业行为、事业行为与企业行为边界不清。②在经费来源上供给化。单位主要经费由财政拨付。③在人员编制上干部化。“大锅饭”“铁饭碗”“终身制”等具有计划经济特征的管理制度糅合在一起，效率低下。④在职能目标上计划化。计划化是传统公益类事业单位的一个重要特征，是与整个计划经济体制相适应的。如学校的招生计划，毕业生分配计划，文化、卫生设施的建设计划等。这种高度集中使公益类事业单位丧失了自主权，割断了事业单位的市场联系，进一步强化了事业单位的行政化。⑤在行为模式上双规化。所有公益类事业单位在设立之初都将“为社会提供服务”和“不以营利为目的”作为条件，具有非政非企性质。这类企业最大限度地享用行政资源和企业利益，同时又最大限度地游离于行政约束和市场竞争的压力之外。

政府主导下的治理模式起到一定的积极作用，为人才的累积、延续和发挥作用提供了重要的载体和平台。在这种强烈的计划经济模式下，公益类事业单位内外部治理弊端尽显，市场竞争力薄弱，在全球公用事业放松管制和私有化运动的带动下，我国各级政府已经意识到必须打破统包统管的传统体制模式，公益类事业单位逐步从以政治性为主导的治理模式向以市场性为主导的治理机制迈进。中央和各级政府也高度关注公益类事业单位的改革和治理模式的转变。

二、公益类事业单位治理的现状

公益类事业单位是政府公共职能的践行者，是构建社会公共服务体系建设的载体，是我国社会主义现代化建设的中坚力量，如事业单位的能源供应被人们视为经济各行业的“命脉”和“骨骼”。新时代背景下对公益类事业单位治理结构的认识和优化具有重要意义。

（一）公益类事业单位内外部治理结构现状

1. 科技类事业单位治理结构现状

（1）科技类事业单位外部治理结构。

目前我国有1个科技部，32个科技厅，333个市级科技局，2682个县级科技局。当前中国的科技系统外部治理结构是由科技部统筹、多方参与的管理体系架构（见图2－1）。①科技部是国务院重要构成机构，其主要工作在宏观层面包括我国科技发展重大战略，相关的法律政策法规制定，科技体制改革的方针、措施等；在微观层面表现为对地方、部门的科技体制改革进行指导，负责科技相关费用的预决算，对科技相关期刊进行管理等。②科技厅经国务院准许设置，是各省政府主管本省科技工作的重要组成部分，统筹各级各类科技的协调发展与资源配备，是国家科技管理系统的核心节点，负责履行科技部各项政策和主管辖区内科技工作的执行部门。科技厅的主要职责在宏观层面包括贯彻执行相关法律、政策、法规，协调落实省级科技发展战略，优化科研机构布局；在微观层面包括负责相关部门科技经费预决算，协同拟定科技人才队伍建设规划，指导全省科技培训工作等。③科学技术局是市县级别管理科技工作的主要组成部分，为行政编制，隶属政府职能部门。其主要职能在宏观方面表现为贯彻落实与科技相关的政策、法规，制定本市、县科技发展的长期计划；在微观层面表现为负责科技相关费用的预决算，指导科技项目的成果转化，负责科技资讯、宣传等工作。

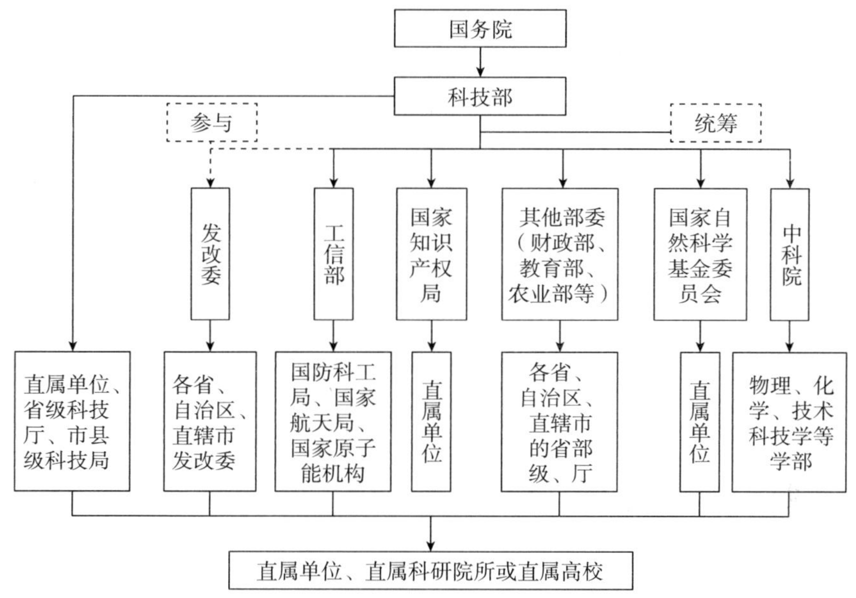

图 2－1 中国科技系统外部治理结构

资料来源：笔者根据中国政府等官方网站信息自行绘制。

（2）科技类事业单位内部治理结构。

中国科技类事业单位内部治理结构的特点是：所长由政府任命，党支部和学术委员辅助所长决策，管理层负责日常事务，对理事会负责。下面以中信所为例介绍。中信所是国家级公益类科技信息研究机构，隶属科技部，成立于 1956 年 10 月。其内部基本结构是以所长、党支部、学术委员会为决策机构，根据科室功能划分为所办公室、党委处、人事处等 7 个部门管理机构，内设研究中心、受托及代管学会集团及所属企业，如图 2－2 所示。

2. 教育类事业单位治理结构现状

（1）教育类事业单位外部治理结构。

目前我国有 1 个教育部，32 个教育厅，333 个市级教育局，2682 个县级教育局①。《教育法》中提到国务院和地方人民政府依据“分级管理、分工负责”来

① 参见 2015 年修订的《中华人民共和国教育法》。

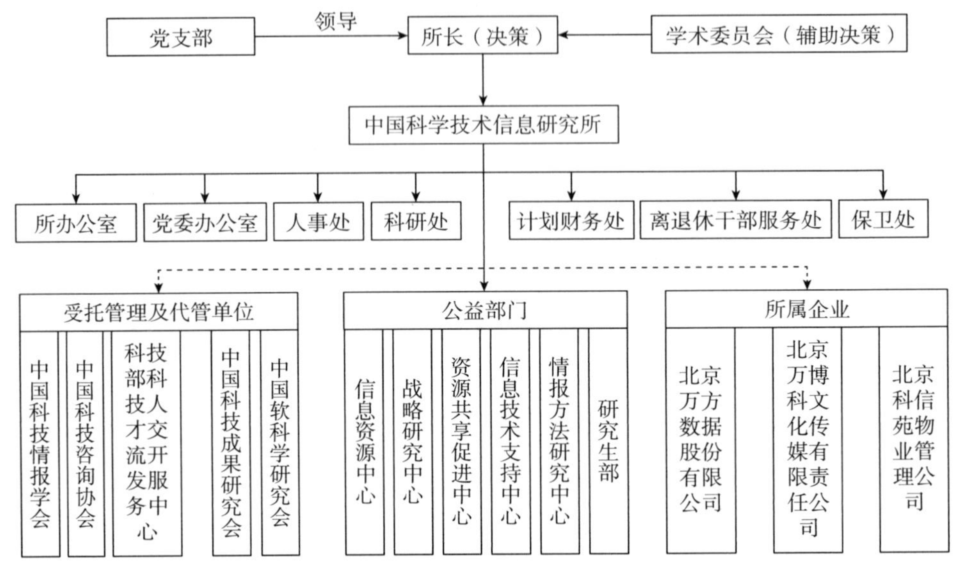

图 2－2　中国科学技术信息研究所内部治理结构

资料来源：中国科学技术信息研究所官方网站。

对教育工作展开管理，在国务院领导下，地方政府管理中等及中等以下教育，由国务院及省人民政府管理高等教育。具体而言，我国的教育管理模式为四级政府管理四类学校（见图 2－3），各级教育行政部门与各类教育机构发挥的作用不同。①教育部（中央教育行政部门）是计划和协调国民教育管理的最重要部门，是国务院负责宏观管理和决策的部门，协同其他部委共同指导省级教育厅的相关工作，并直接管理部属中职校和部直属高校。教育部的主要职能在宏观层面表现为起草全国教育工作的相关法律法规草案，优化全国教育机构的布局等；在微观层面表现为管理教育相关经费的筹措和划拨，提出义务教育的学校设置标准、教学基本要求，统筹管理高等学历教育的招生考试工作等。②国务院批准的省教育厅是省政府负责全省教育工作的重要组成部分，协调各级各类教育的协调发展和资源配置，是全省教育工作的重要组成部分，是国家教育管理系统的重要节点，负责履行教育部各项政策和主管辖区内教育工作的执行部门，协同相关厅局共同管理市级教育工作，直接管理省属中小学、省属中职校及省属高校。省教育厅的主要职能在宏观层面表现为贯彻落实相关教育方针、法律法规，拟定教育改革发展的中长期规划，负责教育改革发展的战略研究制定等；在微观层面表现为指导

省内教育相关数据的统计发布，负责省内教育经费的筹集发放等。③市级教育局由省级教育厅设定，直接管理县级教育局、市属中小学、市属中职校及市属高校。市县教育行政部门是基础教育的直接管理机构，对于教育管理的要求较为细致，侧重对上级教育指示的执行情况。市、县级教育局的主要职责在宏观层面包括贯彻落实国家相关教育的法律法规，调整市、县教育资源分布等；微观层面职能表现为统筹管理市县级教育、学位工作，监督教育经费的筹措、使用、发放情况等。

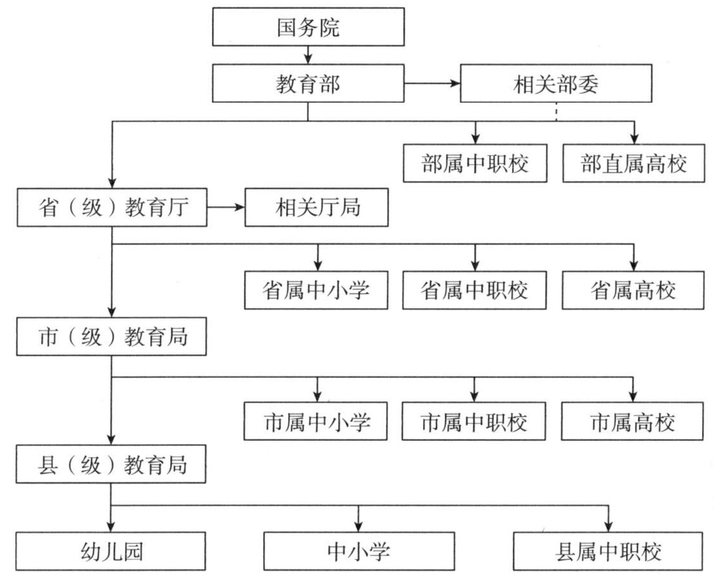

图2－3 中国教育系统外部治理结构

资料来源：笔者根据中国政府等官方网站信息自行绘制。

（2）教育类事业单位内部治理结构。

教育类事业单位内部治理结构特点：在基础卫生、义务教育文化等领域政府起主导作用，拥有绝对决策权和控制权，由政府实施投资、建设、运营，外部设立跨行业、跨区域的联合政府机构或委员会，对公共服务统筹监管。在公立医院和公立大学等领域内部治理采纳理事会治理模式，政府负责投资建设，公益类事业单位组织内部在市场环境下自主运营和管理，组织结构由理事会和管理层组成，理事长由政府任命，管理层负责处理日常事务，对理事会负责。以下分别对中国中小学内部治理结构和高等院校内部治理结构进行具体介绍。

1993 年版《中国教育发展纲要》中明确提出中等及以下各类学校实施校长负责制，其基本结构是以校长、党支部、教代会为决策机构，下设总务处、教务处、政教处和年级组等管理机构（见图 2－4）。在学校治理中遵循“校长全权负责管理学校，党支部保证监督，教职工参与管理”的原则。

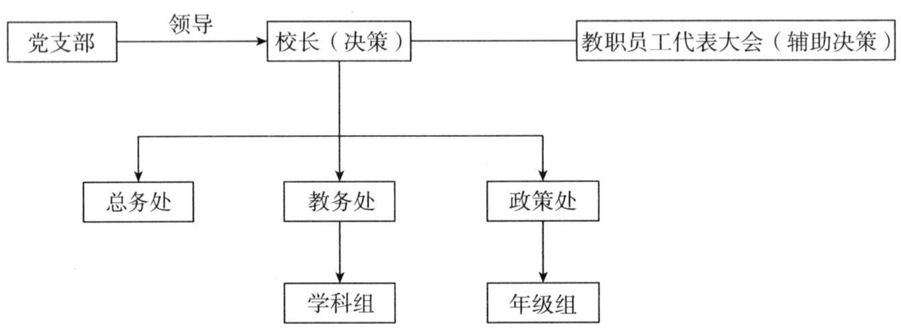

图 2－4　中国中小学内部治理结构

资料来源：国家教育委员会官方网站。

按照《高等教育法》第 39 条规定，“国家举办的高等学校实行中国共产党高等学校基层委员会领导下的校长负责制”。学校党委按照中国共产党的章程和有关规定，统一领导学校工作，支持校长履行职权（见图 2－5）。校长通过主持校长办公室会议或学校会议，提出关于办学的重大问题的建议，协调学校的日常行政工作。

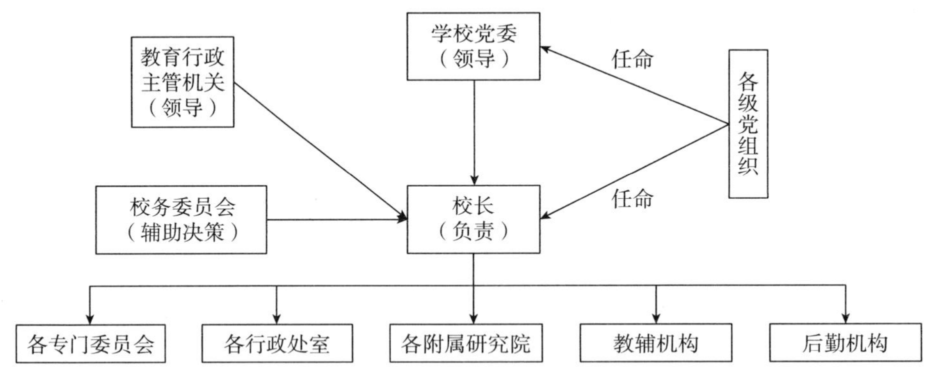

图 2－5　中国高等院校内部治理结构

资料来源：国家教育委员会官方网站。

（3）中国教育结构体系现状。

教育系统内各组成部分的构成状态和相互关系构成教育结构主要内容。新时代下，中国特色的社会主义教育体系形成以学校教育系统、计算机网络教育系统、行业教育系统、社会教育系统等多层次、多类别和多形式的教育格局，并向终身教育的方向发展，其中计算机教育系统贯穿其他各大教育系统，构成一个教育体系有机体，如图 2－6 所示。

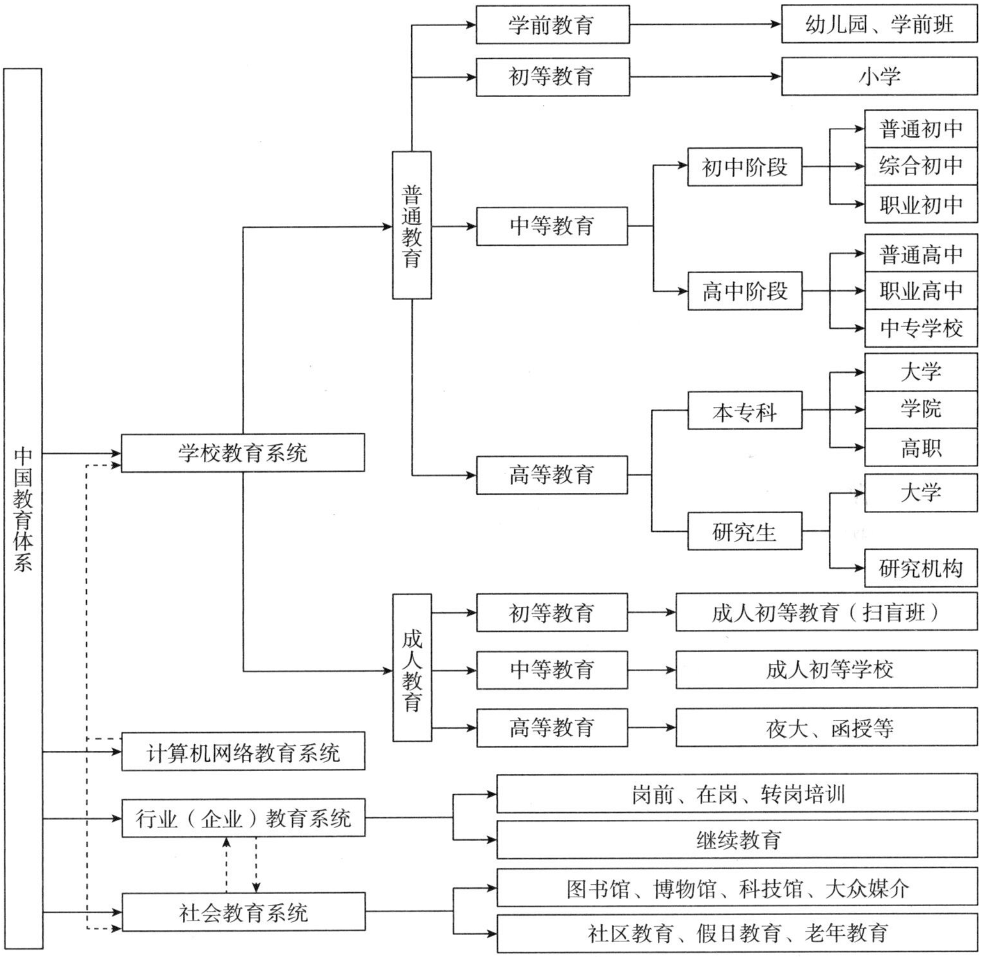

- 中国教育体系
  - 学校教育系统
    - 普通教育
      - 学前教育 → 幼儿园、学前班
      - 初等教育 → 小学
      - 中等教育
        - 初中阶段 → 普通初中、综合初中、职业初中
        - 高中阶段 → 普通高中、职业高中、中专学校
      - 高等教育
        - 本专科 → 大学、学院、高职
        - 研究生 → 大学、研究机构
    - 成人教育
      - 初等教育 → 成人初等教育（扫盲班）
      - 中等教育 → 成人初等学校
      - 高等教育 → 夜大、函授等
  - 计算机网络教育系统
  - 行业（企业）教育系统 → 岗前、在岗、转岗培训；继续教育
  - 社会教育系统 → 图书馆、博物馆、科技馆、大众媒介；社区教育、假日教育、老年教育

图 2－6　中国教育结构体系

资料来源：国家教育委员会官方网站。

总体来看，我国部分教育类事业单位机构数呈现下降趋势（见表2－1），这表明教育类事业单位改革取得了一定效果。通过分析中国教育事业单位内外部治理结构及中国教育结构体系现状发现，中国的教育管理体制具有以下几个明显特征：一是高度集中的中央集权管理体系；二是学校组织机构中党政权力二元化；三是学校的决策机制缺乏社会参与和监督。对这些问题进行针对性的改革有助于我国教育类事业单位治理结构体系的进一步完善。

表2－1　2010～2014年我国各类教育事业单位机构数

指标	2010年	2011年	2012年	2013年	2014年
普通高等学校数（所）	2358	2409	2442	2491	2529
普通中学学校数（所）	68881	67751	66725		
高中学校数（所）	14058	13688	13509	13352	13253
初中学校数（所）	54823	54063	53167	52764	
普通小学学校数（所）	257410	241249	228585	213529	201377
特殊教育学校数（所）	1706	1767	1853	1933	2000
学前教育学校数（所）	150422	166751	181250	198554	209880

资料来源：国家统计局。

3. 文化类事业单位治理结构现状

（1）文化类事业单位外部治理结构。

目前我国有1个文化部，32个文化厅。文化部为国务院职能部门，由国务院批准设立，管理全国文艺事业和新闻出版单位，下设文化部信息中心、中国艺术研究院、中国国家图书馆、故宫博物院、中国国家话剧院、中国美术馆等直属单位。①文化部的职能在宏观层面包括拟定文艺方针政策，起草文艺类相关法律法规草案，拟定全国文艺产业发展战略规划等，推进文化产业对外交流合作，负责文艺行业监管工作；在微观层面包括指导全国大型文艺活动，负责文艺产品的审批工作等。②文化厅由国务院批准设置，是省一级主管文化工作的重要部门。其主要职责在宏观层面包括贯彻实施文艺类工作相关政策方针，拟定省级文艺类事业发展的战略规划，推进文化体制改革等；在微观层面表现为指导全省图书馆

事业发展，推进文艺科技研究的转化，指导全省对外文化交流活动等。③文化局是市、县级文艺事业主管单位。文化局的主要职能在宏观层面表现为积极贯彻国家文艺类相关政策法规等；在微观层面表现为管理地方图书馆，负责文物的管理，审查电影等文艺产品等。具体外部治理结构如图 2－7 所示。

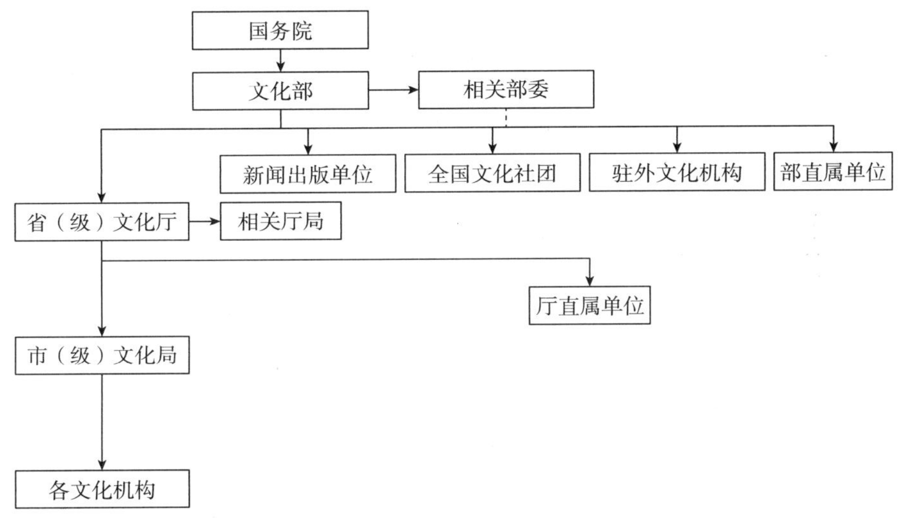

图 2－7　中国文化系统外部治理结构

资料来源：笔者根据中国政府等官方网站信息自行绘制。

（2）文化类事业单位内部治理结构。

文化类事业单位内部治理结构特点包括：文化类事业单位的决策机构为理事会，理事会由不同利益集团组成，作为治理结构的核心权力机构对单位战略和发展规划进行部署。文化类事业单位的管理层为执行机构，主要负责反馈运营的各项基本情况。运行监督方面主要借助来自理事会内部的监督和政府相关机构及社会等方面的外部监督。下面以图书馆为例具体介绍其内部治理结构的特点。

理事会为图书馆权力机构，由不同利益方组成，参与图书馆建设和规划的重大事项，有来自政府部门代表、专家学者、读者、图书馆员工等社会各界人士，共同协调各方面利益冲突，实行民主自治管理。图书馆的内部治理结构如图 2－8 所示。

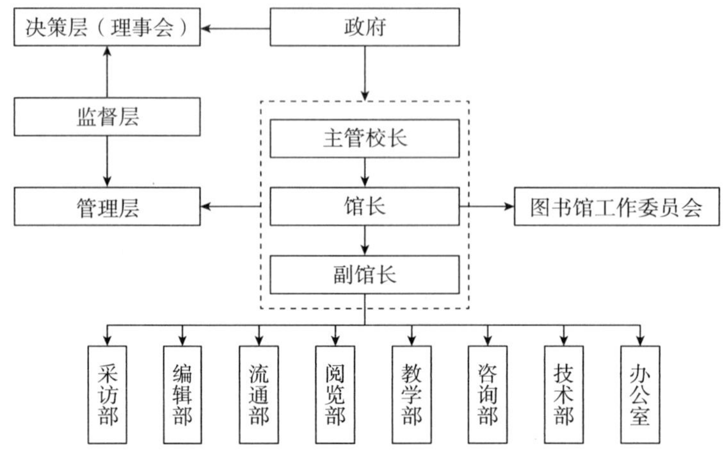

图 2－8　图书馆的内部治理结构

资料来源：中国国家图书馆官网。

（3）中国文化治理现状。

目前我国共 2698 家图书馆，4165 家博物馆，8051 家电影院，随着社会主要矛盾的改变，这些文化设施已不能满足人们多样化需求。目前我国的文化治理现状如下：公共文化设施总量在不断增加；新兴网络文化市场的监管不断加强；艺术创作、文博等领域的专业人才、高端人才队伍体系也在不断扩大。

4. 卫生类事业单位治理结构现状

（1）卫生类事业单位外部治理结构。

目前我国有 1 个卫生部，32 个卫生厅，333 个市级卫生局，2682 个县级卫生局。我国的卫生组织体系由卫生行政组织、卫生服务组织和第三方组织构成（见图 2－9）。其中，卫生行政组织是指对卫生事务实施管理的政府组织，从中央到省市县乡分卫生部、卫生厅、市卫生局和县卫生局四级架构体系；卫生部的执法监督局以及省以下政府的卫生监督都属于卫生监督组织；第三方组织主要指由非政府部门、职业群体或群众自发组建的与健康相关的组织。①卫生部是国务院的一个部门，成立于 1949 年 11 月，它是中国最早的政府部门之一，内设 387 个办事处和 15 个内部机构。卫生部的主要职能在宏观层面表现为制定卫生事业相关政策方针，拟定卫生相关法律草案，推进医药卫生体制改革，统筹全国卫生资源

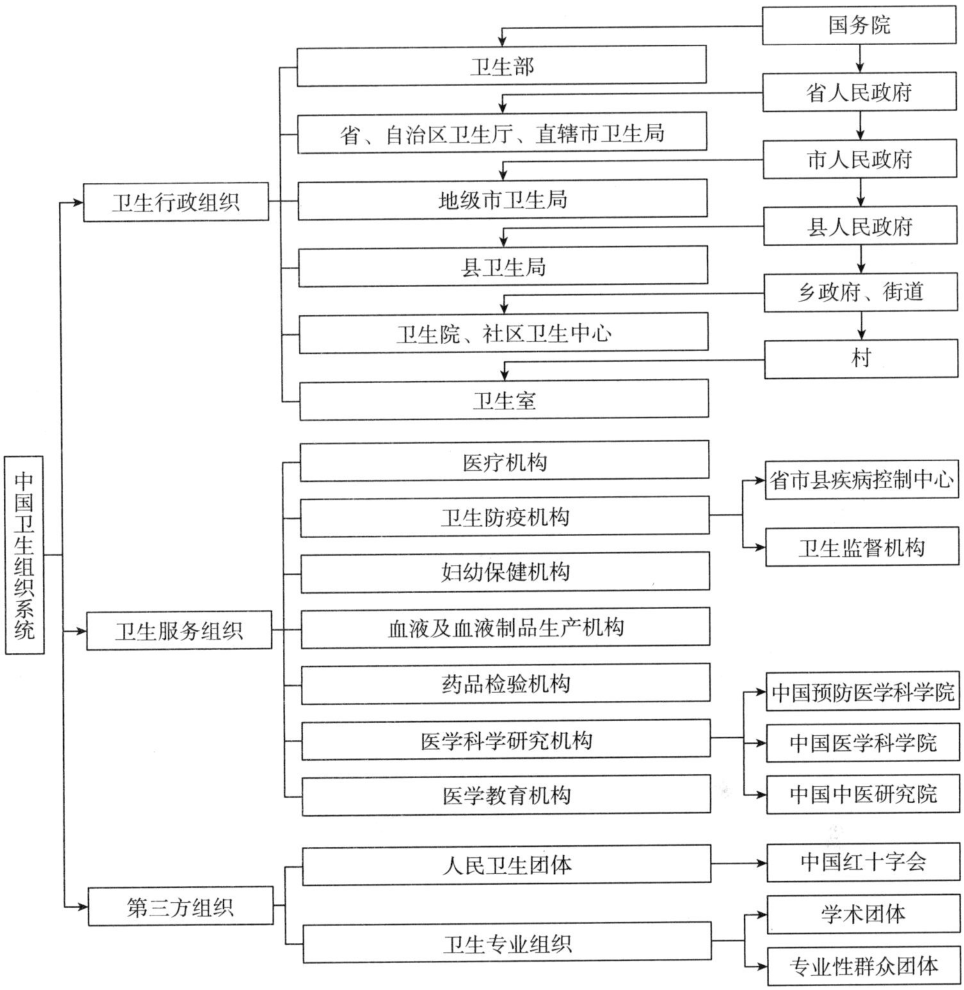

中国卫生组织系统
- 卫生行政组织
  - 卫生部（←国务院）
  - 省、自治区卫生厅、直辖市卫生局（←省人民政府）
  - 地级市卫生局（←市人民政府）
  - 县卫生局（←县人民政府）
  - 卫生院、社区卫生中心（←乡政府、街道）
  - 卫生室（←村）
- 卫生服务组织
  - 医疗机构
  - 卫生防疫机构 → 省市县疾病控制中心；卫生监督机构
  - 妇幼保健机构
  - 血液及血液制品生产机构
  - 药品检验机构
  - 医学科学研究机构 → 中国预防医学科学院；中国医学科学院；中国中医研究院
  - 医学教育机构
- 第三方组织
  - 人民卫生团体 → 中国红十字会
  - 卫生专业组织 → 学术团体；专业性群众团体

图 2－9　中国卫生组织系统外部治理结构

资料来源：中华人民共和国卫生部。

配置等；在微观层面表现为负责医疗行业的监督管理，指导卫生医药人才队伍建设等。②卫生厅根据中共中央、国务院批准设置，是省政府主管全省卫生工作的组成部门。其主要职责在宏观层面表现为贯彻执行卫生部的相关要求，指导全省医疗资源配置，负责全省医疗的行政管理，推进省级医疗体制改革；在微观层面表现为负责妇幼保健的综合管理及监督，推进本省医学领域的对外交流合作，负责援外工作及国际卫生贷款项目等工作。③卫生局是地方各级医院的主管部门。

其主要职能在宏观层面包括贯彻落实国家相关卫生工作方针、政策、法律，编制地区卫生事业中长期发展规划等；在微观层面职能表现为负责地方医疗项目的具体实施，管理当地卫生从业人员的培训等。

我国各级地方政府代表议员对医院进行管理，卫生行政主管部门对医院进行日常管理。主要表现为：①任命院长。目前多数医院实行的是院长负责制，院长及医院党政领导班子一般由主管单位任命，但随着医院改革的深化，院长逐步具有较大的自主决策权。②控制床位和人员。医院要增加或缩减床位需要经过与主管部门讨论后才能得到批准，目前政府对医院的财政补助很大程度上取决于医院的床位数和人员编制数，因此公立医院与政府之间在医院规模上是一个不断博弈的过程。③控制医疗项目收费标准。为了保证公立医院的公益性，政府一直控制医疗服务收费标准调整的幅度，医院的收费标准需要上报经政府批准。同时，20世纪90年代，政府对医疗收费标准进行了控制，并对医疗收费、药品差价和奖金发放进行了医院自检和政府审计，继续加强了医院的财务管理。

（2）卫生类事业单位内部治理结构。

我国卫生类事业单位的治理体制经历了几十年的不断演变和发展，形成了院长负责制和党委领导下的院长负责制并存的两种体制结合的状况，在不同级别和地区的卫生事业采取的方式不同。随着卫生事业改革的不断进行，卫生事业自主经营决策权利不断下放到医院，公立医院的院长具有较大的经营决策权利。公立医院通常设置临床科室、医技科室、护理部门和管理部门。每个部门负责人一般由院长聘任或是医院的领导班子讨论、院长批准。医院的党委、职工代表大会和工会在一定程度上担任着医院决策以及对医院领导集团监督的责任，但这种责任实现程度不同的医院差别较大。

从目前我国公立医院现状来看，内部治理结构还不完善，行政主管部门有一定决策权，院长也有一定决策权和经营权，党委和职代会发挥监督职能，但是决策、执行和监督角色并不明确。医院的董事会应该是医院发展的决策机构，院长是具体的执行者，这样的角色划分可以在决策者和执行者之间产生制约关系，保证医院决策和经营的健康发展。但是我国公立医院并没有建立董事会这一重要的决策机构，往往是行政主管部门或出资人直接任命院长，无法起到董事会作为重要权力制衡和科学决策的作用，具体内部治理结构如图2－10所示。

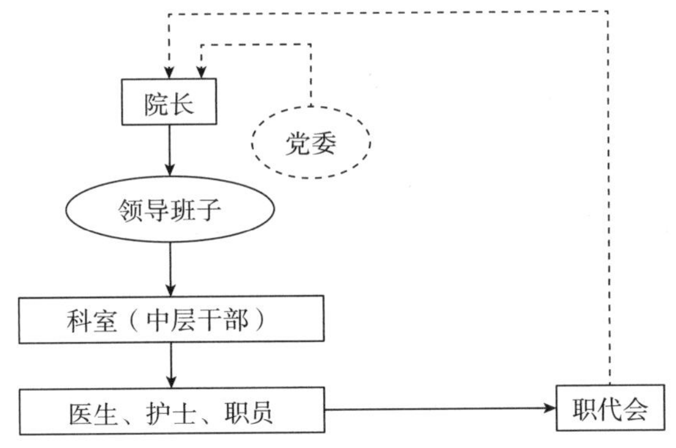

图 2-10　中国公立医院的内部治理结构

资料来源：笔者根据中国公立医院官方网站信息自行绘制。

总体来看，通过对我国卫生组织体系内外部治理结构的分析，可以发现我国卫生组织中还存在以下问题：第一，管理职能分散。在我国公立医院中，有卫生部直属医院、各省市地方政府直属医院等。属于各级政府的公立医院由国家财政机关和国家行政机关管理，主要负责人由党委组织管理。这种条块分割的管理体制存在严重弊端，难以形成有效约束。第二，政府监督力量不足。虽然我国已经存在比较严格的医院设置审批制度，但因为卫生行政部门既作为出资人办医院，又作为行业主管管理着医院，与医院有密切的关系。因此在医院运行过程中，政府主管部门对医院的监管方面还有很多方面不到位。第三，卫生组织体系布局不合理，导致服务可及性差。在层次布局上，向高端服务（大医院）集中，在地域布局上，向高购买力地区（城市）集中。第四，保险方的监督和制约没有充分发挥作用。我国现有的公费医疗、劳保医疗、新型农村合作医疗等形式还没有对医院形成有效的约束和激励机制。

（3）中国卫生事业单位现状。

通过对我国各类医疗事业单位的统计，可得出近几年我国医院数目整体呈现逐年上升的趋势，其中综合医院数、中医医院、专科医院、社区卫生服务中心、专业公共卫生机构、妇幼保健院数目逐年递增，这可能是由于随着人民生活水平的提高、老龄化的加剧，人们对医疗健康等方面的需求增加所致。街道卫生院和乡村卫生院呈现逐年减少的趋势，这可能与近几年我国城镇化水平提升、大量农村人口向城镇转移有关，且公益类事业单位改革力度的加强所致，如表 2-2 所示。

表 2-2 2010~2014 年我国各类医疗事业单位机构数

指数	2010 年	2011 年	2012 年	2013 年	2014 年
医院数（个）	20918	21979	23170	24709	25860
综合医院数（个）	13681	14328	15021	15887	16524
中医医院数（个）	2778	2831	2889	3015	3115
专科医院数（个）	3957	4283	4664	5126	5477
社区卫生服务中心（个）	32738	32862	33561	33964	34237
街道卫生院（个）	929	667	610	593	595
乡镇卫生院数（个）	37837	37292	37096	37014	36901
专业公共卫生机构数（个）	11834	11927	12082	31154	35021
疾病预防控制中心数（个）	3513	3482	3491	3515	3491
专科疾病防治院数（个）	1274	1294	1289	1271	1242
妇幼保健院（个）	3025	3036	3044	3144	3098
卫生监督所数（个）	2992	3022	3088	2967	2975

资料来源：《中国统计年鉴》。

（二）公益类事业单位治理结构总结

综合科教文卫内外部治理结构特点可得我国公益类事业单位的治理现状如下：制度建设和制度安排还存在局限性，政事不分、管办分离、政府主导的现状仍未改变；虽然政府对公益性事业单位的投资方式有所改善，但财政拨款仍然是主要形式，投入效率不高；在人力资源管理范畴内，激励机制缺失；在公益类事业单位发展的布局上，结构失衡问题仍未解决。

（1）公益类事业单位的制度建设和制度安排还存在局限性，政事不分、管办分离、政府主导的现状仍未改变。公益类事业单位政企不分、政事不分的管理体制严重制约了我国城市公用事业的发展。由于公益类事业单位没有追求成本最小化以达到利润最大化的动力，更不存在什么经营风险，不具备作为市场主体所要求的活力、动力和压力。虽然所提供的公共产品和服务价格不断上涨，但运行效益和服务质量却不高，亏损额在扩大。同发达国家相比，我国公益类事业单位提供的公共产品仍然短缺，服务质量总体上偏低，人民日益增长的美好生活需要与不平衡不充分的公益服务发展不相适应。

（2）虽然政府对公益性事业单位投资方式有所改善，但财政拨款仍然是主要形式，投入效率不高。目前，对于一些公益类事业单位，满足其正常运转的资金来源受限，而体系内管理成本在增加，管理难度也在提升。具体有以下几个特点：一是财政拨款收入的增长快于总收入的增长；二是财政拨款收入主要集中在地方事业单位；三是收入大于支出的事业单位数量正在增加。此外，公益类事业单位的资金使用缺乏监管，因此，无法有效地对资金的使用效果进行评估。

（3）在人力管理体系内存在激励不足的问题。公益类事业单位虽然有一套自主考核及评价标准，但总体来看效果不明显，员工动力仍不足，激励体制仍需进一步完善。此外，在这个体制内，受到进入和退出壁垒的限制，人员流动速度慢，也导致体制内火力不足。

（4）在公益类事业单位发展的布局上，已加强总量控制，但结构失衡、资源浪费的问题仍严重。不少地方通过对公益类事业单位的调整，尤其是加强总量控制，公益类事业单位总体规模不断膨胀的势头已经压了下来。但以往由于对公益类事业单位定位不准带来的“越位”和“缺位”同时存在的深层次问题仍然存在，事业发展的布局不合理、结构失衡、资源浪费严重的问题仍很严重。而且由于部门、条块分割的体制性和前期改革的不协调，结构失衡的问题在某个局部趋向恶化：首先，由于举办事业的部门分割、条块分割的体制性原因，各级政府分工不明确，部门间的“自闭”倾向严重，在对一部分“圈内”事业资源进行调整的同时，另一部分事业资源正在“圈外”无序发展。其次，前十余年的事业改革对存量的调整往往只顾自己，不管其他，认识的不统一和巨大的部门利益又使较大范围内的存量调整实施难度加大，收益却不大。社会事业发展不平衡表现如下：一是城乡之间失衡，农村的基础教育、公共卫生、科普和文化等“欠账”较多。二是地区间失衡，东部、中部、西部的事业发展水平呈梯形递减，且中西部地区的事业单位对财政拨款的依赖程度较大。中西部地区事业单位财政拨款占总收入的比例为52.7%，高于东部沿海地区10.6个百分点。地方财力的局限影响了地区社会事业的发展。三是事业发展的类别间失衡，一般来说，能够“创收”、有经营收入补充事业费来源的，地方和部门举办的积极性就高；反之，就不重视。如此，影响社会公共服务的公正性和公平性。

三、公益类事业单位治理的问题

尽管我国事业单位改革取得不菲的成绩，市场经济体制改革取得较大进展，但出身于计划经济体制下的公益类事业单位治理模式还未完全摆脱政治性治理的束缚，因此，我国公益类事业单位治理仍处于“强政府，弱社会”阶段。随着事业单位改革进入攻坚期，公益类事业单位在治理模式中存在的问题日益显现：公益类事业单位治理体制改革动力不足，公益类事业单位“政事不分、管办不分、政资不分”的现象仍然存在，公益类事业单位缺乏灵活多样的激励机制，社会治理主体实质性参与不强，不同政策系统间契合和衔接不到位，公益类事业单位治理结构职能定位不明确，治理结构所有权虚化，资源配置效率低。

（一）公益类事业单位治理体制内部改革动力不足

一直以来，国家和地方财政是公益类事业单位的坚强后盾，给员工提供稳定的工资，而公益类事业单位本身也没有采取积极的激励措施，这些导致公益类事业单位自主谋求发展的动力不足。据统计，教育和卫生两种类型公益类事业单位的职工占全部公益类事业单位职工总数的70%，再加上文化系统和科研院所，各类专家人才占全国专业人才总数的60%，而公益类事业单位的项目大都以政府采购的方式委托其他方完成，即使本单位从事专业技术工作人员能胜任的项目，也不能自己做，就是做了，也不能产生劳务成本，激励机制的欠缺和管理体制的束缚大大降低了治理效率。此外，公益类事业单位治理结构中的上级政府部门既包括上级主管部门，也包括组织人事部门、财政部门、人力资源和社会保障部门等，是否设立法人治理结构，主要取决于上层的政策推动，公益类事业单位自身改革的诉求和动力欠缺。此外，改革涉及诸多相关者的利益，如很多职工习惯了现有的稳定工作状态，担心改革后既有利益得不到保障，因此大多数职工不愿进行体制改革。另外，在治理改革实践中有些深层次问题未涉及，存在“换汤不换药”现象，如公益类事业单位已经实行了聘任制，但还沿用原有的机制，未能实现“人员能进能出”的目的。

（二）“政事不分、管办不分、政资不分”现象仍然存在

计划经济体制下政府将公益类事业单位所有事宜统筹包办形成政事不分、管办不分、政资不分的格局，履职越位、缺位、错位，既影响了政府机关应有作用的发挥，又削弱了事业单位的服务功能和保障能力。政府扮演着出资者和管理者的角色，在监管者职能与举办者职能不分的情况下，很容易造成主管部门“既管且办”的局面，导致政府事业职能“越位”“错位”。在政治权力中，行政体制占据主导地位，许多职能权利集中在资金配置、行政管理、资源供给等方面。因此，行政机关可以控制公益事业，同时，公益类事业单位还承担着本是行政机关的职能。在政事组织上，公益类事业单位法人制度仍不完善，仍对政府及相关部门存在依附关系，政府根据需求建立公益类事业单位，而公益类事业单位内部构建带行政级别的处、科、室等组织结构。在政事人事管理上，公益类事业单位在人事招聘中虽然引入聘用制、任期制、合同制等制度，但现实中一些公益类事业单位仍沿用行政级别管理事业单位人员，政府主管部门仍委任公益类事业单位领导。

（三）公益类事业单位缺乏灵活多样的激励机制

政府部门既是公益类事业单位的主办部门又是主管部门，公益类事业单位的作用就是为了完成政府的计划。当前，我国事业单位仍缺乏有效激励机制，主要表现在以下几方面：首先，公益类事业单位收入分配手段比较单一，两年一次增资，只要不犯错误，人人都可以调资，只要处于一定级别，不管其工作难易程度、成果多少、贡献率高低，都是一样的调整时间、一样的增资标准、一样的分配形式，这无异于另一种形式的“平均主义”，这种平均的分配方式难以形成效率优先的机制。其次，公益类事业单位绩效考核制度不完善，考核指标单一，考核过程缺乏沟通，有些考核过程流于形式，还存在“拉关系，送人情”的情况，在一定程度上影响了考核的真实性。再次，公益类事业单位在编人员和非在编人员还存在区别对待的情况，“官本位”“体制内”观念根深蒂固，相比较“国家职工”身份的在编人员，非在编人员在身份、薪酬等方面可能会受到不公平的待遇，进而影响其工作的积极性。人员编制管理制度导致的公益类事业单位内部员工的“身份”差异，在一定程度上影响了整个团队的凝聚力。最后，公益类事业单位职工晋升渠道单一，少量竞争岗位和过多人才存在严重矛盾，如技术岗位职工可通过技术职称晋升或转变为行政职务晋升，而这两种晋升渠道又存在严重的论资排辈现象，优秀青年职工的晋升竞争性偏弱，在评选职务或高级职称时不具优势。

（四）社会治理主体实质性参与不足

我国公益类事业单位改革是要在“社会协同、公众参与”的公共事业治理机制基础上才能取得更好的发展与完善。这种社会治理机制实际上是一种社会协同、合作参与的多主体合作管理模式，深层次的原因是国家与社会关系的根本性变革。在我国目前的公益类事业单位改革中，社会组织等其他治理主体对社会治理的实质性参与不足，真正平等的问题尚未解决，影响我国公益类事业单位的发展与完善。在我国社会治理中，某些领域出现了政府、公益类事业单位、市场、社会组织、公众等多元参与的局面，但是多元参与并不等于实质性参与。实质性参与体现政府与社会的关系、政府与公民关系的根本性改变，这种改变不仅在行动上，更需要一种意识形态的支撑，需要政府观念的转型以及政府职能的转变，而不是过去管理方式的复制或变形。从对我国社会管理改革创新的实践来看，在社会管理个别领域中出现了政府组织和社会组织的多元合作，但是由于我国具有“政府本位”的传统，很长时间以来“大政府、小社会”“强政府、弱社会”的格局支配着整个社会的运行，即使社会组织发挥了一定作用，也并不一定意味着政府与社会之间关系格局的实质性变化。在社会治理中，社会的力量还比较弱，还没有完全独立运作的能力。

（五）多元参与主体地位不平等

在社会治理中，政府、公益类事业单位及社会组织等参与主体之间并未实现真正的地位平等。我国公益类事业单位改革的过程，实质上是国家的权力下放和转移的过程，是一个还政于民的过程。但是，社会管理的个别领域中虽然出现了多元参与主体，但由于我国长期的官本位思想和官僚体制的影响以及公民意识的薄弱，我国的社会治理呈现出政府主导、社会参与的格局。这种格局是对政府一元行政化治理模式的补救，但是政府的实质主导地位没有改变，社会治理依然是一个不平等的体系，这与“善治”所要求的治理模式相去甚远，是我国社会参与中要实现政府与社会组织之间真正平等的重大障碍。

（六）公益类事业单位治理结构职能定位不明确

公益类事业单位结构职能定位不明确，根据各地各部门的现状，公益类事业单位形成了不同的理事会类型。例如，从职能的角度来看，分决策委员会和咨询委员会；从理事会人员结构上看，可分为内部人控制的理事会和以外部人为主的理事会；根据理事会的监督权和执行权的行使比例，可划分为监督型理事会和决策型理事会。这就涉及对公益类事业单位理事会基本性质进行界定。在“政事分开、管办分离”改革完成后，事业单位理事会的职能已不再仅限于一个咨询协商或监督机构，而应是事业单位的最高权力机构，如果仅定位为咨询机构，则很容易使其角色职能虚置化。此外，目前的一些重要事项，如主要领导和财政决算的提名，还没有形成统一的标准和权威，需要用权威性的政策文件加以澄清。

（七）公益类事业单位治理结构所有权虚化

由《事业单位登记管理暂行条例》可知，公益类事业单位的所有权隶属国家，政府或相关部门代表国家对其行使所有权，多个政府部门按照其职责权限对公益类事业单位进行监督管理，与确定的法人个体相比，公益类事业单位存在所有者“虚位”问题。例如，某市法人治理结构试点单位——市第十七中学，校长由市政府任命，教师招聘和业务指导由人社部门和教育部门负责，工资发放由财政部门负责等。在这种所有权虚化、管理权散乱的状态下，公益类事业单位法人治理结构的基础似有实无。

（八）公益类事业单位资金和资源配置效率低

从资源配置角度看，公益类事业单位的设置及管理都涉及资源配置问题。公益类事业单位虽然加大改革力度，机构精简也取得一定成效，但资源配置效率仍不高，具体表现在公益类事业单位之间相对封闭、相互分割、无资源共享机制、组织结构层级冗长等。此外，公益类事业单位人力资源配置力度不足，公益类事业单位改革涉及面广，属于非常复杂的系统工程，尽管一些省市颁布了公益类事业单位人事改革相关方案，但与之配套的人事管理制度、完善的自我约束机制及科学合理的竞争激励机制改革未能跟进，影响了改革力度。

第三章　国外公共产品体制发展与改革

我国公益类事业单位改革需要根据自身的特点构建具有自身特色的治理模式、治理机制，虽然国外没有公益类事业单位，但是因为公益类事业单位提供的产品多为广义上的公共产品，以此可以通过国外各国公共产品的供给机制改革历程和发展现状，吸取可以借鉴的经验。广义的公共产品具有非排他性或非竞争性，并且具有民生必需性和较强的外部性，产生了“搭便车”、公地悲剧、排他成本等问题，因此国外公共产品的供给也经历了从社会自发供给、政府供给、市场化供给等过程，虽然并不是每个国家都经历了每个过程，但是就目前现状来看，多数国家公共产品的供给模式并不是单一的，一般多是多元化的，如政府可以根据公众需要的产品或服务的类别不同来进行选择。目前，主要的供给模式主要有政府提供模式、市场提供模式、社会公众提供模式等，每种模式并不是说可以进行每个主体单独提供产品或服务，而是以这个提供主体为主进行产品或服务的供给。本章主要对国外公共产品供给改革历程和它们所使用公共产品供给模式的特点进行总结，希望通过案例国家典型行业的公共产品供给模式、管理模式，为我国公益类事业单位改革提供经验借鉴。

一、公共产品及其供给难题

我国公益类事业单位主要是政府或社会力量为发展社会公益事业而设立的专门从事公益事业工作的单位。它们是直接或间接地以我国的经济发展、社会平稳运行和居民生活服务水平的提升为主要目的的部门或企业，主要包括自来水生产供应系统、公共交通系统、电气热供应系统、卫生保健系统、文化教育系统、体育娱乐系统、邮电通信系统、园林绿化和调查队系统等方面的企业或部门。公益类事业单位所提供的产品或服务多为公共产品，因此具有公共产品的特性——非排他性和非竞争性，因此在供给方面存在“搭便车”和公地悲剧问题。下面将详细深入地分析公共产品定义和特征以及公共产品供给难题，为进一步研究公益类事业单位治理提供基础。

（一）公共产品定义与特征

“公共产品”这一名称是与“私人产品”相对应的，公共产品是指具有公共性质的产品或服务，如国家安全防卫、国家义务教育、公共安全卫生、一些福利事业等，这些行业或系统所提供的产品或服务具有非排他性或非竞争性的特征。随着不同的学者对于公共产品先后研究，对其的研究也逐渐深入。萨缪尔森可以说是公共产品研究的先驱，他将公共产品界定为一个人对于该种产品或服务的消费并不能减少其他人对该种产品的消费。随着相关研究的深入，公共产品根据不同的标准被划分为各具特点的种类。萨缪尔森遵循了两分法的标准，将公共产品划分为纯公共产品和准公共产品，Sandler 和 Tschirhart 在萨缪尔森相关研究的基础上，将公共产品的相关研究又向前推进了一步，将公共产品界定为俱乐部产品。布坎南（1965）初次利用了经济学研究的方法对萨缪尔森所提出准公共产品进行了更深一步的研究，使“公共产品”这一概念涵盖的范围更广、意义更为深刻，他觉得一种产品或服务并非一个人就能决定其提供与否，而是由多人或集体决定的，那么它就是公共产品。桑德默（1976）从技术角度研究了准公共产品（混合产品），随着研究的不断深入，根据产品或服务是否具有非竞争性或非排他性的标准，混合产品又被区分为两类：一类是俱乐部产品或称为自然垄断产品，另一类被称为公共池塘资源或公共资源。前者的特点是拥有排他性和非竞争性，后者的特点是拥有非排他性和竞争性。根据以上两种分类，本章将公共产品分为三种类型，分别为纯公共产品、俱乐部产品和公共资源。

通过以上关于公共产品或服务的研究，可以看出公共产品有不同的含义范围，基本上是广义和狭义两种。本章认为公共产品是具有公用性质的产品或服务。具体来说，可以分成三种类型，第一类是纯公共物品，就是同时拥有非排他性和非竞争性两种特性的产品和服务；第二类是俱乐部产品，就是同时拥有排他性和非竞争性两种特性的产品和服务；第三类是公共池塘资源，就是同时拥有非排他性和竞争性两种特性的产品和服务。由于我国公益类事业单位提供的多为卫

生保健、文化教育、体育娱乐等科教文卫方面的产品或服务，并且具有民生必需性，对于我国社会经济的发展、人民日常生活的维持以及整个国民素质的提高有较大的促进作用。一般来说，由于公益类事业单位本身的职责所在或存在的意义，它们提供的产品或服务是具有非排他性或具有非竞争性的公共产品，并且多数偏重于科学、教育、文化、公共卫生等方面的具有公共性的产品或服务。正是这些科教文卫等服务公共产品或公共服务的特性导致其供给方面会出现“搭便车”、公地悲剧、排他成本等问题。

（二）公共产品供给难题

亚当·斯密认为，公共设施和公共工程的类型不同，其提供的方式也不同。就像安全、司法与其他公共设施等虽然都属于公共产品，但它们拥有不同的提供方式。例如，安全具有特殊性，涉及的范围比较大，需要为整个国家提供安全服务，市场提供具有很大的难度。政府在这个时候就具有非常大的优势。对于具有不同特性的公共产品和公共服务，在不同的时期、不同的国家，可以有不同的提供方式。从中可以看出，由于公共产品（广义的公共产品）具有非竞争性或非排他性等不同特性，导致一些公共产品必须由政府来提供，而一些公共产品则可以由政府或第三部门提供或社会自愿供给。伯顿·韦斯布罗德首先提出市场失灵/政府失灵论，认为公共产品具有的特性使购买产品或服务的人，无法阻止其他人享受公共产品或服务带来的结果，就好像是一个人坐在他没有购买车票的车上，也就是“免费搭便车”。此外，还存在诸如公地悲剧和排他成本等问题。

（1）“搭便车”问题。奥尔森首次提出这一问题，“参与者不用支付与产品或服务相关的任何成本，就可以享受到与消费者支付相关成本后别无二致的使用权利或期待的产品与服务享受”。随着对“搭便车”现象的研究，逐渐明确“搭便车”在公共产品或服务上的两种类型：一是政府在提供一定的公共产品或服务之后，需要公民去履行爱护设施、提高设施的使用寿命、保护环境等义务，但是这些享受福利的人却丝毫没有去履行他们对于这个社会的责任和义务；二是享受了公共产品或服务之后，并没有在相同的时间或地点上进行责任的履行，而是在另外的时间或地点，换句话说就是享受权利和履行义务的时间和地点不匹配。如果该问题一直存在，那么公共产品的提供就不会更为长远，每个人都有较强的“搭便车”动机，因此公共物品要永久提供就需要对“搭便车”问题进行处理。

Hori 则通过对公共物品进行深入的研究发现：有一些公共产品的使用和消费是伴随着个人付费的产品或服务消费的，就像是高速公路（公共产品）的使用（当然主要是指那些免费的公路），和在它之上奔驰的汽车以及汽车燃烧的汽油（私人产品）。也有可能正是因为这个原因，公共产品的消费和私人消费物品相联系同样会导致“搭便车”现象的出现。

（2）公地悲剧问题。“这是一个悲剧。每个人都被锁定进一个系统。这个系统迫使他在一个有限的世界上无节制地增加他自己的牲畜。在一个信奉公地自由使用的社会里，每个人追求他自己的最佳利益，毁灭是所有的人趋之若鹜的目的地。”这一段话就是哈丁对公地悲剧问题最早的论述，也是最经典的论述。公地悲剧是一个典型的个人有非常强烈的侵占公共资源的动机的案例。这样的问题会导致资源的浪费，导致无效率。公共产品具有非排他性，每个人都有动机多使用公共产品或服务，公共产品具有非竞争性问题，导致每个人都在拥有产品或服务的使用权之后却不珍惜，随意浪费。

公共产品在供给方面存在“搭便车”问题、公地悲剧问题、排他成本问题等市场失灵问题，导致公共产品和公共服务多以政府提供为主，随着公共产品相关理论的发展，尤其是关于供给方面的理论，如公共选择理论、福利多元化理论、多元化供给理论、新公共管理与新公共服务理论和社会治理理论的逐渐发展和完善，各个国家也在不断探索相关的公共产品供给方式，公共产品的供给模式和机制在这个过程中不断发展和完善，在政府提供公共产品和服务的基础上，逐渐出现了其他的供给方，如企业、社会组织和公众。

（3）排他成本问题。排他成本是人们在想要确保不让他人擅自使用其产权时发生的成本，排他成本问题是公共物品非排他性的延续。20 世纪 70 年代起，一些经济学家就已经注意到“排他”问题的重要性。米尔沃德分析了排他成本对于外部效应问题的影响，他认为在市场机制下的实践中，提供物品和服务的总成本有可能包括可观的排他成本，出于理论的目的，可以假定总成本可以被明确地分解为生产成本和排他成本。由于排他成本高，因此纯公共物品与公共池塘资源具有非排他性，非排他性的原因主要有三个：一是经济成本的不可排他；二是技术成本的不可排他；三是制度成本的不可排他。然而布坎南的俱乐部物品理论认为，对于一些广义的公共物品可以做到有成本排他，即消费者能够而且愿意支付一定的费用以享用具有一定程度排他的物品。

二、公共产品供给体制

公共产品是具有公共性和外部性的体验性产品和服务。它们具有非排他性或非竞争性，正是因为公共产品和服务具有这样的特性，在提供方面会存在像“搭便车”、排他成本、公地悲剧等“市场失灵”方面的问题，导致公共产品和公共服务多以政府提供为主。不过公共产品供给的方式也在不断发展和完善。

18～19世纪，欧洲国家尤其是西方发达国家经过第一次工业革命和第二次工业革命，生产力得到飞速发展的同时，经济社会更是有了质的转变。城市发展在这个过程中更为突出，各种基础设施不断完善、人口不断增长，城市面积不断扩张。在这些城市中，公共交通、道路、供水和排水等公用事业得到发展，20世纪初到70年代，政府不断介入公用事业，开始了大规模的以政府为主导的公共产品的供给机制。20世纪30年代开始，西方国家的公共产品以国家经营为主，换句话说就是国营阶段。由国家成立专门的部门对公共事业进行相应的管理，如英国、美国、法国等国家成立煤气、自来水等办公室，意味着以政府供给公共产品或服务的方式成为主导方式。政府供给为主的公共产品供给方式在历史的发展过程中逐渐出现了政府财政支出过大、公共产品供给不足、产品或服务质量下降等问题，不能满足人们对公共产品或服务的需求。于是政府就开始寻找新的供给方式，一部分国企开始吸引外部投资，逐步实现市场化，英国的“新公共管理”改革就是一个标志性的开端，随后各个国家都开始进行改革，公共产品的供给体制也逐渐完善，在政府提供公共产品和服务的基础上，逐渐出现了其他的供给方，如企业、社会组织和公众，供给机制关系如图3－1所示。

（一）公共产品的政府供给

公共产品或服务的提供以政府为主导的方式就是政府供给模式，因为政府在进行公共产品或服务的供给时，能够保证公共产品供给数量、质量，更为重要的是能够保证社会福利的公平和公正，避免供给的“免费搭便车”“公地悲剧”等市场失灵问题的出现。穆勒、约翰·利齐、萨缪尔森等是政府模式的主要支持者，他们认为私人机构或部门不能够提供公共产品，尤其是纯公共产品。同时，这种模式的主要特点是政府进行主要的决策，公共产品或公共服务的资金来源主要为政府拨款，通过政府机构或出台制定相关法律的方式进行相关监督与管理。例如，目前政府提供了大部分教育类的公共产品和服务，各国对于教育支出所占 GDP 的比例如图 3－2 所示。政府供给模式主要有直接和间接两种方式。

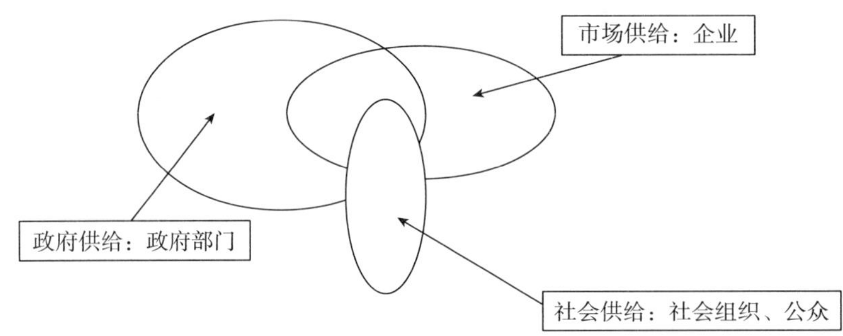

图 3－1　三种供给关系

资料来源：樊明丽．中国公共产品市场与自愿供给分析［M］．上海：上海人民出版社，2003.

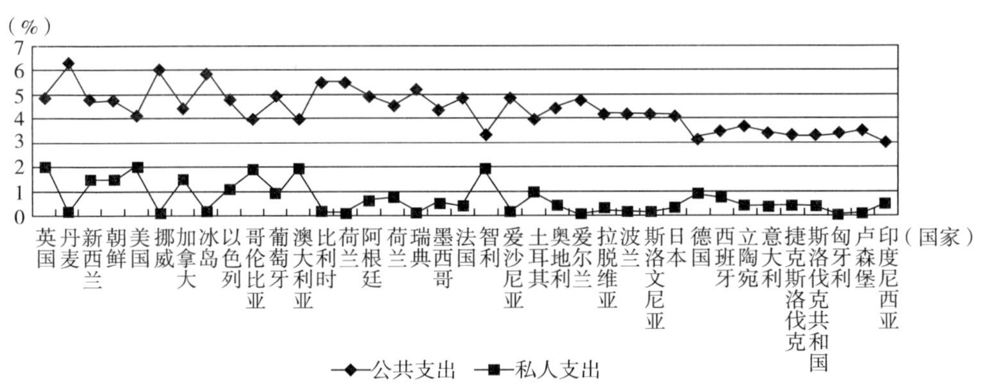

图 3－2　OECD 国家教育机构支出占 GDP 的比重

（1）直接供给主要是通过政府机构及其延伸来提供服务。政府在某种类型的公共产品尤其是纯公共产品的供给方面具有与生俱来的天然优势，能够成为无可争议的直接供给者。政府是权力行使的中心，可以通过强制力的推行来保证一些公共产品或物品的供应，并且保证产品提供的公平、有效以及大规模公共服务提供的经济性，从而提高整个社会的福利水平。

（2）间接供给意味着公共服务的生产内容、质量标准以及具体如何供应由政府来确定，通过找招标、资助、采购的方式，借助市场、社会公众等力量来进行产品或服务的供给。政府采购是其中的一种方式，它将一些公共产品的项目和一些政府在履行职责过程中需要的服务事项通过合同的方式外包给市场主体或社会组织。政府在这个过程中扮演的角色是“确定理想的公共服务需求的主体，做一个聪明的买家，成为在购买服务过程中的检查和评估者、税收人，做一个谨慎的购买人”。政府补助的方式主要是政府选择一些特定的公共产品或服务项目，对它们的生产者采取一定的方式进行补助。通过这种模式来调动公共产品或服务提供者的积极性，从而确保公众需要的某项公共服务的供给。凭单制是与政府补助相对应的一种供应的具体方式，政府补助主要是针对“生产方”而言，凭单制主要是针对“需求方”对某些公共产品有需求的特定主体进行补贴。通过更贴近市场的方式支持产品需求者寻找更为合适的产品或服务供给方，在加大供给方竞争的同时能够更好地满足公众需求，提高产品或服务的质量。OECD 国家在教育机构的支出占 GDP 的百分比以政府的公共支出为主，私人支出所占的百分比较小。经合组织国家的公共资源平均占教育机构国内生产总值的 4.4%（从小学到高等教育），而只有 0.8% 由私人基金资助。然而，私人支出差异很大。在澳大利亚、智利、哥伦比亚、英国和美国，私立教育机构的支出占国内生产总值的比例相当大（1.8% 以上）。奥地利、比利时、丹麦、芬兰、卢森堡、挪威和瑞典的私人支出所占比例最小（0.2% 以下）。

（二）公共产品的市场供给

随着政府改革的深化和公共事务的复杂化，一方面，政府对公共产品投入不足和政府财政的高负荷；另一方面，公共产品或服务的某些领域具有特殊性，很多基础设施是不足的，不能满足公众对于其的需求，就出现了这些公共产品供不应求的现象，并且公共产品或服务的质量水平也存在差距。随着公众越来越多的需求不能够被满足，政府主导的供给也越来越多地“力不从心”。为了改变这种状态，政府开始探索其他供给模式，将一些有能力的企业增加到供给的队伍之中，加入企业的数量不断增多，并在供给的过程中发挥主导作用。可以看出，市场供给的模式是企业以营利为目的进行公共产品或服务的提供。相对于政府供给而言，市场供给的主要特点是各种公共产品以企业为主导；需要的资金多是来自市场，政府的资金为辅助；监督的方式为政府、立法和社会监督等。企业提供公共产品和服务可以克服政府单独提供所出现的问题，企业以营利为目的，会用更低的成本去生产和管理，供给产品的效率会更高，还有利于加强竞争，并且有强烈的动机去发掘和满足公众对于公共产品的需求。市场供给的主要方式为特许经营、用户付费和公私合营。

（1）特许经营。其一般由政府将一些生产和提供某项公共产品的权利授予营利组织，以市场化盈利的方式提供服务，也就是可以收费。政府在这个过程中的作用是对公共产品的生产数量和价格进行规定和指导，在经营期满之后收回公共产品的生产权力，当然，一般都是以合同协议的方式进行规定。因此，特许经营对于可以进行收费的产品和服务是非常适合的方式，如电、气、水以及用过的污水、废弃物的处理转化等。美国、英国、法国等国家都使用这种方法进行公共产品的供给。在法国，公路可以由企业进行投资、建造、拥有、管理和保养，它可以收费，但是有明确的期限，并不是永远。英吉利海峡的海底隧道就是英国和法国政府提供的一种特许经营。很多公共产品和服务都可以通过特许经营方式安排，表 3－1 显示了特许经营方式在一些地方政府服务中的运用①。

表 3－1　在特许经营安排下由私人企业供应的市镇和县政府服务

服务项目	运用特许经营方式的百分比（%）
商业固体废物收集	14
居民固体废物收集	13
固体废物处置	7
飞机场经营	6
车辆托运和存放	5
公用事业读表服务	4
救护车服务	2

资料来源：Rowan Miranda and Karlyn Andersen. Alternative Service Delivery in Local Government［Z］. Washington：International City Management Assoiciation，1994.

① Rowan Miranda and Karlyn Andersen. Alternative Service Delivery in Local Government. Washington. International City Mangement Assoiciationg.

（2）用户付费。其与特许经营的不同之处就在于政府完全将公共产品或公共服务交给企业或非营利组织、社会公众等，他们可以自行决定价格，通过市场的机制来平衡公共产品的提供和需求。有需要的消费者可以自行消费其需要的数量，只要交纳与之相匹配的金额。这样政府的财政压力就会减轻，同时也提供了公众需要的产品和服务。

（3）公私合营。与特许经营和用户付费不同的是，公私合营是政府和企业处于一种平等的状态进行投资，分担风险和收益，充分发挥政府的资金优势以及企业按利益最大化的要求进行生产和经营，从而提高提供效率，也能够最大化后续公共产品资源的使用效率。该模式下政府、营利性企业或非营利性组织或企业在某个项目上进行合作，充分发挥各方所长和优势，能够产生“范围经济”，达到各个单独提供产品或服务都无法达成的效益最大化结果。特点就是政府和其他各方需要有比较完备和科学的利益分配机制以及权力分配机制。图 3－3 是全球以 PPP 模式进行 R&D 投资前十名国家所花费的金额。可以看出，以公私合营方式进行研发的项目资金投入是巨大的，美国 2013 年的投资金额就为 453544000 美元，我国的研发投入也是巨大的，为 333521614 美元，日本也高达 160246832 美元，排名第十的巴西的投资额也为 35462182 美元。

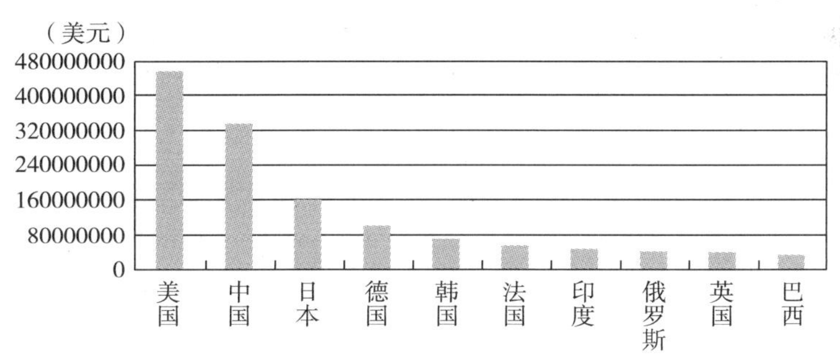

图 3－3　2013 年研发投入前 10 名国家的投入金额

资料来源：OECD Health Statistics 2017，WHO Global Health Expenditure Database.

（三）公共产品的社会供给

社会供给，顾名思义，就是一种公共产品的供给不再以政府和企业为主体，而是以社会组织、个人等为主体进行供给的模式。社会组织是人们为了一定的目标按照一定的宗旨、制度、系统建立起来的共同活动集体，内部有明确的分工。社会供给机制的特点是它主张社会福利来源的多元化，既不能完全依赖市场，也不能完全依赖国家，福利是全社会的产物。公共产品的社会供给模式的基础就是认为社会福利应该由社会各界的人士来共同创造，每一个人或组织都应该努力去让社会总体的利益最大化。在这样的基础之上，整个社会的福利就主要是依靠组织（尤其是非营利组织）和个人来供给，主要体现在公共产品的提供方面。各方可以在共同目标方面达成共识，共同合作来提供令社会公众满意的公共产品。政府在这个过程中可以积极采用新的手段、技术等对与公共产品提供有关的事宜进行统筹协调，调动多方积极性，并采用可行的监督手段进行监督，从而提高公共产品供给的效率。社会供给的资金来源主要是政府资助、捐赠、自筹等，监督方式主要是政府监督、立法监督、社会监督。通过这种方式来充分发挥社会组织的特长——提供多样的产品和服务。并且社会组织多是基于慈善等方面的理念来进行运作的，注重公平和公正，对社会弱势群体有更多照顾。政府统筹和社会供给，对于公共产品的提供来说也是一个较好的模式。社会组织的公共服务供给方式主要有志愿服务、无偿捐赠、政府或市场委托供给以及公益性收费服务。

志愿服务是非常常见的公益类服务提供形式，它以互相帮助和自我帮助为核心，重点是满足一些特定群体的需求，有针对性地提供其需要的产品和服务。它们经常会进行无偿捐赠，始终坚持慈善的信仰，对需要帮助的群体或人以可以采用的方式进行帮助（或救助、支援）。社会组织还会提供一些政府与市场委托的公共服务，如在比较专业的领域（教育、卫生等）提供服务，比较高端的服务会收取一定费用，既可以提供服务还可以获得维持组织运转需要的资金。例如，在美国，志愿者消防队在消防队总数中占大约90%以上，但其消防员只占消防员总数的一小部分，起源是大城市的消防部门很大且志愿者很少。

公众是社会公共产品或公共服务的需求方，但是也可以成为公共产品的提供者。正是因为社会公众是一个个分散的个体，他们会更了解需要的产品和服务，从而有更为敏锐的洞察力，如果由他们进行公共产品的提供，那么就会更具针对性，提供的产品也会更具差异性，可以更好地满足其他人对公共产品的需求，提高公共产品带来的效用，同时提高整个社会的社会福利水平。同时，公众作为主体，不仅提高公共产品的需求和供给的匹配程度，而且志愿者为需要的人提供服务的过程中，会获得一种满足感，因为可以帮助他人，知道自己是被需要的，精神的愉悦会使他们充满正能量，正能量会传递给其他人，产生一种“外部性”，那么整个社会的“幸福水平”会有一个较大的提高。公众提供公共产品会成为其他方式提供产品或服务的重要补充。

三种公共服务供给模式对比如表3－2所示。

表3－2 公共服务供给模式

供给类型	政府供给模式	市场供给模式	社会供给模式
供给主体	政府及公共机构	企业	非营利组织及个人
适用范围	公共产品（狭义）	准公共产品	准公共产品
决策机制	政府决策	自主决策	自主决策
筹资方式	政府拨款	市场化筹资为主，政府资助为辅	政府资助、捐赠及自筹资金
供给方式	直接供给、政府补助、政府协议、凭单制	特许经营、公私合营、用者付费	支援服务、志愿服务、慈善、自发供给
激励机制	公共责任	利益驱动、政策优惠	使命感和优惠政策
监督机制	政府监督、立法监督、社会监督等	组织内监督、政府监督、立法监督、消费者监督、社会监督等	组织内监督、政府监督、立法监督、社会监督等

三、国外公共服务改革实践

很多西方国家的公共部门为了更好地满足社会对公共产品的需要，对自己的组织结构不断进行改革，从最初的公共产品国家供给，到把企业引入供给主体，希望用市场机制来提高整个产品提供的效率。逐渐加强法制方面建设，加强监督，不断进行相应的改革，调整“政府”和“市场”的关系，提高公共产品和服务的供给效率。

（一）国外公共服务改革的进程及典型模式

18~19世纪，西方国家因为第一次和第二次工业革命的发展，生产力水平得到大幅度提高，城市也在不断发展，不管是人口还是规模都以飞快的速度进行增长。在这些城市中，公共交通、道路、供水和排水等公用事业得到发展，20世纪初到70年代，由于对公共服务需求的不断增加，单凭自由供给无法满足公共的需要，于是政府不断介入公用事业，为公民提供公共服务。20世纪30年代开始，西方国家的公用事业主要是国家进行生产、经营。英国、美国、法国等国家通过对公共事业国有化来更好地管理，它们由国家专门的部门机构管理。随着政府对公共事业的不断涉入出现了很多问题，如效率问题，政府供给公共服务也并不只是效率问题，而更注重公平，并且政府的财政支出不断增加，财政压力不断增大，公民对于政府过度干预公共服务供给的行为感到不满。撒切尔政府为了改变现状，决定进行政府改革，这场“新公共管理改革”在全球引起了很大的影响。新公共管理改革强调“缩小政府边界”（Rolling Back the Frontiers of the State），于是政府逐步退出一些方面的公共服务供给，通过政府部门私营化或市场化、特许经营、凭单制等方式进行公共服务的供给。20世纪末，西方发达国家的公共产品的供给开始从国有化转向市场化，并且逐步引入私人资本，私人资本在公共服务供给中的作用不断增大。新西兰、德国等国家都逐渐实现了公共产品供给的改革，并逐渐形成了具有不同特点的改革模式，就是以政府提供为主的政府供给模式、以市场提供为主的市场供给模式和以社会各方提供为主的社会供给模式。

（1）政府供给模式。除了政府直接供给之外，间接供给就是政府建立“代理机构”，英国就是这种模式的典型代表。英国以提高绩效管理为目标，建立各种代理机构（包括一些非部属机构、公法行政实体），对其公共产品的供给模式逐步改革。这些非政府机构有些是承担着公共产品提供的主体的作用，就像学校、医院等机构，还有一些承担着公共管理的职能，如英国的护照代理机构，拥有独立的法人地位，即独立于政府机构，独自运作。“代理机构”共同具有的特点：政府为这些机构提供大部分资金，可以在这些机构中起主导作用；投资和提供公共服务的方式多样化，监督问责方式也各具特色；在管理上拥有自主权和独立性，可以充分调动代理机构的积极性，在财务和用人方面拥有较大的弹性以及

灵活度；属于广义上的国家机构，因为它们已经是独立的机构；它们的主要作用就是提供公共产品和服务。可以看出，这些机构与我国公益类事业单位的定位和作用非常接近，它们的组织形式改革过程对我国公益事业单位改革具有借鉴意义。

（2）市场供给模式。这种模式是市场成为供给的主体，缓解公共产品提供的“政府失灵”问题。市场供给的主要方式就是政府向市场购买公共产品和服务。在这种模式下一般分为政府购买、政府参股、特许经营、合约出租、政府经济补助五种方式。政府购买模式经历了较长时间的发展。英国是较早实行政府采购制度的国家。经过长期的发展演变，其逐步形成了一套较为完善的政府采购体系和运作规则。1782 年，英国建立政府采购制度，设立了国家文具公用局这一专门机构以公开招标的形式采购办公用品，该局后来发展为物资供应部，专门负责政府各职能部门所需物资的采购。随着公共管理改革的扩展，其他国家也开始了改革，目前新西兰的政府采购模式是非常经典的采购模式。市场供给模式的主要特点：市场供给为主体；政府采用采购等方式与营利组织进行合作，实现公共产品和服务的提供者与购买者的分离，之间合作的基础是合同；政府监管各种公共产品的质量和后期使用等。

（3）社会供给模式。即充分发挥非营利机构在公共服务提供方面的作用。德国、日本和美国是其中的代表。该种模式主要是充分发挥非营利组织的作用，各层级的政府机构与非营利组织之间存在合同关系。政府拨款和政府合同是服务性非营利组织收入的重要来源。非营利组织通过与政府签订合同，从政府那里得到公共服务项目，并由政府进行资助，此外还可以在所得税、财产税、销售税等方面获得豁免，实际上都是对非营利组织的补贴。

例如，在联合国教育文化科学组织进行的 2015 年调查中，可以看出，就教育这一项公共产品的提供而言，主要是政府供给为主，其次也存在市场供给和社会供给。挪威、瑞典的教育支出全部都是由政府支出的，为典型的政府直接供给模式；芬兰、拉脱维亚、爱沙尼亚、丹麦、卢森堡、立陶宛、俄罗斯、冰岛、比利时等国家主要为政府供给，只有极少数是由家庭或私人机构进行的投资；阿根廷、朝鲜、英国、新西兰、智利、墨西哥、澳大利亚、土耳其、哥伦比亚等国家的家庭开支和私人支出等社会供给占比相对更大。具体数据如图 3 – 4 所示。

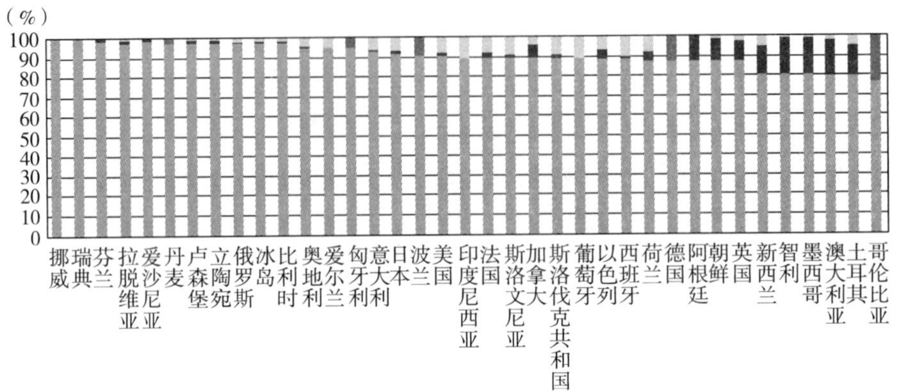

图3-4 各种支出在教育方面的投资比例

资料来源：联合国教育科学文化组织发布的《全球 R&D 投资》(2015)。

(二) 典型国家公共服务改革进程及特点

国外的公共服务供给模式、机制的发展都经历了几百年的时间，有大量的经验可以为我国事业单位改革所借鉴，尤其是其他国家已经运行成熟的公共产品提供的方式、政府与其他部门合作的模式和机制，对我国来说非常宝贵。

1. 英国

英国以提高绩效为目标进行公共产品提供的改革，经过不断努力逐渐发展出“代理机构”的方式，现在英国的代理机构非常多，如劳动咨询调解仲裁局(ACAS)、健康与安全委员会（HSC）和健康与安全执行机构（HSE）等承担着公共管理的职能，并且如何建立“代理机构”也有一套较为成熟的办法和步骤：首先政府确定候选机构，然后财政部或内阁办审核，政府核查，政府招募行政主管，政府确定预算和绩效目标，机构定期接受评估等。

英国的公共服务改革最具代表性，以英国的医疗卫生改革为例，英国是世界上第一个向全民提供免费医疗服务的国家。英国医院作为医疗服务体系的重要组成部分，在20世纪进行了重大改革。英国医院在进行改革之前，医院分为志愿医院、市政医院和私人医疗机构，这三种医院之间是竞争关系，每种医院按照市场机制运行，但侧重点有所不同，也就是有不同的市场定位。政府在这期间充当着“守夜人”的角色。由于第二次世界大战的爆发，各个国家的社会、经济发展受到非常大的影响，原本不是很激烈的公共产品提供和需求之间的冲突关系逐渐显现。公众追求医疗的“公平性”，这个时期完全由市场进行提供，就无法满足这种需求。因此，1939 年，英国国家卫生部为了更好地对战争中受伤的士兵提供医疗服务，成立了紧急医疗卫生服务部门，以此为开端，1948 年大刀阔斧地进行国有化改革，主要是针对国民医疗体系的医院和相关的服务机构。撒切尔夫人从政之后，进行了新公共管理改革，对各种公共产品的提供产生了非常大的影响，当然政府对国民健康服务体系同样进行彻底改革。国民健康服务体系经理的任命方式进行变革，除了一小部分是从市场上进行选择外，大多实行委任制。定期进行绩效考评，根据结果来确定工资。医院的董事会拥有预算的权利，政府对医院主要是资金管理，并成立专门的监督和管理机构。为了更好地执行预算，将医生纳入管理体系之中。但是资金管理逐渐出现问题，医院的各种支出不断增加，资金逐渐不足，效率问题再次出现在人们的视野中。

20 世纪 90 年代，英国政府采取“管办分离”的改革思路，期望通过市场运作的机制，提高内部管理水平，从而政府干预和市场调节一起运作，实现公共产品的供给兼顾公平和效率。在新一轮的医院改革中，“代理机构”的方式逐渐产生和发展。依照《国家健康服务及社区保健法》（1990 年），政府改变以往从生产到提供的“一条龙”方式，而是将一些适合市场提供的产品和服务交给企业，如后勤保证服务、医疗器械的清洁维修，包括医院大量需要清洁的衣物和床单等业务，进行广泛的市场招标。一般来说，中标的公司多是非常专业的公司，运作效率很高，可以充分发挥市场化的优势。然后政府进行结算，根据提供产品和服务的质量、数量进行等额资金的划拨。对于这些专业公司内部的财务、人事、经营，政府在不必要的时候是不会干涉的，由公司的董事会负责。政府会对董事会的主席、非执事董事的工资报酬进行明确的规定。相关的行业协会会对经理的公司以合同的方式进行确定。由此，“代理机构”运行的方式和机制开始逐渐完善和发展。

布莱尔从政之后，对公共事业进一步改革，突出改变是公共产品的供给和管理实现社会多元化，也就是将社会组织、公众等主体引入公共产品供给的体系之中，通过减少政府的管理，调动企业、社会组织、公众的积极性，提高医疗服务运行效率。20世纪末期，英国政府对“代理机构”的作用和运作方式进一步完善，协调代理机构的上级主管部门和中央部门与代理机构之间的功能定位和合作机制，以明确双方的职责。政府将扩大“支出审核”的范围，如未来三年的绩效、公开出版的各种协议，从而实现目标和绩效、资源的挂钩。

英国的医疗服务改革一直在进行，总体来说经历了从自由供给到政府供给为主，到将市场、社会组织和公众逐渐引入公共产品和服务的供给，实现多种供给方式相结合并有所侧重的混合模式。英国的“代理机构”运行模式和机制是非常值得我国学习和借鉴的，对于我国进行公益类事业单位改革有重要意义。

2. 新西兰

新西兰的公共产品提供的特点是政府购买服务，它将市场竞争的机制引入公共产品的供给，并逐步完善。这种模式的特点就是公共产品的提供和购买区分开来，并不是传统的由提供主体来生产和提供公共产品，两者作为独立的个体，以合同的方式实现政府向公共产品的生产者购买。这时候合同的完备性和监督就显得非常重要。“新西兰模式的良好运作依赖于一个合同网络，这个合同网络的两个重要节点就是政府和公共产品提供主体。政府相关行政主管与政府部门主管之间签订的购买协议也是相当重要的，该协议明确规定了本年度可以提供的资源和要实现的产出。国家服务委员会代表政府与每一部门的行政主管签订业绩协议，具体规定本年度内完成的主要工作。”由此可以发现政府部门不同层级之间也是依赖合同的，有人曾经对这种模式进行质疑，认为其过分依赖“合约”，会出现“层层代理”问题，加大各个层级之间的信息不对称问题，不利于效率的提高。

新西兰在20世纪80年代之前公共产品和服务主要由政府提供，是典型的政府供给模式。1988年之后，新西兰借鉴英国的新公共服务改革的理念和经验，以“议政分离”为目标进行公共产品供给改革，在机构和职能设置方面将建议和执行机构进行区分，在各个部门内部，部长和行政主管之间的决策、执行同样有严格区分。主管部门制定绩效目标，由部门的执行人员来达成目标，主管部门不会介入执行层面，最后进行考核。同时不断精简机构，1995年，新西兰的地

方行政当局数量缩减了近10倍，从700多个锐减为73个。在这个过程中，行政当局主要发挥决策、监督和为公共产品提供者按照提供总额付费的作用。政府作为大量公共产品或服务的需求者，会吸引大量的供给者，由此加大了各个公共产品和服务企业或机构之间的竞争，只有提供高效、高质产品和服务的企业才能够拿到政府的“订单”。政府以合同的形式购买公众需要的医疗、教育、养老等服务，并约定服务的具体内容、方式、价格与期限等。为了解决“政府失灵”问题，新西兰政府重新构建与公共产品或服务相关的职能部门、将公共产品或服务外包，只要企业或社会组织、公众能够更好地提供产品和服务，政府就不会再设立相应的部门机构，提高行政效率的同时发挥市场的作用。经过改革的具有市场特性的事业单位成为政府采购的主要对象之一。政府各层级之间，与企业、社会组织之间形成了长长的责任链条，主管部长、执行主管之间的绩效合同的标准和达成尤为重要。为了更好地规范主管部长、执行部长，新西兰政府规定处理任职考核之外，其将拥有一个标准的考核期。这一项规定从2014年1月1日开始实施，标准考核期和任期的时间并不一致。

新西兰的公共服务改革特点在于“政府购买”，政府不提供公共服务，政府在这一过程中起到决策、付费和监督的作用。通过购买更具效率的市场化运行的公共部门和非营利组织的服务提高整体的服务效率，从而解决政府各部门之间的职能目标不清晰、效率较低、公共服务供给单一等问题。

3. 北欧国家

北欧各国一般是高福利国家，公共产品和服务的提供是由政府完全负担的。政府是影响公共产品和服务的决定性因素，但政府并不直接提供公共产品和服务。同英国、新西兰的模式相似，政府设立“代理机构”，这些机构行使着提供公共产品和服务的功能。政府通过设立完善的法律法规来对公共产品或服务的供给进行规范，这是政府的主要职责之一。通过法律的完善来对各个公共产品提供者和“代理机构”进行监督，对提供者监督的内容涉及产品的质量、价格、可持续使用等方面，对“代理机构”的监督主要涉及职能的使用。近年来，北欧各国同样将竞争机制引入公共事业领域，认为可以通过提高公共产品提供者间竞争的水平，促进公共服务的效率和质量得到较大幅度的提高。各国采取的措施不同，主要包括产权改革，实现投资主体多元化，进行专业化重组；逐步实现公司所有权和经营权的分离，调动各个主体的活力和积极性；对公共产品的提供实行政府购买，提供者为了提高中标率，会不断改进技术和水平，从而在保证产品和服务质量的同时，提高供给效率。

4. 德国

德国的公共服务改革是以公共福利为导向的，主要强调的是以市场化方式提供公共服务，注重第三方机构在公共服务生产与供给中的作用、政府的监督作用以及法律的约束。20 世纪 90 年代以前，德国相关的社会服务主要是由公共机构和非营利组织承担，但 1990 年的两德统一为德国带来了较大的财政和政治压力，为此，德国进行了包括公共服务市场化在内的改革，第三方机构逐渐参与到公共服务的生产与供给中来，政府逐渐从公共服务的供给者转变为监督者和指导者，众多闲散资金和民间资本也开始成为政府缓解财政压力的新渠道。在市场化改革过程中，德国对市场化范围和前提条件进行了严格的限制。德国选择了常规以及标准较低的工作领域作为市场化的范围，如垃圾处理、基建维护、街道清洁等。此外，为保证资源的高效利用，防止出现不道德和腐败问题，德国还对市场化设定了前提条件，即公共服务是可被生产和供给的，并有可被交易的场所，同时市场准入门槛较低从而吸引较多的竞争者。可以预见，随着越来越多的竞争者进入市场，各供应商之间展开激烈竞争，公平明确的法律制度将成为维护市场秩序不可缺少的一部分。德国所倡导的“实质法治”的原则也表明所有的公共服务和公共管理行为都将在国家规定的框架内进行，并持续受到法律的约束。长期以来，德国是被称为循环经济最好、垃圾处理最有经验的国家之一。德国垃圾处理的最高管理机构为德国环境保护部和专业机构联邦环境保护局，主要负责颁布法律和国家合作等；各州环境部或地区机关、国家工商监察局，属于高级管理机关，主要负责相关法规的实施；还有县市管理机关，属于下级管理机关，负责垃圾收运、处理的全过程。同时因为垃圾回收处理系统工程庞大、投资较多，相关组织成立了专门的非营利机构——绿点公司进行后续的协调和组织工作，充分发挥非营利机构对于公共服务的供给作用。在体育公共服务领域，PPP 模式已将政府和私营部门紧密相联。政府部门制定了相应的监管评价体系，并设立了独立于政府的组织协会，以便各地区各组织及时交换管控信息，从而进行更好的监督与合作。此外，德国政府还积极鼓励民众及时就所改革的体育公共服务进行有效的监督，对其做出评价并提出相应的改进建议，从而为后续的改革提供依据。

由此可见，德国公共服务改革的特点是依靠“国家最高机构立法—州县政府监督—协会支持”三级体系，吸引第三方社会力量参与到公共服务的生产与供给中，以市场化方式进行公共福利管理。

5. 日本

日本的社会公益事业的发展与政府密切相关，基础性的公共产品或公共服务的提供是由政府机构来提供的，在日本还有一些公务员或准公务员也会提供产品或服务。该模式下，可以确保政府在整个提供过程中的主导作用。但是随着时间的推移，政府管理体制的一些弊端逐渐出现，公共产品的提供不能够满足公众需要。于是，从1996年开始，日本政府不断进行改革的一个主要内容就是“改革那些承担社会公益事业的公务员机构及特殊法人（包括认可法人）的组织运行方式”。日本的公益事业体制改革和德国等其他国家一样，都是有非常详细和详尽的法律基础的，制度建设非常完善，各个法律、制度之间的综合协调性较好。日本改革的突出特点是公共产品提供的社会供给模式，日本改革之前经历了国营化阶段，改革之后就以委托的方式将社会力量引入整个公共产品的供给中，政府在这个过程之中不会进行管理，社会组织可以更多地发挥积极性，它们自己具有生产、管理自由，可以完全按照市场化的机制运营。日本实行独立行政法人制度，同英国“代理机构”的作用相似，对公共产品的供给，尤其是关于教育、医疗、文化和卫生等方面的产品和服务供给，将公务员机构、准公务员机构改革为独立的行政法人。它们的独立性特点，使其并不是完全性质上的政府机构。它的存在可以将政府行政决策，也就是政府统筹，和具体的公共产品生产、提供等管理、运营分离开来。实现政府统筹和市场化运作的结合，促进公共产品提供效率的提升；机构组织方式改革和机构调整与重组紧密结合。政府通过对公益类事业单位关于机构设置、人员配备、组织运行方式等改革，不仅提高整个组织的运行效率，而且能够为公益类事业的改革提供组织支持、结构支持和动力支持。

日本文化公共服务在其改革的过程中具有典型性，改革充分调动社会力量参与到文化服务提供的过程中，利用社会力量实现整个社会福利的最大化。日本的文化厅、学习政策局、体育厅是中央机构，隶属于文部科学省，分别负责不同类型的公共产品和服务。例如，文化厅主要管理文化艺术、教育、图书馆、博物馆、娱乐等方面的工作；学习政治局负责对文化厅的工作进行指导和管理；体育厅则主要负责体育事业的发展。为了对公共产品的提供进行更好的管理，日本出台了大量的法律、实施办法和准则，并不断进行完善和修订，法律的范围基本覆盖文化的各个领域以及每个领域的各个方面。日本政府会对基础的公共文化进行建设和提供固定的财政拨款，此外还会采取减税、财政补助、奖励等方式，同时采用广告等方式加大宣传，在产生舆论影响的同时还会对社会公众和组织产生积极的影响，提高整个社会对文化事业所作出的贡献。社会公众和社会组织提供的基础设施主要集中在文化馆、图书馆、公民馆等领域，并占全部教育基础设施的60%左右，其余40%是营利性企业，这些企业可以负责并不适合政府提供的产品，而这些领域恰恰可以充分发挥企业的市场效率。那么日本的政府、企业（法人机构）、社会团体、各种行业协会、民间非营利组织等方面可以全部参与到社会文化公共服务之中，实现整个社会福利最大化。

6. 美国

美国大多数的非营利组织都具有提供公共产品和服务的职能。美国的公共事业管理机构会提出整个产品的服务计划，根据公共产品或服务的不同特点会有市场、社会和公众共同来提供，是一个典型的多种供给模式同时存在的国家，并且尤为突出的就是社会供给模式。美国政府进行公共产品和服务供给过程和英国类似，最开始是由市场自行提供产品和服务，政府不会进行公共产品的提供，因为市场可以基本满足社会公众的需要。随着社会经济的发展，公众对公共产品和服务的需求增多，市场供给出现“市场失灵”现象。尤其是经济危机和第二次世界大战的爆发，使公众对社会公共产品和服务的需求凸显出来。政府为了满足这种需求，对整个公共产品和服务供给系统进行改革。尤其是20世纪70年代，由于美国经济的“滞胀”状态，失业率不断提高，政府的财政压力巨大，为美国彻底进行公共产品和服务改革提供契机。美国政府进行公共产品和服务改革，主要是通过深化市场改革和非营利组织作用的发挥。通过提高就业水平，完善公共产品和服务的提供，推动整个美国经济社会的发展。美国政府和非营利组织间的关系相当密切。美国的非营利组织主要包括各类学术研究机构、教育机构、医疗机构、专业协会、教会、工会、商会、体育组织、文化娱乐组织、青年组织、老年组织、支援组织、民间基金会、公益性团队、慈善机构等。哈佛大学、普林斯顿大学、美国红十字会、洛克菲勒基金会、大都会艺术博物馆、纽约交响乐团、

全国救助合作社会、美国商会等，都是比较典型的非营利组织。公益性组织主要提供公共服务，对象是社会公众。其中又分为专门以资金支持服务组织的资金组织和直接从事公共福利工作的服务组织两类，两大类组织互为市场，相辅相成，互相推动，共同发展。

美国的公共卫生服务体系改革具有突出特点，因为美国是联邦制国家，联邦政府和州政府具有不同的功能和定位。美国整个卫生服务体系也是联邦和州政府两个层级来进行合作的。在卫生服务体系的执行过程中，主要涉及国家和大城市、中小城市和乡镇、村庄三个层面。美国联邦政府层面设立了卫生与人类服务部作为卫生执法机构，在这个机构之下有七个分支机构，分别负责不同的卫生职责，如食品与药品监督管理局、卫生资源与服务管理局、疾病控制与预防中心等。卫生与人类服务部的主要职责就是统筹全国的卫生事业，包括立法、预算、做研究、应急突发事件指挥和协调、医院等实体部分之间的协调等。重要的是负责监督和检查公共卫生服务以及政策效果等。

美国公共卫生服务改革的特点是政府在整个过程中扮演着“统筹”的角色，保证政府机构、非营利组织、社会公众需求之间关系的稳定。政府负责各个层级公共卫生服务机构的合理布局与发展规模，公共卫生筹资来源于政府预算，实行竞争、流动、开放的人事管理制度，财务管理具有一定的自主权和很高的透明度。美国州政府同样发挥着重要作用，州公共卫生局主管以疾病控制和卫生监督为主的卫生保健行政和业务管理工作。并且在整个卫生体系之中，联邦政府会负责50%左右的资金，州政府和社会捐赠基本上也会达到50%左右。

综合考虑各个国家公共产品和服务提供的方式以及公共事业改革的历程，可以发现一些规律和共性。从供给过程来看，英国、新西兰、德国、日本都经历了自由供给阶段、政府主导阶段、政府和市场机制公共作用阶段。整个过程是一个不断变化发展和改革的过程，而所有改革的出发点就是高效、高质地提供社会公共需要的公共产品和服务。在这个过程中，需要政府颁布系统性非法律文件、法律法规和实施细则，使整个公共产品的提供具有完善法律保障。此外，各个国家会针对具有不同特性的公共产品或服务来采用多种供给模式，并不是单一而行。典型国家的改革情况如表3－3所示。

表3-3 典型国家公共产品和服务供给改革情况

国家	英国	新西兰	德国	日本
供给改革历程	社会自由供给 ↓ 国有化，构建全国管理机构，董事会管理 ↓ 公立部门经营管理，社会多元参与	政府直接供给 ↓ 公共部门剥离出私营部门和非营利组织 ↓ 政府购买公共产品和服务	社会自发供给 ↓ 政府不同层级负责不同公共服务供给 ↓ 企业供给、社会供给政府监督	基础性社会公益由政府机构供给 ↓ 部分机构实施民营化，政府行政决策与社会组织分离 ↓ 充分发挥非政府组织的供给作用
特点	政府立法，董事会负责，社会多元参与治理	政府购买，部长与执行主管签订业绩合同	国家最高机构立法，州县政府监督，协会支持	独立行政法人制，非政府组织供给与监督
保障	各个国家在公共产品和公共服务供给过程中，出台并实施了一系列的法律法规和实施细则			
趋势	政府提供基础性公共产品和服务的供给，市场和社会多元化供给，政府或相关机构实施更为专业的监督			

四、国外公共服务发展实践的启示

通过对英国、新西兰、德国、日本等国家公益类事业单位的典型案例进行分析和总结，可以发现每个国家对于公共服务的供给都是逐步进行改革的，基本上都经历了“自由发展—政府供给—市场化供给—多元供给和治理”的过程。这个过程对我国公益类事业单位的改革提供了经验和借鉴。

（一）逐渐完善法律法规及配套制度建设

纵观发达国家的公共事业改革历程，法律制度的完善和发展对事业单位改革的顺利进行、新的供给模式的正常运转都是非常重要的制度保障。仅在文化公共服务方面，从1947年的《基本教育法》，1949年的《社会教育法》，1950年的《图书馆法》《放送法》《文化遗产保护法》，1951年的《博物馆法》等，到2011年的《体育基本法》，2012年的《剧场法》等数十部法律以及大量配套的《实施令》《实施规则》《政令》《基本方针》实施办法和准则，加上及时修订的法案，几乎覆盖了文化公共服务的各个方面。英国、法国和德国的公共服务相关部门的改革和发展均有相关的法律、法规出台并完善。我国公益类事业单位的改革需要法律和制度的保障，但是目前我国关于这方面的法律、法规还不够系统完善。尤其是一些非营利机构的法律地位、权利与义务、注册登记制度、资产和财务的管理模式等方面，还有一些没有明确具体的规定，这些都不利于非营利组织发挥公共产品提供的作用。北京、上海、无锡等地方教育、文化、卫生等领域开始实施改革，但是改革后这些单位的法律定位问题还不能进行确定。这些问题的存在会对公益类事业单位的改革不利。公共产品和公共服务供给的发展和完善，需要逐步完善相关的法律法规和与之相适应的配套设施。

（二）发展多种组织形式的公共服务提供者

英国和新西兰是典型的部门代理机构的模式，政府会设立一定的部门或机构对于所要提供的产品和服务进行决策和监督，向提供公共服务的企业进行购买。德国同样是在政府中设立最高机构，负责法律的制定和执行，在垃圾处理的过程中善于运用非营利机构，并用其在与各个企业提供的公共服务之间做协调，明确社会组织在公共服务中的角色定位，强调政府公共服务职能向社会组织转移。日本同样充分发挥各类法人机构、行业协会、文化艺术团体、民间非营利性组织（NPO）、非政府组织（NGO）等社团组织的作用。截至目前，我国政府在公共产品或服务的提供过程中发挥着主导地位，通常情况下，政府会直接或间接地对事业单位进行管理或监督。通过对各国家公共事业改革的发展来看，需要根据所提供公共产品或服务的特点的不同，选择合适的提供方式。这样既可以发挥政府统筹的优势，也能够发挥市场的效率优势。对于民间的非营利组织需要进行支持和鼓励，对其法律地位的定位以及后续提供公共产品或服务的提供后，对其进行资金支持、税收优惠等，使其能够较好地运行下去。与此同时，社会组织、社会公众可以充分发挥其对提供公共产品或服务的优势作用，从而改善我国公共产品或服务提供“不充分”的问题。

（三）基础性的社会公益事业仍需政府主办

公共产品和服务具有非竞争性或非排他性，正是具有这样的特点会导致存在“市场失灵”问题的出现，既然这样，政府在公共产品或服务的供给中始终都是重要的力量，因此，在进行公益类事业单位改革时，需要提高事业单位的管理、运行效率，更好地发挥出政府对公共产品供给的指导和统筹作用。在西方发达国家，虽然要调整政府与民间力量在公共事务方面的分工关系，但长期以来由政府承担各项社会公益事业基本责任的格局并没有发生改变。新西兰最初的公共服务都是由政府直接提供的，将能够依靠企业和非营利机构的公共部分进行剥离，将其作为政府购买的采购对象，之后的公共服务和公共产品主要是进行“政府购买”。日本的基础性公共产品和服务由公务员机构或准公务员机构提供。由此可见，有些基础性公共产品和服务的前期投入非常大，需要巨额资金，政府需要确保其投入，尤其是资产专用性较强、回收期极长的公共产品和服务的供给类项目。基础性的社会公益事业仍然采取政府主办的方式。其中重点在于政府进行投资决策时，需要考虑财政等其他因素的制约。

（四）加强公共产品和服务供给机构的监督与制约

从英国和北欧国家公共产品和服务供给的改革来看，具有的特点是不断加强政府部门以及公共产品和公共服务供给机构的独立性，政府部门主要的作用就是加强对其的监督，方式可以为董事会责任制，也可以是社会多元的治理与监督。日本实施的独立行政法人制度，事业单位的独立性会更大，并对这些机构的管理方式进行变革，将政策的制定和具体的执行、实施相分离，同样是加强监督的一种方式，也提高了公共产品提供的效率。新西兰的“政府购买”是明确政府主管部长与执行主管之间权利与义务，以绩效管理的方式加强监督。因此在逐步实行公共产品服务供给方式多元化的同时，要处理好“政府”和“市场”之间的关系，公益类事业单位和供给企业、社会组织和公众的角色定位应该明确，在扩大相关机构自主权的同时，加强各个部门的独立性，充分发挥不同组

成部分、人员的能动作用，公共产品的提供也可以满足各个社会公众的需要，提高效率。在发挥其他方面的力量的同时，政府要有更为合理的方法和机制，进行监督和管理，既满足各方利益又能够实现力量的制衡。管理和监督的方式可以借鉴国外公共服务供给改革中监督和管理的经验，以保障改革后社会公益机构健康发展。

（五）不断完善公共服务的体制机制

在我国服务型政府建设的过程中，需要逐步对与公共服务相关的政府部门进行改革，形成与公共服务特点相适应的行政体制机制，提高政府运作效率。各国在公共事业单位改革的过程中，通过对各个国家典型行业的公共服务供给改革可以看出，各个国家都注意将各个级别的政府与公共服务供给相联系，尤其是英国、德国、日本、美国等，政府都非常注重合理分配各级政府之间公共服务职能，并且通过系统性的法律来保证实施，同时可以用法律的方式来监督公共产品和服务的提供是否满足。经济社会是不断发展的，政府的财政能力随着经济的发展而不断提高，也有能力对公共产品和服务进行资金投入，这样就可以形成合理的公共财政体系来保证公共产品的供给。同时，需要对事业单位的具体管理机制进行改革，如引进公司的绩效管理、结果导向、预算管理等，以此来提高公共服务效能。

（六）逐步形成完善的公共服务体系

通过对发达国家的改革历程进行总结，发现其逐渐形成了包括公共教育体系、公共医疗卫生体系、公共就业服务体系、社会保障体系、公共住房体系、公共科技和公共文化体系、公共安全体系、环境保护体系、公共基础设施体系在内的公共服务系统，并且不断完善。如美国的公共卫生体系就是一个非常全面的、系统的公共卫生供给体系，从联邦政府、州政府到地方政府，各层级政府有运行良好的协调机制，公共卫生的机构布局、规模，公共卫生的资金来源、人事管理制度、财务管理制度等管理组织方式都具有系统性、协调性。我国可以根据公共产品或服务发展的具体情况，具体问题具体分析，对各子系统之间功能的明确、结构的优化、运行机制进行合理化发展和完善。当前，国外经过几百年的发展，可以为我国带来丰富的经验和借鉴。我国可以逐步进行公共产品和服务供给的改革，使之更加适应我国国情发展的需要。

（七）把公共服务重点放在满足人民基本服务需求上

我国社会的基本矛盾是人民对于美好生活的向往与发展的“不平衡”和“不充分”之间的矛盾。公共服务的供给依然存在不足，必须从人民的需要出发，满足人民群众对基本服务的需要。从英国、新西兰、德国、日本、美国等国家的发展来看，每个国家公共服务的改革都是建立在自身国情的基本需要之上的，尤其是科教文卫等基础教育是人民生活的基础，如英国有150个地方教育部门负责全国的基础教育，地方基础教育部门的任务是制定当地教育发展和发展战略，确保服务地区有足够的学校和较好的教育质量，确保弱势群体应得到的教育。近几年来英国的地方政府在公共服务改革中，引入私人部门形成伙伴关系，教育外包就是这种方式之一。外包的方式有两种：一种是全部外包，另一种是部分外包。私营部门通过资质审查，与政府签订外包合同，负责对学校的全面管理。私营部门进入后，采取私人财政行动计划，对学校提供50%的警服，其他50%由政府提供。这样不仅满足基础教育的需要还可以提供更为高端的个性化教育。我国公共服务发展的立足点应该放在社会公众的需求满足之上，对供给过程中涉及的参与者、利益主体的利益进行协调，实现各方制衡，促进我国公共服务供给的平衡、充分发展。

（八）加强培训，提高公共服务部门人员素质

公共服务中的教育、医疗等行业具有很强的专业性，新进入这些行业并专业从事公共服务的人员一般要经历几个月至几年的专业知识培训。如美国的卫生医疗服务人员，完全按照市场的方式进行招聘，这些人员之间就会竞争，机构人员的整体素质就会有大幅度提升，合同制的广泛采用会增加人员流动性，促进公平竞争。同时，可以给这些机构带来和吸引更为专业、优秀的人才，他们会有更为宽松的工作选择。申请这些机构的专业人士还要到政府专门的培训机构进行培训。我国的公共服务部门应该借鉴发达国家的经验，加强对公共基础教育和基本医疗服务机构的人员的从业培训和职业再教育，并且应该进行自愿培训。由于公

共服务部门工资水平较低，需要从业人员具有必要的奉献精神，需要加强对员工价值观念的塑造，培养并感化相关工作人员。在公共服务领域全面推行从业资格制度，结合事业单位人事制度改革，建立公益类事业单位从业人员定期培训制度，并把培训经历作为职称评定和职务晋升的必备条件，提高公共服务从业人员的专业化水平。

第四章　公益类事业单位治理改革博弈分析

公益事业单位作为政府或社会力量为发展社会公益事业而设立的专门从事公益事业工作的单位，在政府购买公共服务体系中承担着公共产品或服务的供给保障作用。2000 年 9 月，联合国首脑会议上 189 个国家签署《联合国千年宣言》，正式启动《联合国千年发展目标》（*Millennium Development Goals*，MDGs），从极端贫穷人口比例减半，遏制艾滋病毒（艾滋病）的蔓延到普及小学教育，所有目标完成时间是 2015 年——这是一幅由全世界所有国家和主要发展机构共同展现的蓝图[①]。2015 年 9 月 25 日，联合国可持续发展首脑会议通过 17 个可持续发展目标，旨在从 2015 年到 2030 年全面解决社会、经济和环境发展三个维度的问题，走可持续发展之路。17 个可持续发展目标是：消除贫困，消除饥饿，良好健康与福祉，优质教育，性别平等，清洁饮水与卫生设施，廉价和清洁能源，体面工作和经济增长，工业、创新和基础设施，缩小差距，可持续城市和社区，负责任的消费和生产，气候行动，水下生物，陆地生物，和平、正义与强大机构，促进目标实现的伙伴关系[②]。这其中的优质教育、清洁饮水与卫生设施、廉价和清洁能源、基础设施建设等都隐含着推进卫生、教育事业发展等公共产品和服务的供给所需要的工作。习近平总书记在党的十九大报告中指出，要“深化事业单位改革，强化公益属性，推进政事分开、事企分开、管办分离”。同时还强调，“在幼有所育、学有所教、劳有所得、病有所医、老有所养、住有所居、弱有所扶上不断取得新进展”，“完善公共服务体系，保障群众基本生活，不断满足人民日益增长的美好生活需要，不断促进社会公平正义，形成有效的社会治理、良好的社会秩序，使人民获得感、幸福感、安全感更加充实、更有保障、更可持

① 参见 http：//www. un. org/zh/millenniumgoals/。

② 参见 http：//www. un. org/sustainabledevelopment/zh/sustainable – development – goals/。

续”。

公益类事业单位的资质及能力直接影响着公共服务的数量、质量和效率，因此，应该具有完善的内部治理结构、内部控制制度、绩效考核体系等内部条件，还应有良好的社会和商业信誉。目前，我国公益类事业单位尚未建立有效的治理结构，因而未能清晰界定并规范内部和外部利益相关人的职责和权限。有效的治理结构通过建立科学合理的决策、执行和监督机制，可以解决目前公益类事业单位存在的诸多问题。因此公益类事业单位治理结构和治理机制的建立和运行将是推进我国公益类事业单位改革的一个重要突破口和切入点。

本章利用机制设计理论和多重委托—代理模型，揭示公益类事业单位治理改革过程中政府、公益类事业单位、社会公众与其他利益相关人的利益博弈过程以及可能的均衡结果。研究公益类事业单位治理中内部和外部利益相关人的职责和权限，以及在我国改革制度环境约束下，公益类事业单位治理改革设计中决策、执行与监督权力的最优配置问题。

一、公益类事业单位治理改革利益相关人

我国公益类事业单位治理改革涉及众多利益相关方，主要利益相关者可概括为政府、公益类事业单位和社会公众这三类。

（一）政府

政府是指国家进行统治和社会管理的机关，是国家表示意志、发布命令和处理事务的机关，实际上是国家代理组织和官吏的总称，包括立法、行政和司法机关①。具体行使政府职能的是全国人民代表大会教育科学文化卫生委员会，是1983 年6 月中共六届全国人大一次会议决定设立的专门委员会，是全国人民代表大会的常设机构，受全国人民代表大会领导；在全国人民代表大会闭会期间，受全国人大常委会领导。此外，还有教育部、科技部、文化部、卫生和计划生育委

① 李鹏．公共管理学［M］．北京：中共中央党校出版社，2010.

员会及各下属机构。①政府的首要目的是实现社会福利最大化，社会福利最大化能够满足社会公众对于福利的需要，即满足委托者的需要，实现委托者的目标。②政府接受社会公众的委托对公益类事业单位进行相关管制，因为政府接受社会公众的委托，就要实现社会公众对于公共服务的目标。③监督事业单位为市民提供满足其需要的服务，服务质量是监督的重要方面，同时满足委托者的目标同样至关重要。此外，保证政府对公益类事业单位的干预或控制程度，财政补贴的提供无疑是一种对公益类事业单位干预或监督的手段。因此，政府需要保证政府财政补贴的合理及有效使用，财政补贴来自税收，税收来自企业和社会公众，要保证财政补贴的合理运用，才能实现社会资源的合理高效运用。

（二）公益类事业单位

公益类事业单位即政府或社会力量为发展社会公益事业而设立的专门从事公益事业工作的单位，直接或间接地为经济活动、社会活动和居民生活服务的部门、企业，主要包括自来水生产供应系统、公共交通系统、电气热供应系统、卫生保健系统、文化教育系统、体育娱乐系统、邮电通信系统、园林绿化等。公益类事业单位是政府公共服务职能的履行者，是构建社会公共服务体系的载体。不断深化公益类事业单位改革，是建设服务型政府、全面建设小康社会的重要任务。根据人力资源和社会保障部的统计，截至 2016 年底，全国共有公务员 719 万人。其中，中央机关及其直属机构 2.81 万人，地方 16.65 万人。截至 2016 年底，事业单位聘用制度推行基本实现全覆盖，工作人员聘用合同签订率超过 93%。事业单位岗位设置基本实现制度入轨，岗位设置完成率超过 95%。事业单位公开招聘制度推行率达到 91%，全国共公开招聘事业单位工作人员 79.86 万人，其中中央事业单位 6.65 万人，地方 73.21 万人①。接受政府的委托为社会公众提供可以满足其需要的服务，公益类事业单位按照社会功能分类可以有三种，分别满足不同社会公众的需要。公益类事业单位提供服务对于社会公众的福利最大化具有重要作用，可以满足社会公众对文化、教育、科学、卫生等的需要。此

---

① 参见《2016 年度人力资源和社会保障事业发展统计公报》，http://www.mohrss.gov.cn/SYrlzyhsh-bzb/zwgk/szrs/tjgb/201705/t20170531_271671.html，2017 年 5 月 31 日。

外，接受政府财政补贴①。

事业单位按拨款方式划分为三大类：全额拨款、差额拨款和自主型事业单位。其中，全额拨款事业单位为一类事业单位；差额拨款事业单位有一定数量稳定的经常性收入，但还不足以抵补本单位的经常性支出，支大于收的差额需国家预算拨款补助；自主事业单位又称为自收自支事业单位，是国家不拨款的事业单位，具体如表4-1所示。

表4-1 事业单位类型（按拨款方式）

事业单位类型	筹款方式	代表性单位	特点
全额拨款事业单位	经费全部由国家预算拨款，人员费用、公用费用都要由国家财政提供	如学校、科研单位、卫生防疫、工商管理等事业单位	便于国家全面管理和监督事业单位的收入，同时充分保障事业单位的经费
差额拨款事业单位	按差额比例，财政承担部分，由财政列入预算；单位承担部分，由单位在税前列支	如医院等	人员费用由国家财政拨款，其他费用自筹
自主事业单位	有稳定的经常性收入，可以抵销本单位的经常性开支	园林系统、市政管理处、技术监督局下属的质监所	事业单位编制，而却实施的企业化管理

（三）社会公众

委托政府和公益类事业单位提供可以满足其需求的服务，社会公众、政府和公益类事业单位之间具有代理关系。政府和公益类事业单位提供的服务，其成本应

① 按照社会功能分类，公益类事业单位可以分为三类：一是承担行政职能的事业单位。即从事行政决策、行政执行、行政监督等行政管理工作的事业单位，如城管监察、环境监察、土地监察等。二是从事公益服务的事业单位。即为社会提供公益服务或为政府行使职能提供支持保障的事业单位，国家保证经费，不再从事经营活动。可具体划分为两个小类：公益一类，即从事关系国家安全、公共安全、公共教育、公共文化、公共卫生、经济社会秩序和公民基本社会权利的公益服务，不能或不宜由市场配置资源的事业单位，如图书馆、博物馆、环境监测站、水文站等；公益二类，即面向全社会提供涉及人民群众普遍需求和经济社会发展需要的公益服务，可部分实现由市场配置资源的事业单位，如职技校、卫生服务站等。三是从事生产经营类的事业单位则指为社会提供有偿服务获得收入的自收自支单位，按企业模式发展，参与社会竞争，自负盈亏，国家财政不再负担人头经费。

该控制在一个合理的范围之内。由于补贴是使用纳税人的税款，社会公众需要监督政府对事业单位的补贴是否合理，公益类事业单位提供的公益服务是否得到体现，在服务成本和财政补贴上都得到合理的控制，才能实现资源利用效率的最大化。

二、公益类事业单位治理改革的博弈分析框架

在研究公益类事业单位治理模式和机制的问题中，会出现三个参与主体，即政府、公益类事业单位、社会公众，它们追求的目标都是不同的，政府追求的目标是社会福利最大化，实现公平和效率两方面，以及可持续发展；公益类事业单位追求利润最大化社会公众追求的是公共服务的便利化。三个参与主体，追求的目标虽然不同，存在一定的利益冲突，但它们之间还存在相互的联系，它们之间还可以互相影响和作用，即本书所要研究的问题可以描述为：三个目标不同的参与人，多数情况下存在信息不对称，如何把握政府对于公益类事业单位的控制或干预程度，设计符合这种控制程度的一个补贴方式，在此种补贴方式下，三者都可以追求到各自的最大效用，实现各自所追求的目标。博弈论是关于聪明而又理性的多个参与者在利益相互影响的情况下如何选择策略、采取行动以及与对手互动的决策理论，恰好可以满足上述问题研究的要求，因此本章使用博弈论的方式建立模型，来分析公益类事业单位治理的相关问题。

为了解决在人类合作时产生的各种冲突问题，经济学家发明了价格制度，但是，随着研究的深入，人们发现一些比价格制度对于解决现实中的冲突更有效的非价格制度，因为应用价格制度的条件是完全竞争的市场以及参与人的信息对称性，而在现实中，这些条件往往都不能被满足。首先，现实生活中一个事件中所有参与者的数量往往是有限的，“有限”就意味着这是一个不完全竞争的市场，在不完全竞争的市场中，参与者在做出决策时，必须要考虑在这个市场中其他参与者的行为。其次，“信息对称”的条件在现实生活中往往得不到满足，此时就需要去安排或设计一种制度，在这种制度下使所有参与者的效用都能够最大化。博弈论就是这样一种方法，能够在上述两种条件的限制下，根据事件内容建立相应的模型，在设计模型的同时设立一定条件对其进行约束，从而实现在一定限制条件下最有效的安排。

无论是人类社会的发展变化、社会经济制度的改革或变革还是人们的日常生活中，都会经常碰到利益相互影响的博弈问题。进入20世纪中叶以来，学者开始使用博弈论去解决社会经济活动中各种利益的冲突和决策等问题，随着时间的发展，社会实践的检验，博弈论不断得到发展并被应用到其他领域，如政治、法律、自然科学领域。当今社会，在企业的生产经营中，人们也经常使用博弈论的方法进行分析，可以说，博弈论已经成为解决现实生活中各种合作和冲突问题的一种思想方法和重要工具。在公益类事业单位治理的研究中，政府、公益类事业单位是局中人，政府对公益类事业单位的控制或干预程度（政府补贴）是与参与者实现各自利益有关的决策变量。用博弈论的方法进行分析，就是在实现各方利益最大化的条件下，获得一个均衡的结果。运用博弈论的方法去研究公益类事业单位结构改革问题是一个合理的研究方法，这样才能实现较为全面地将问题的方方面面都包括进去，才能更加准确地得到各方想要的结果。

三、公益类事业单位治理改革的委托—代理博弈模型

公益类事业单位具有较强的自然垄断性和网络特性，政府会对其提供的产品或服务进行一定的控制，而这种控制主要是通过对它们的补贴进行的，对它的补贴形式分为很多种：全额补贴、部分补贴和自主盈利，那么政府对其的控制程度也是逐渐加强的。从受益者的角度分类，包括供给补贴和需求补贴；从补贴内容的角度分类，包括政策性补贴和财政补贴。政策性补贴为非金钱补贴，包括税收减免或优惠、资源型产品无偿性支付、替代物品供给等；财政补贴为金钱补贴，包括亏损补贴、投资补贴、运营补贴等。为简化起见，主要讨论分析财政补贴及其补贴效果，根据公益类事业单位的特点，运用委托—代理理论，分析社会公众、政府、公益类事业单位三者之间的博弈关系。

公益类事业单位作为生产者产出的公共服务是一种准公共物品，与纯公共物品相比，具有一定的特殊性，即它是公用的或可以共用，但一个人的使用并不能排斥其他人的使用，因此运用委托—代理模型分析公益类事业单位提供的产品和服务的特性及政府、社会公众、公益类事业单位的关系时，也与传统的模型有一定的区别。

在国内公用事业的研究中，李巧茹（2004）将委托—代理博弈正式引入公共交通行业，在其文章中，作者建立委托—代理模型来分析在不同的形式下，城市公共交通行业的补贴效率，文章最后给出的结论是应建立政府对公交企业的约束激励机制。这里我们以委托—代理模型为基础，并做了一些改进，对公益类事业单位治理进行分析，在此博弈关系中包括政府、公益类事业单位、社会公众三者，并且模型中还体现了政府对公益类事业单位财政补贴的特殊性，即财政补贴代表政府对于公益类事业单位的控制或干预程度（见图4－1）。

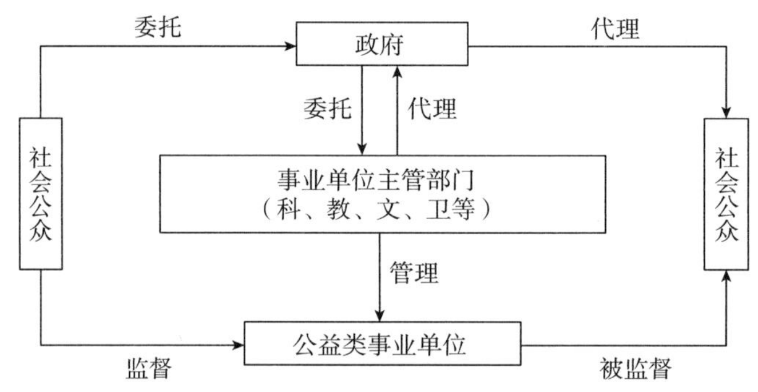

图4－1　公益类事业单位与政府之间的委托—代理关系

在政府、公益类事业单位和社会公众三者的关系中，社会公众应该是整个公共服务提供的最终受益者，无论政府对于公益类事业单位的控制程度如何、财政补贴的形式如何，目的都是促进社会的公平和加强社会公益性成本的控制，因此社会公众同样也是公益类事业单位提供公共服务的最终目标。在本章的分析中，社会公众与政府之间建立起来一种委托—代理关系，并且社会公众为政府的委托人。由此，在公益类事业单位治理中存在双重委托—代理关系，包括社会公众与政府之间存在的一级代理关系以及政府和公益类事业单位之间存在的二级代理关系。

虽然政府与公益类事业单位各自内部也存在一定的委托—代理关系，但为了更好地突出所要研究的主要问题，将其进行相应的简化，假设政府和公益类事业单位为完全独立的个体。

1. 社会公众与政府之间的委托—代理关系

社会公众与政府之间的委托—代理关系是公益类事业单位治理中的第一级委托—代理关系。社会公众是对公共服务有需求的人群的总称，并不特指其中某类人群或某个人。从现实的角度出发，政府存在的目的是保证社会的稳定，公平提高全体公民的生活水平，它的存在是以公众的存在为前提的，其合法性与权力都来源于人民大众，因此，相应的政府也应为社会公众服务，满足社会公众的需求。因此社会公众与政府之间存在一种契约关系，在这种关系中，政府是代理人，其责任就是利用公众赋予的权力反过来服务于公众，满足公众的愿望，因此公众是关系中的委托人，同样也是最终利益的受益者。从以上分析中可以看出，在公益类事业单位治理中，政府作为社会公众的服务团体，代表全体公众的利益，符合委托—代理关系中代理人的特点。另外应该说明的是，这里的代理关系具有强制性，即当代理人开始进行相关的公共服务提供决策时，就将这种特性进行相应的体现。

公共选择理论①表明，无论是政府还是组成政府的官员都是有自身追求的利益主体，政府行为的目标是追求政府自身利益最大化，并且政府还具有信息优势。相比这种情况，社会公众却具有广泛性和分散性，达成统一意见具有一定的困难，导致社会公众无法对其进行有效监督。总的说来，在这一级委托—代理关系中，社会公众作为委托人，其权力的使用和维护具有不明显的特性，从而契约关系具有一定的不明确性。

根据上述内容，政府作为独立的经济人，在社会公众无法对其进行有效监督的情况下，会出现追求自身利益的情况，因而对于公用事业的管理，各国政府都开始进行一些新的尝试，如引入竞争机制，令公用事业走上市场化的道路，让企业或事业单位来为公众提供各种公共服务，从而产生了委托—代理关系中的第二级关系——政府与企业的关系。

2. 政府与公益类事业单位之间的委托—代理关系

因为公益类事业单位提供公共服务，对于这些公益性产生的成本，政府需要

① 公共选择理论在英文文献里通常称作“公共选择”（Public Choice），又称新政治经济学或政治学的经济学（Economics of Politics），是一门介于经济学和政治学之间的新的交叉学科。它以微观经济学的基本假设（尤其是理性人假设）、原理和方法作为分析工具，来研究和刻画政治市场上的主体行为和政治市场的运行。

给予企业一定的补贴，同时方便政府对其行为进行一定的控制。但是，由于公益类事业单位的独立性，它的目标是追求利润最大化，接受政府的补贴后，是否按照政府的要求，努力提高公共服务的质量，降低自身的运营成本，就可能是一个不确定的问题了。具体说来，首先，两者追求的目标不一致，政府的目标是实现社会福利最大化，使社会公众平等地享受到高质量的公共服务，但是公益类事业单位的目标却是追求自身利润最大化。其次，政府和公益类事业单位之间存在信息不对称，如对于公益类事业单位的生产运营和成本控制方面，公益类事业单位就比政府更具有信息优势，公益类事业单位更了解生产技术，更熟悉市场需求以及公共服务提供的成本等具体情况，而这些信息对于政府来说是无法直接得到的。

从以上分析可以看出，正因为政府和公益类事业单位在追求目标上存在差异，所以财政补贴的补贴效率是不确定的。另外，由于两者之间还存在信息不对称，政府无法获得关于公益类事业单位有关的直接有效信息，这就导致了风险规避的公益类事业单位在获得补贴的过程中，存在行为隐藏的道德风险，即企业在没有提高公共服务的质量、降低其提供服务的成本时，企业依旧可以获得补贴，企业就会选择保持现状，不会去积极努力地探索新的管理方法，研究或运用新的生产技术去实现政府的目标。由于上述原因，要使公益类事业单位和政府都能实现各自目标，必须选择合适有效的控制或干预程度，选择合理的补贴方式，这样才能物尽其用，推进社会公用事业的发展。

四、公益类事业单位治理改革的博弈模型设定

（一）模型设定

委托—代理模型中函数的决策变量为企业的努力水平 d，其他相关函数、参数、变量可定义为：

（1）消费者总剩余函数。传统模型中消费者总剩余 S 是一个固定的常量，但根据实际情况，当公益类事业单位更加努力时，公共服务的质量提高，社会公众

所得到的剩余，即公益类事业单位的服务总效用与其市场价值之间的差额得到提高，因此将消费者总剩余 S 设为供水企业努力水平 d 的函数，并且随着 d 的增加 S 也会随之变大，因此消费者总剩余函数为：

$$S(d)=s+\ln d \tag{4-1}$$

其中，$s>0$，为基本消费者剩余，即在公益类事业单位努力水平为基本水平时的消费者剩余；$S>0$，因为公益类事业单位努力水平增加时，公共服务的质量提高，消费者总剩余随之增加。

（2）企业成本设定。企业成本可分为固定成本和可变成本两部分，固定成本不会因为其他变量的变化而变化，而可变成本与某些变量具有一些相关性，在公益类事业单位成本 C 中，也可以分为这两部分，C_0 表示固定成本，当公益类事业单位努力水平 d 发生变动时，C_0 不会发生变化。随着努力水平上升，一部分成本会下降，但是人员成本等会增加，总体而言，随着努力水平的增加，总成本会上升，因此公益类事业单位成本函数为：

$$C(d)=C_0+\phi d \tag{4-2}$$

其中，$\phi>0$，为与努力水平相关的成本系数；$C'>0$，表示随着努力水平增加，总成本变大。

（3）公益类事业单位收入价格设定。公益类事业单位虽然是以增进社会福利，满足社会文化、教育、科学、卫生等方面需要为目标的社会组织，不以营利为目标，不过为了更好地衡量公益类事业单位的运行效率，需要对公益类事业单位的收益进行设定。为了更好地满足社会公众对于公共服务的需要，需要付出一定成本，如生产成本包括运营维护和管理成本、基础设施的折旧、还本付息需要的资金量，以及人工成本等。随着企业努力水平的增加，企业成本上升，公益类事业单位的收益水平应该上升，因此公益类事业单位收益的价格表示为：

$$P(d)=p+k_1\ln d \tag{4-3}$$

其中，P 为企业平均努力水平时的收益单价；$k_1>0$，为与努力水平相关的价格系数；$P>0$，表示随着努力水平增加，公益类事业单位的收益单价上升。

（4）政府控制或干预程度设定。政府对于事业单位的控制或干预程度会影响公益类事业单位的绩效和产品服务水平，因此为了满足委托者——社会公众对于公益类事业单位提供服务质量的要求需要得到一个合理的或适当的政府对于公益类事业单位的控制或干预程度，本书运用政府补贴这一变量来衡量政府对公益类事业单位的控制程度，随着公益类事业单位努力水平的增加，公益类事业单位的成本上升，政府补贴也会上升，因此本研究用政府补贴来衡量政府对公益类事业单位的控制程度。

（二）政府与公益类事业单位的目标函数

运用以上修订的基本函数，结合公益类事业单位治理的内容，将公益类事业单位与政府的目标函数表示如下：

（1）公益类事业单位的利润最大化目标。追求利润最大化是供水企业的终极目标，这里的利润包括公益类事业单位收入（与公益类事业单位努力程度有关的财政补贴），另外扣除成本，再加上政府的财政补贴（基本财政补贴）：

$$E(d)=P(d)\cdot Q-C(d)+t \tag{4-4}$$

其中，P 表示与公益类事业单位努力程度有关的财政补贴单位收入，随着公益类事业单位努力水平的增加，公益类事业单位成本上升，补贴单位收入上升；Q 表示社会公众对公共服务的需求总量，因为其中一部分公共服务是社会公众生活的必需品，需求价格弹性比较小，因此此处将 Q 看作常量；t 表示政府给予企业的普通财政补贴数量。由上所述，公益类事业单位提供的服务具有公益服务性质，规定价格较低，只有通过政府供给财政补贴才能盈亏平衡，因而，$E(d)\geqslant 0$。

（2）政府的社会福利最大化目标。根据经济学原理可知：

社会福利＝消费者剩余＋生产者剩余－补贴征税的影子成本[①]

因此，政府的社会福利函数表达式为：

$$U(d)=S(d)+P(d)\cdot Q+t-C(d)-\mu t \tag{4-5}$$

其中，μ 为政府征税的影子成本系数，因为政府的财政补贴来源于税收，税收会带来一定的社会成本，因此政府征税的影子成本大于零，因而 $\mu>0$，μ 为常数。

（三）公益类事业单位治理的基本博弈模型

对于第一级委托—代理关系，社会公众为一级委托人，政府为一级代理人，假设政府可以代表社会公众的利益，两者之间信息对称，因而两者效用完全一

① 影子成本的另一层含义是：如果降低某项质量指标（效用）的要求，产品的收益可能减少，影子成本就是经营者能够接受的降低单位该项质量指标（效用）所减少的最大收益。

致。对于第二级委托—代理关系，政府为二级委托人，公益类事业单位为二级代理人，由于政府无法直接得到公益类事业单位的相关信息，因而两者信息不对称。如何选择最优的努力水平 d 和补贴 t? 所谓最优，即能满足委托人的社会福利最大化，同时还需要符合代理人的两个约束，第一个约束为参与约束，又称为个人理性约束，即当公益类事业单位接受补贴并且满足政府实现福利最大化的要求时，其得到的效用要高于企业没有得到补贴时的效用，可表述为：

$(IR)P(d)\cdot Q-C(d)+t\geq\overline{E}$

第二个约束为激励相容约束，因为代理人以追求自身利益最大化为目标，而委托人希望代理人能够满足自身要求，激励相容约束就是将两者的要求相结合，即委托人希望代理人选择的努力水平恰好为代理人所有可选择努力水平中使代理人效用最大化的一个，可表述为：

$(IR)P(d)\cdot Q-C(d)+t\geq P(d')\cdot Q-C(d')+\bar{t'}$

综上所述，公益类事业单位治理委托—代理的博弈模型为：

$\max S(d)+P(d)\cdot Q+t-C(d)-\mu t$

s. t. $(IR)P(d)\cdot Q-C(d)+t\geq\overline{E}$

$(IC)P(d)\cdot Q-C(d)+t\geq P(d')\cdot Q-C(d')+t'$

五、公益类事业单位治理改革模型求解与分析

(一) 公益类事业单位亏损补贴博弈基本模型

1. 模型设定

财政全额拨款的公益类事业单位需要政府的全额拨款补贴，就相当于政府会对公益类事业单位进行亏损补贴，即财政资金补贴公益类事业单位的亏损。亏损的补贴仅限于成本补偿，维持公益类事业单位的正常运转。具体步骤是每年公益类事业单位需要向政府相关部门提交上年度财务决算和本年度运营计划，相关部门根据其申请表对公益类事业单位进行补贴，与企业相比，就相当于企业年利润

为零，成本收益持平，即 $R=0$。具体分析发现，此模型不存在激励相容约束，因为假设两者信息对称。

当前我国公益类事业单位分为公益一类和公益二类。公益一类的事业单位为提供基本公益服务的单位，如公共卫生、义务教育等，对此类公益性单位，财政给予经费保障。公益二类的事业单位也面向社会提供公益服务，如非营利医疗机构、普通高等教育机构等，此类公益性机构，一方面按照政府确定的公益服务价格收取费用，另一方面财政给予经费补助，此外也可以通过政府购买服务等方式予以支持[①]。根据财政部《2017 年财政收支情况》统计，2017 年全国一般公共预算支出 203330 亿元，同比增长 7.7%。从主要支出科目情况看：教育支出 30259 亿元，增长 7.8%；科学技术支出 7286 亿元，增长 11%；文化体育与传媒支出 3367 亿元，增长 6.4%；社会保障和就业支出 24812 亿元，增长 16%；医疗卫生与计划生育支出 14600 亿元，增长 9.3%；节能环保支出 5672 亿元，增长 19.8%；城乡社区支出 21255 亿元，增长 15.6%；债务付息支出 6185 亿元，增长 21.9%[②]。

但是，政府与全额财政拨款的公益类事业单位现实情况是信息不对称的，公益类事业单位是独立的理性个体，其目标是追求自身利润的最大化。因而，公益类事业单位在得到一定的亏损补贴后，是否按照政府的要求积极削减成本，提高公共服务水平，是一个未知的事情。

在亏损补贴方式下，政府每年对公益类事业单位给予的补贴即为当年公益类事业单位付出的成本额，公益类事业单位即使自身不作为，也可以达到盈亏平衡，参与约束表示为：

$$(IR)P(d)\cdot Q-C(d)+t(E(d))=0$$

所以，公益类事业单位与政府的博弈模型可表示为：

$$\max S(d)+P(d)\cdot Q+t(E(d))-C(d)-\mu(E(d)) \tag{4-6}$$

$$\text{s.t. } (IR)P(d)\cdot Q-C(d)+t(E(d))=0$$

方程中 t 是关于公益类事业单位收益 E（d）的函数，表明政府相关部门按照公益类事业单位的亏损额给予补贴。

---

① 曾惠芬．我国公益类事业单位的运行机制以及财政供给方式［J］．中国乡镇企业会计，2015（5）：82－83.

② 参见《2017 年财政收支情况》，http：//gks. mof. gov. cn/zhengfuxinxi/tongjishuju/201801/t20180125_ 2800116. html。

2. 模型求解与分析

对应模型构造 Lagrange 函数：

$$L(d, \lambda)=P(d)\cdot Q+S(d)+t(E(d))-C(d)-\mu t(E(d))+\lambda(P(d))\cdot Q-C(d)+t(E(d)))$$

最优化的两个一阶条件为：

$$\partial L/\partial d=0$$

$$\partial L/\partial \lambda=0$$

$$P(d)\cdot Q-(Cd)+t(E(d))=0$$

由上式可知，政府对公益类事业单位的补贴额度为：

$$t(E(d))=C_0+\phi d-(p+k_1\ln d)\cdot Q \tag{4-7}$$

亏损补贴的方式保证了公益类事业单位在任何情况下都能保持盈亏平衡，但是政府却无法控制公益类事业单位的努力程度。为了验证可能的行为选择方向，假设公益类事业单位努力程度的范围为 $d=\{d_L, d_H\}$，其中，d_L 表示努力的下限，d_H 表示努力的上限。

由式（4－7）可得：

$$t'=\phi-Q\cdot k_1/d<0 \tag{4-8}$$

从式（4－8）可以看出，公益类事业单位获取的补贴额度与其自身努力程度呈相反的变化趋势，当公益类事业单位努力程度越低时，其获得的财政补贴反而更高。在这种情况下，缺少了自身提高努力水平的激励因素，因而此种补贴方式不能发挥激励企业不断改善经营的作用。

在这种情况下，政府所追求的社会效益可以表示为：

$$\begin{aligned}U&=S(d)+\overline{E}-\mu t(E(d))\\&=s+\ln d+\overline{E}-\mu t(E(d))\end{aligned} \tag{4-9}$$

政府的目的是追求社会福利水平的最大化，而全额拨款的公益类事业单位在这种补贴方式下，为了获得更多的补贴会选择努力水平的下限，从式（4－9）可以看出，在此情况下，政府整体的社会福利水平也会下降，可以说，此种补贴方式不仅不能达到激励公益类事业单位改善经营状况的目的，同时也不能达到政府追求社会福利最大化的目标。

综上所述，在采用亏损补贴时，公益类事业单位和政府之间存在信息不对称，政府不能监控公益类事业单位的行为，公益类事业单位为了追求自身利益，会选择较低的努力水平，这样的结果是单位运营水平下降，政府财政负担加重。

(二) 公益类事业单位数量补贴博弈基本模型

1. 模型设定

政府对公益类事业单位按照产品或服务数量补贴是指，政府对符合规定的单位公共产品或服务给予补贴，每年年终根据公益类事业单位的决算数额，政府进行补贴。根据产品或服务数量补贴的表达式为：

$$t = t_0 \cdot qN(d)$$

其中，$t_0>0$，表示对每单位公共产品或服务的补贴额度，单位为元/家·吨；q 表示单位公共产品或服务的单位所享受到的服务数量；N 表示公共产品或服务的数量，当公益类事业单位的努力水平 d 上升时，成本会上升，服务价格随之上升，假设收入不变，那么符合要求的单位公共产品或服务的数量会增加，因而设单位公共产品或服务数量的表达式为：

$$N(d) = n + k_2 \ln d$$

与亏损补贴相同的是，在产品或服务数量补贴的方式下，政府与公益类事业单位之间也存在信息不对称，政府不能直接观测控制公益类事业单位的选择行为，单位存在道德风险问题。但是，与亏损补贴不同的是，此种补贴方式，政府可以通过控制给予单位公共产品或服务的单位补贴额度来激励公益性事业单位选择实现社会福利最大化的行为，此种补贴方式下的博弈模型可以表示为：

$$\max S(d) + P(d) \cdot Q + t - C(d) - \mu t$$

$$\text{s.t.}\ (IR) P(d) \cdot Q - C(d) + t \geqslant \overline{E}$$

$$(IC)\ P'(d) \cdot Q - C'(d) + t_0 \cdot q \cdot N'(d) = 0$$

2. 模型求解与分析

令 λ 和τ分别为模型中参与约束和激励相容约束的 Lagrange 乘子，构造 Lagrange 函数：

$$L(d,\ \lambda,\ \tau) = P(d) \cdot Q + S(d) + t - C(d) - \mu t + \lambda(P(d) \cdot Q - C(d) + t - \overline{E}) + \tau(P'(d) \cdot Q - C'(d) + t_0 \cdot q \cdot N'(d))$$

最优化的两个一阶条件为：

$$\frac{\partial L}{\partial d}=0$$

$$\frac{\partial L}{\partial \lambda}=0$$

$$d=(k_1\cdot q+t_0\cdot q\cdot k_2)/\phi$$

根据上式可以看出，政府可以通过调节补贴额度 t_0，来控制公益类事业单位的选择行为。假设政府期望公益类事业单位达到努力水平 d^*，则补贴额度可表示为：

$$t_0=(\phi\cdot d^*-Q\cdot k_1)/k_2\cdot q$$

并且只要较高的努力水平 d_H 使下列条件成立：

$$P(d_H)\cdot Q-C(d_H)+t_H>P(d^*)\cdot Q-C(d^*)+t^*$$

公益类事业单位就有激励因素使其选择比政府基本要求更高的努力水平。

按产品或服务数量所享受的服务数量补贴的方式对公益类事业单位有一定的激励作用，在一定限度内既实现了单位受益的最大化，也完成了政府福利最大化的目标。但是，若在此限度外，公益类事业单位还是会选择更有利于自身利益的行为，而政府的福利水平就会达不到期望值。

另外，此种补贴方式使由于公益类事业单位努力水平提高而增加的社会福利水平更多地分配给了使用公共产品或服务数量较多的人群，这样就会忽视了其他人群的权益，不符合社会公平的原则，会产生一些负面的社会效益。

（三）公益类事业单位服务及成本监督下的补贴博弈基本模型

1. 模型设定

服务及成本监督下的补贴方式是指，将政府给予公益类事业单位的财政补贴额度与其提高服务质量、控制运营成本的努力程度建立联系的一种补贴方式。具体来说，政府每年都会对公益类事业单位的服务质量与运营成本进行考核，如果实际情况达到政府的要求，则给予相应的补贴；反之，政府会对公益类事业单位做出一定的惩罚。与上面所描述的一致，公益类事业单位的努力水平越高，其服务质量也越高，产品成本越低，所以将公益类事业单位的努力水平与服务质量和成本监督的综合结果建立关系，后者用百分制表示，即 $0<sc<100$，而 $d=$

$sc/10$。

在这种补贴方式下，政府可以观测到公益类事业单位的选择行为，即两者是信息对称的。因为此时可以达到风险最优分担，所以在此激励机制中无须考虑风险问题。除了信息对称以外，与上面两种补贴方式不同的是，此种补贴方式下，激励相容约束不再存在，因为这里规定政府可以设计任意的强制合同，即根据公益类事业单位的行为给予补贴，如果公益类事业单位选择 d^*，则相应补贴为 $t(d^*)=t^*$，否则补贴额度 $t<t^*$，使下列条件成立：

$$P(d^*)\cdot Q-C(d^*)+t^*>P(d)\cdot Q-C(d)+t$$

因为这种补贴方式有一定的强制性，所以只要规定 t 足够小，即政府对公益类事业单位的惩罚力度足够大时，公益类事业单位就不会做出政府期望以外的努力水平。

这里忽略政府监督公益类事业单位行为的成本，因为相对于政府的补贴数额，它的数量足够小，不对补贴的效果造成影响。下面分析最优努力水平 d^* 的选择，因为 d 可以受到政府的监督，政府可以强制公益类事业单位选择任意的 d，所以不再需要激励相容约束，政府可以通过下面的模型得到最优的 d 和 t 的额度：

$$\max S(d)+P(d)\cdot Q+t-C(d)-\mu t$$

$$\text{s.t.}\ (IR)P(d)\cdot Q-C(d)+t\geqslant\overline{E}$$

2\. 模型求解与分析

在这种补贴方式下，政府根据其监督的公益类事业单位的努力水平进行补贴发放，并且这种方式具有强制性，因此公益类事业单位会努力达到政府的期望。因为两者的努力方向是一致的，所以政府福利最大化的努力水平就是公益类事业单位的最优选择，可以表示为：

$$\frac{\partial U}{\partial d}=0$$

$$S(d)+P(d)\cdot Q+t-C(d)-\mu t$$

$$d^*=(1+k_1\cdot Q)/\phi$$

政府如果强制公益类事业单位选择使自身社会福利最大化的努力水平，就必须设定相应的惩罚措施，下面来分析最优补贴额度与公益类事业单位努力水平的关系。假设 d^* 为政府期望公益类事业单位达到的努力水平，将努力水平分为三

个等级 d_L、d^*、d_H，分别表示低努力水平、中努力水平和高努力水平，它们相对应的补贴额度分别为：

$t(d_L)=(1-\eta_1)t^*$，$t(d^*)=t^*$，$t(d_H)=(1+\eta_2)t^*$

其中，η_1 表示对公益类事业单位低于政府期望努力水平的惩罚系数，η_2 表示对公益类事业单位对于政府期望努力水平的奖励系数；$0<\eta_1<1$，$0<\eta_2<1$。

在三种不同的努力水平下经营，根据政府对公益类事业单位观测到的努力水平给予相应补贴，公益类事业单位的收益分别表示如下：

$$E_L=(p+k_1\ln d_L)\cdot Q-C_0-\phi d_L+(1-\eta_1)t^*$$

$$E^*=(p+k_1\ln d^*)\cdot Q-C_0-\phi d^*+t^*$$

$$E_H=(p+k_1\ln d_H)\cdot Q-C_0-\phi d_H+(1+\eta_2)t^*$$

政府想要其达到努力水平 d^*，实现社会福利最大化，必须满足以下条件：

$$E^*>\overline{E}$$

$$E^*>E_H$$

由上式可得到政府希望公益类事业单位选择行为 d^* 时给予财政补贴的范围为：

$$t^*>\overline{E}-(p+k_1\ln d^*)\cdot Q+C_0+\phi d^*$$

下面分析政府如何选择适合的惩罚力度，控制公益类事业单位不选择 d_L。按照公益类事业单位追求自身利益最大化的特点，只有当 $E_L<E^*$ 时，政府才有能力控制公益类事业单位只选择 d^*，即得到政府规定的惩罚力度为：

$$\eta_1>[Q\cdot k_1(\ln d^*-\ln d_L)+\phi(d_L-d^*)]/t^*$$

同理，只有当 $E_H>E^*$ 时，公益类事业单位才会选择更高的努力水平，即：

$$\eta_2>[Q\cdot k_1(\ln d_H-\ln d^*)+\phi(d^*-d_H)]/t^*$$

六、不同补贴机制设计的比较分析

在以上讨论的三种不同的补贴方式中，亏损补贴由于两者信息不对称，政府不能直接观测公益类事业单位的选择行为，而公益类事业单位无论在何种情况下，都能收到政府给予的补贴，这样导致单位没有动力提高服务质量，降低运营成本，即亏损补贴不能发挥财政补贴应有的效应，既不能激励公益类事业单位的进步，也不能提高社会的效益。

按产品或服务数量补贴的方式含有激励相容约束，政府可以使用对单位公共产品或服务的补贴额度来间接控制企业的努力水平，激励公益类事业单位改善服务质量，但可能不符合社会的公平原则，又会产生一定的社会负效应。

服务及成本监督下的补贴方式与以上两种补贴方式不同，它是建立在双方信息对称的基础上的，政府可以有效监测公益类事业单位的努力水平，根据努力水平，政府选择最有利于自身利益的补贴额度进行补贴，并且通过设计适合的奖惩系数来控制公益类事业单位的低努力行为，激励其付出高努力水平。

七、博弈结果在公益类事业单位改革中的应用

第一，应分类推进改革，2011 年 2 月 23 日，国务院发布《关于分类推进事业单位改革的指导意见》，在清理规范基础上，按照社会功能将现有事业单位划分为三个类别。对承担行政职能的，逐步将其行政职能划归行政机构或转为行政机构；对从事生产经营活动的，逐步将其转为企业；对从事公益服务的，继续将其保留在事业单位序列，强化其公益属性。根据事业单位分类改革，到 2020 年建立起功能明确、运行高效、治理完善、监管有力的事业单位管理体制和运行机制，构建政府主导、社会力量参与的公益服务新格局、体系[①]。通过分类，应该将不属于公益服务的行政类、经营类划分出去，同时，公益类也被细分为公益一类、公益二类，应明确两种类型的不同定位，实行公益类事业单位差别化管理。

第二，公益类事业单位改革是一个涉及政府、事业单位、消费者与其他利益相关人的复杂利益博弈过程，任何改革进展都必须是博弈均衡结果。一个科学有效的治理结构框架可以为利益相关人提供博弈平台，兼容政府、事业单位和消费者等博弈各方的利益和需求。党的十八大以来，党中央要求深入推进政企分开、政事分开，推进事业单位分类改革，把事业单位改革和公益事业发展推向一个新

① 参见中华人民共和国中央人民政府网站，http：//www.gov.cn/jrzg/2012 - 04/16/content_ 2114526.htm。

的历史阶段。作为全面深化改革的重要组成部分，事业单位改革的根本目的是促进公益事业的发展，满足人民群众日益增长的公共服务需求。这是一项庞大的系统工程，是打破制约公益事业发展的体制机制障碍，解决管理体制、组织结构、财政投入、人事制度、收入分配、养老保险等深层次问题。

第三，公益类事业单位提供产品和服务以及政府补贴的规则应该明确，整个制度保障体系要非常完善，才能推动公益类事业单位更好地提供产品和服务。在各方博弈均衡的基础上，确定政府、公益类事业单位和消费者在公共服务供给中的职责和义务，从而建立功能明确、治理完善、运行高效、监督有力的公益性事业单位管理体制和运行机制。财政补贴机制应该规范、透明，具有可预见性。①财政补贴机制应该规范化，应该有专门的法规加以界定。应该通过专门的法规界定财政补贴的目的、补贴资金的来源、补贴程序管理等方面的内容，尽量避免补贴管理和操作中的随意性和讨价还价。②从管理的角度看，在其他方面不变的情况下，财政补贴管理工作和控制程序应该尽量简化。应该最小化管理、监督和执行成本。同时，也应该降低受益者申请所花费的时间，理解和填写申请表格以及参与补贴计划的时间成本。③财政补贴的透明是指补贴计划受益对象的资格标准、执行和管理补贴过程的透明程度。补贴的透明应该通过以下几个问题来定性：补贴资金在各地区分配的规则是怎样的？地方政府如何识别受益者并且进行挑选？是否有明确的补贴合格标准？补贴分配的责任是否明确定义？补贴是否由独立机构管理？补贴程序和结果是否为公众所知？只要回答了上述问题，基本可以为补贴的透明确立一个基本框架，将补贴的过程和结果置于阳光之下，有利于杜绝补贴过程中的腐败和扭曲。

第四，公益类事业单位治理改革应该提供一种系统的解决方案，要给所有利益相关人提供稳定的预期和可预见性，应充分考虑改革可能面临的问题和风险，同时设计科学有效的风险防范机制。这包括要尽早将改革的目的和原则公之于众，改革程序和管理机构等信息应该方便获得、便于操作，改革进展及时向社会公布等。

第五，政府在公益类事业单位治理改革中的作用应进一步明确，政府既是改革的参与人，又是改革计划的制定者，在本书的模型中是社会福利最大化的追求者。公共产品和服务的供给关系国计民生，政府应负有保障有效供给的终极责任，但在运营体制上可通过直接供给、公私合作和利用市场机制等多种方式实现。消费者应具有以公平合理的价格（甚至免费）获得公共服务的权利以及相应的监督权力。

下面以高等教育投入为例，比较不同博弈模型结论的适用性，以进一步说明公益类事业单位补贴博弈模型在公益类事业单位改革中的应用。表 4－2 所示为 2007～2016 年我国高等学校相关数据。

表 4－2　2007～2016 年我国高等学校相关数据

指标＼年份	2007	2008	2009	2010	2011	2012	2013	2014	2015	2016
普通高等学校学校数（所）	1908	2263	2305	2358	2409	2442	2491	2529	2560	2596
普通高等学校教职工数（万人）	197	205	211	216	220	225	230	234	237	240
普通高等学校专任教师数（万人）	117	124	130	134	139	144	150	153	157	160
普通高等学校招生数（万人）	565.92	607.66	639.49	661.76	681.50	688.83	699.83	721.39	737.84	748.61
普通高等学校毕业生数（万人）	447.79	511.95	531.10	575.42	608.16	624.70	638.72	659.36	680.88	704.18
普通高校生师比（教师人数＝1）	17.28	17.23	17.27	17.33	17.42	17.52	17.53	17.68	17.73	17.07

资料来源：国家统计局。

（1）亏损补贴机制即根据公益类事业单位上报的亏损额度进行补贴，公式如下：

$$t(E(d)) = C_0 + \phi d - (p + k_1 \ln d) \cdot Q$$

因此，补贴的额度是由不变成本、事业单位的努力程度、产品或服务的价格、公共产品需求总量等决定的。由于亏损补贴机制是根据实际发生额及实际亏损额进行补贴，财政补贴总额随着需求函数、成本函数变化而变化。另外，因为此种补贴机制的设计使企业无论经营情况如何，都能达到盈亏平衡，不会承担任何经营和投资的风险，因此，此种补贴机制不能激励企业提高效率、降低成本。

（2）需求补贴机制即政府根据公用事业单位提供产品或服务的需求量而进

行的补贴，公式如下：

$$t_0 = (\phi \cdot d^* - Q \cdot k_1)/k_2 \cdot q$$

可以将政府最希望事业单位的努力程度代入，即$\frac{\partial U}{\partial d}=0$，得到 $d^* = (k_1 Q + 1)/\phi$，代入可得 $t_0 = 1/(k_2 \cdot q)$，则 $t = t_0 N$。可以看出，财政补贴额度会有所降低，并且这种补贴机制可以通过控制补贴的数量来控制企业的努力程度，补贴效率也高于亏损补贴机制。我国对高校的补贴基本是采用这种方式进行的，即根据学生、教师人数等给予的补贴。图 4－2 所示为 2007～2015 年我国生均教育经费支出情况。

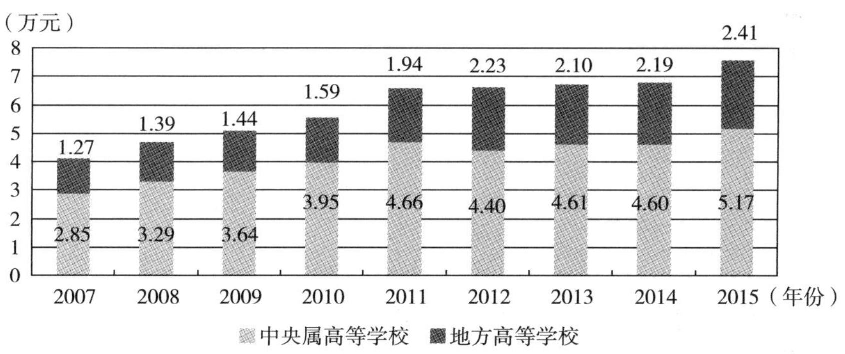

图 4－2　2007～2015 年我国生均教育经费支出情况

资料来源：《中国教育经费统计年鉴》（2016）。

（3）服务与成本监督的补贴机制即将政府给予公益类事业单位的财政补贴额度与其提高服务质量、控制运营成本的努力程度建立联系的一种补贴方式。具体实施过程中，需要政府每年对事业单位的运营情况进行评估，以用来决定进行补贴的数额。

根据博弈模型分析结果，对公益类事业单位采用服务及成本监督下的补贴方式更适合我国国情，建议政府部门在对公益类事业单位补贴时，采用具有较强激励机制的服务及成本监督下的补贴方式，准确地观测公益类事业单位的行为选择，更能激发单位努力经营的动力，能高效率地使用财政补贴，实现较大的社会效益。与此同时，要着力控制改革的逆向激励与负面影响。在设计补贴政策时，必须考虑到逆向激励的存在。必须加强管制和监督，这对于减轻潜在的逆向激励、提供符合一定质量水平的产品非常关键。同时，由于补贴降低了消费者获得城市公用事业的成本，如果机制设计不当，也会造成消费者的过度消费，不利于资源的节约和有效利用。同时，补贴还会造成财政压力增加、扭曲激励等可能的负面影响，这些在设计补贴时必须注意。

第五章　公益类事业单位治理架构与原则

公益类事业单位作为我国公共服务生产的主要部门，对社会正常运转和稳定有重要作用，目前我国公共服务供给体系结构还不够稳定，许多深层次问题还有待解决，特别是公益类事业单位的改革迫在眉睫。就公益类事业单位定位而言，政府应负有保障有效供给的终极责任，但在运营体制上可通过直接供给、公私合作和利用市场机制等多种方式实现。消费者应具有以公平合理的价格获得公共服务及相应的监督权力。在未来，公益类事业单位应成为我国公共服务供给体系的主要组成部分，其改革成败关系到能否成功建立公平、高效的中国特色公共服务体系。根据公共服务所涉及的不同方面，本章基于营利/非营利与公立/私立两个维度及政府、市场、社会公众等要素建立了公益类事业单位整体治理框架，并根据公益类事业单位的供给体制、运营体制、公共服务的共用品特性等因素建立了包括政府治理、联合治理、理事会治理、合作治理和董事会治理等多种治理模式，同时为了保障各种治理模式的正常运行，本章还建立了相应的治理原则和运行机制。

一、公益类事业单位整体治理架构

我国公益类事业单位整体治理架构反映了公益类事业单位公共服务供给的各个参与部分之间的关系，框架既包括了作为公共服务和产品生产者的公益类事业单位、作为公共服务和产品消费者的社会公众与机构，同时也包括了作为关键治理机制的政府和市场，如图 5－1 所示。框架中的公益类事业单位不仅要接受政府、市场、社会公众和相关机构的监督和约束，同时其内部也要根据其类型的不同形成保证其高效运营的不同治理机制，如政府行政治理机制、理事会治理机制和董事会治理机制等。通过综合治理框架，可以了解到我国公益类事业单位治理机制的改革不是孤立进行的，而是涉及我国经济社会发展方方面面的复杂整合体系，政府、市场、社会公众及公共服务供给体系的其他参与主体相互交织在一起，共同决定了我国公共服务的整体提供、生产和治理水平。

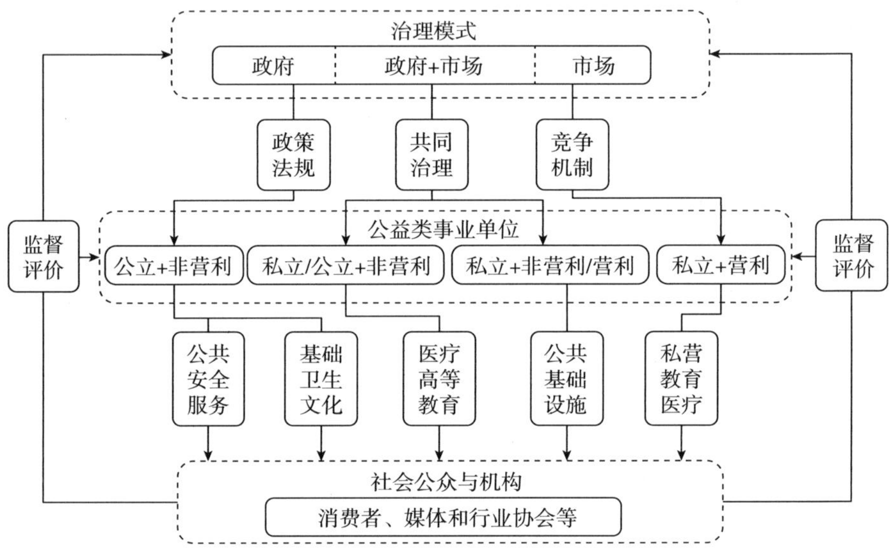

图5－1　公益类事业单位整体治理架构

（一）公益类事业单位外部治理

公益类事业单位所提供的公共产品和服务的质量和效率等需要外部各方面对其评价和反馈，有效的外部治理机制是保障其高效运行的基础。目前，我国公益类事业单位的外部治理主体主要包括政府、市场、社会公众和相关社会机构等，其治理模式是介于政府和市场之间的连续统一体。其中，政府主导的治理模式主要包括政府治理和联合治理；政府和市场共同主导的治理模式包括理事会治理和合作治理；市场主导的治理模式主要指董事会治理。社会公众和机构作为公共服务的消费者对公益类事业单位的评价有充分话语权，同时也是治理结构中重要的

一分子，政府对公共产品和服务的提供负有最终责任，因此也要接受来自社会公众和相关机构的评价和监督，各外部治理主体的特点如表5-1所示。

表5-1　外部治理主体特点

类别	组成	特点
政府主管机关	民政部、财政部、教育部、文化部、妇联等	第一位监管，主要监管公共服务的质量、价格、效率等
政府财政机关	财政部、财政厅（局）、各行政公署财政处等	重点关注资金使用情况和运营效率
政府立法机关	各级人民代表大会及其常务委员会	制定相关法律政策和制度标准
政府司法机关	各级人民检察院和人民法院	对违法违规行为进行监督和处罚
市场	各公共产品和服务的生产企业和组织等	依靠价格信号传递和竞争机制协调公共产品生产及利润分配等
社会机构	媒体、行业协会、会计事务所、法律事务所等	具有独立性和专业性，支持政策不完善，监督执业资格和范围不明确
社会公众	公共服务消费者	直接参与公共服务评价和监督，具有普遍性和广泛性

1. 政府治理

（1）公益类事业单位与政府关系。政府是维护国家安全、促进科学技术进步和提高国民生活水平的职能机构，有向全体公民提供其所需的公共产品和服务的义务。在完全政府主导模式下，我国的公共产品和服务的生产与提供都是由政府来完成的，这样虽然有利于资源的统一配置和协调，但也造成了公共产品与服务的质量低下和无效率。由于缺少内部监管机制和市场竞争压力，公益类事业单位内部经常出现人浮于事、缺乏积极性等问题。因此，厘清政府和公益类事业单位的关系是推进公益类事业单位改革的关键一步。发达国家经验已经证明，将公共产品和服务的生产和提供分别交由社会组织和政府来完成的效率是最高的。在这种模式下，公益类事业单位和其他社会组织负责公共产品和公共服务的生产，而政府则作为购买者将购入的公共产品和服务提供给社会公众与机构。作为政府部门，其工作主要是拟定公共服务的对象和范围、公共服务应达到的标准，并制定出一套考核服务效率的机制，依据考核结果支付相关费用。在逐渐趋向市场化运营的背景下，公益类事业单位成为独立的法人主体，拥有自我发展、自主经营、参与公共产品和服务市场竞争的权利，因此公益类事业单位应该像正常的商业企业一样，既要受到来自市场的约束，又要接受政府行政手段的宏观调控。当然，提供公共产品与公共服务的公益类事业单位与以营利为目的的商业企业在运营模式和经营理念上存在较大差异，因此，公益类事业单位的监管又和一般的商业企业有一定区别。总之，在考虑到我国公共产品和服务的类型等因素后，目前我国公益类事业单位与政府之间既不是计划经济时期的完全政府主导的治理模式，也不是像私有企业一样完全的市场主导治理模式，而是介于政府和市场间的连续统一治理模式。

（2）政府治理途径。在政府和市场连续统一体的治理模式下，同时考虑政府提供公共服务的方式（直接运营、社会购买）。对于治理途径政府有多种选择，首先，政府可以通过加强行政监管和公共服务购买力度对相关单位进行治理。其次，在具体监管方式上，政府还可以依靠购买公共服务的直接主管机关、立法机关、财政机关和司法机关等行政部门达到整体治理目的，其中直接主管机关主要包括民政部、教育部和文化部等，立法机关主要包括各级人民代表大会及其常务委员会，财政机关主要包括财政部、财政厅（局）和各行政公署财政处等，司法机关主要包括各级人民检察院及人民法院。具体来讲，政府可以通过以下途径进行综合治理：

第一，通过行政手段加强对直接运营单位的监管。虽然实施政府购买公共服务有利于我国公共事业发展，但目前由于社会供给主体（国有企业、私企、非营利组织等）在资金、技术和人力等方面的缺陷，政府生产公共服务和产品的模式依然存在，特别是在一些社会力量难以触及、超出政府购买范围的公共安全等领域。在分类改革后，部分公益类事业单位就其属性而言仍然是政府直接运营的，比如某些公益类事业单位，为保持其公益属性政府依然实行全额拨款制。由于市场机制在这类事业单位的治理上很难发挥作用，因此政府的行政治理应该发挥主要作用。具体来说，对于直接运营的单位，各级政府应该在保证效率的基础上，通过行政手段规制单位的成立、注销、人事安排、财政拨款和收入分配等工作。虽然政府统管公共服务的生产、分配等有一定缺陷，但迫于公共服务类型和社会力量的缺陷，这种模式会一直持续下去。

第二，通过加强公共服务购买力度完善公共服务市场竞争机制。政府购买公共服务和公益类事业单位改革一脉相承，都是为了完善我国公共服务供给体系以满足人民日益增长的公共产品和服务需求，两者相辅相成。政府购买公共服务就是通过发挥市场机制的作用将一部分公共产品和服务的生产交由社会力量来完成，以实现公共服务市场供给的多元化，并达到强化竞争、促进价格机制充分发挥应有作用的目的，政府需要按照各生产主体所提供公共产品和服务的数量和质量进行付费。在政府不断推行公共服务购买的大环境下，公益类事业单位作为公共产品和服务的生产主体之一，将面临来自国有企业、私营企业和非营利组织等生产主体的竞争，为了保持竞争力，争取更多政府资源，单位会主动强化自身管理，提高效率。基于此，政府可以通过加大公共服务购买力度来实现间接治理的目的。

第三，构建公益类事业单位监管法律保障体系。将公益类事业单位推向市场并不是要求其完全自治，政府应该承担起保障其有效运营的职责。公益类事业单位监管质量取决于政府权力机关建立的相关监管法律法规。法律框架越完善细致，公益类事业单位的运行就越合理规范。目前我国已有《事业单位登记管理暂行条例》《事业单位领导人员管理暂行规定》等专门性法律法规，同时也出台了《高等教育法》《医疗机构管理条例》等规范具体行业内部事业单位的部门性法律法规，但目前我国公益类事业单位法律体系仍然不够完善。根据其他领域法律体系创建的经验，可以将公益类事业单位的法律体系分为三个层次：第一层次要明确公益类事业单位的主要职责、性质、运行机制等；第二层次作为第一层次的配套单项条例，要明确公益类事业单位的财会管理、人事管理等；第三层次是针对相关具体问题所建立的更为具体细致的法规。这三个层次的法规共同构成了公益类事业单位的监管法律体系。同时也要保证相关法规的动态性和针对性，根据内外部环境的变化做到随时调整以适应环境的变化，并且要做到具体问题有具体法规相对应，不能“一刀切”。

第四，完善公益类事业单位内部党建工作。坚持党的领导使公益类事业单位能够长期保持先进性，并将为社会公众提供优质的公共产品和服务内化为自己的经营愿景和宗旨。嵌入型党政关系是公益类事业单位改革的必然选择，其核心内容是党不再直接代替政府行使行政和管理职责，而是主要通过制度嵌入、功能嵌入、主体嵌入和过程嵌入等方式进行国家治理，实现党的领导①。除了理顺党和公益类事业单位之间的关系外，我们还要不断坚持完善单位内部的党建工作。首先，要通过教育培训的方式不断提高公益类事业单位党员的基本素质，落实好党

① 刘杰．党政关系的历史变迁与国家治理逻辑的变革［J］．社会科学，2011（12）：4－17.

内基本的生活制度，做到赏罚分明。其次，要不断补充党组织新鲜血液，使思想先进、有觉悟有能力和思想品质良好的人员成为党组织的后备军。最后，要健全公益类事业单位党建工作领导责任制，做到权责明确、责任到人。

第五，完善公共服务体系相关政策、规章、制度等。政府各行政机关可以通过下达财务、人事等相关规章政策达到对公益类事业单位治理的目的，特别是随着政府购买公共服务力度加强，政府直接主管机关（购买主体）应该承担起监管的主要职责，保障各供给主体（公益类事业单位、非营利组织、国有企业、私营企业）所提供公共产品和服务的质量和效率等。在相关政策、规章、制度制定之前，各政府行政机关应保持紧密沟通，保证各政策达到协同作用，并避免多头领导。另外，各行政机关应针对不同类型单位（直接运营与否）发布不同政策、规章和制度。

2. 公益类事业单位市场治理机制

（1）市场治理机制理论基础。政府和市场作为资产配置的不同方式，两者应该是相辅相成、相互补充的关系，政府可以通过行政手段干预公共产品和服务的生产，市场可以通过合理的竞争机制调配公共产品和服务的生产，单独的一元治理都存在治理失灵的可能，政府治理面临着低效率的风险，市场面临着信息不对称、自然垄断和外部性等导致其失灵的风险，因此政府和市场的二元治理模式是合理的选择。但随着政府购买公共服务的不断推进，以及政府过度干预弊端的显现，市场治理机制逐渐在公益类事业单位治理架构中发挥更重要作用。政府可以通过多种手段对相关主体进行治理，市场主要通过竞争机制对市场主体进行治理，其理论基础主要包括破产清算威胁假说和充分信息假说。

破产清算威胁假说认为，在竞争行业的企业始终面临着破产清算的危险，为了企业能够持续经营，获取稳定的现金流，职业经理人会选择净现值大于零的项目进行投资，同行的竞争会激励企业不断更新自己的设备和技术，以防止自己被淘汰出市场。Grossman 等（1982）认为，产品市场的变化不仅会影响经理人的激励，也会影响到企业的破产风险，如果存在破产风险，职业经理人会有更强的动机减少破产风险①。Rey（1999）等认为，激烈的市场竞争会增加企业破产清

① Grossman. Corporate Financial Structure and Managerial Incentives［J］. Social Science Electronic Publishing，1983：107－140.

算的危险，因此对经理人员的努力程度有正向影响作用，也减少了经理人员的懈怠程度①。充分信息假说认为，在竞争激烈的市场环境中，企业股东（投资者）可以通过将自身企业与其他企业对比来获取类似经理人员努力程度的信息，从而在一定程度上破除了股东和经理人员信息不对称的弊端，减少了监督成本，使外部投资者可以放心地将资本投放到企业中。Holmstrom（1982）研究发现，市场中的竞争对手越多，不对称信息的影响就越小，以经理人员绩效为依据的报酬与经理人员努力程度之间的关系就越紧密，因此就越能激发经理人员的工作积极性②。Nalebuff（1983）认为，市场竞争可以提供绩效对比基础，通过和同行业对比制定的薪酬计划往往比独立制定薪酬计划更有优势，竞争市场比垄断市场的绩效更高③。

（2）市场有效治理实践基础。在社会主义市场经济制度下，市场应该在社会资源配置中起决定作用，通过正常的市场竞争机制规范各市场主体的市场行为，提高资源配置效率。公益类事业单位作为公共产品和服务的主要生产者和公共服务供给体系重要的一员，应该遵从市场规则，优胜劣汰，不断提高自己的忧患意识和生存技能。要让公益类事业单位充分地参与到市场竞争中来，弥补政府治理不足，同时，在公益类事业单位改革的过程中也应该采取一种或多种适应市场机制的组织形式，避免事业单位对政府财政的过度依赖，使其能够做到自负盈亏，真正成为公共产品市场中的一分子。为了保证市场治理的有效，公益类事业单位本身也应做出调整，具体应该做到如下几点：

第一，建立完善的内部法人治理结构。我国国有企业改革经历了从最初的放权让利和自主经营，到中期的建立现代企业制度和确定法人财产权，再到最后的成立国资委和国企混改，虽然深层次的矛盾依然存在，但是改革取得的效果我们不容忽视，国有资本的影响力和竞争力不断增强，更多的国有企业走出国门成为具有世界竞争力的国际一流企业。我国公益类事业单位改革应该借鉴相关成功经验，建立现代企业制度和配套的治理结构，使其真正做到市场化运营，相应的股东会、董事会、理事会和监事会应该建立起来。同时，考虑到不同事业单位的具

① Rey. Competition, Financial Discipline and Growth［J］. Review of Economic Studies, 2010, 66（4）: 825－852.

② Holmstrom. Moral Hazard in Teams［J］. Bell Journal of Economics, 1982, 13（2）: 324－340.

③ Nalebuff. Prizes and Incentives: Towards a General Theory of Compensation and Competition［J］. Bell Journal of Economics, 1983, 14（1）: 21－43.

体情况，相应的法人治理结构也应该做到差异化。

第二，确定合适的职能目标和组织形态。目前公益类事业单位的职能目标和组织形态具有一定模糊性，在未来改革中应充分考虑建立适合市场机制的职能目标和组织形态，同时要权衡好公益类事业单位的公益属性，确定建立经营和治理效率效果最佳的组织形态。不可否认，一方面保持公益类事业单位职能目标的公益属性（非营利性），另一方面建立适合市场竞争机制（营利性）的组织形态具有一定冲突，但在社会主义市场经济制度环境中，市场化的改革方向是我们必须坚持的重要原则，因此，在公益类事业单位改革过程中，需要我们进行充分权衡，找到最佳的职能目标和组织形态定位。

第三，确定合理的政府财政支持计划。公益类事业单位参与到市场竞争中，使市场治理机制发挥好作用的前提是公益类事业单位应该具有和其他市场主体同样的自负盈亏特性，这也是市场机制发挥作用的前提之一。目前我国对公益类事业单位仍然实行全额或差额拨款政策，虽然在一定程度上有利于公益类事业单位将更多精力投入到提供公共服务上来，但也造成了其运营效率低下、单位员工积极性较差、公共产品和服务质量跟不上公众需求等问题。因此，未来需要建立合理的政府财政拨款计划，使公益类事业单位真正投入到市场竞争中来，更好地发挥市场治理的作用。

第四，加大推行政府购买力度。公益类事业单位市场治理的前提是其能够参与到公共产品和服务市场的竞争中，为此要创造有利于公益类事业单位和其他生产主体竞争的环境。政府应该加大公共服务购买力度，首先要通过公开招标、定向委托、邀标和补贴等方式引导不同类型社会主体参与到公共产品和服务的生产中，增加公益类事业单位市场竞争对手；其次对于公益类事业单位本身来讲，要建立适合竞争机制的绩效考核机制，真正做到优胜劣汰，使市场竞争机制充分发挥作用。

（3）市场治理途径。市场治理和政府治理存在较大差异，政府可以通过立法、经济政策（货币政策、财政政策）等“有形的手”对公益类事业单位行为进行约束，市场则主要通过“无形的手”，利用价格机制对公益类事业单位进行治理。市场治理不是竞争机制的简单运用，而是由竞争机制和由此衍生出来的一系列治理方式所组成的治理体系，竞争机制则是整个体系的根本基础和约束力量产生的根源。比如，周波（2010）认为，市场治理是市场自发力量的完美展现，市场竞争性越充分，市场治理越显著，市场治理机制主要包括信号显示机制、声

誉机制、质保机制和第三方介入机制[①]。青木昌彦（2001）认为，市场治理机制是由政府出台的政策、法律，市场之中的企业和行业协会制定的内部制度、行业准则，以及各种约定俗成的社会公德等共同构成的复合型市场治理机制，它们在市场治理的实践中以“制度安排的复合体”共同发挥作用[②]。公共产品和服务市场与普通商品市场在治理机制方面有相似特征，因此，我们可以把公益类事业单位市场治理途径归纳为以下几点：

第一，竞争机制。在宏观层次上，市场竞争机制是经济社会最基本的运行机制，市场中产品和服务的供求、价格的调整和利益的分配等都离不开竞争机制的作用。根据经济学理论，完全竞争市场企业利润为零，在竞争条件下为了获取超额利润，社会中每个企业都会不断改进自己的生产技术，更新自己的生产设备，并通过创新不断改进自己的产品，因此，竞争机制也是社会资源有效配置、人类社会进步等的重要源泉。在微观层次上，竞争机制可以通过增强企业危机意识来实现自身强化和提高市场防御力等，可以说竞争机制是企业自身可持续发展和增强竞争力的根本动力。在公共服务市场中，随着政府购买公共服务的推进，更多公共产品和服务的生产主体被引入市场，这为竞争机制发挥作用创造了良好基础，多元化供给主体出现所带来的“优胜劣汰”压力能使公益类事业单位不断改进生产效率和服务质量，同时在竞争机制的作用下，公共服务市场的价格、供求等也得到了优化规制。根据市场生产主体的不同，可以将公共服务市场竞争划分为三种类型：首先是公益类事业单位之间的竞争。为了获取政府的“订单”和资金支持，生产相同或相似公共服务和产品的单位之间会展开激烈竞争，为了强化效果，政府应该打破区域壁垒，促进公共服务资源跨区域配置，形成单位之间的跨区域竞争。其次是公益类事业单位与其他类型组织（私企、国企、非营利组织等）之间的竞争。这是政府购买公共服务的必然结果，为了促进竞争，政府需要不断培育其他组织承接生产公共产品和服务的能力，同时在政策方面要做到一视同仁、同等对待。最后是其他类型组织之间的竞争。在一些其他组织完全有能力承接的领域，政府应该降低进入壁垒，放手将这部分业务分配给除公益类事业单位之外的组织，促进各类型组织之间的竞争，以增强资源配置效率。竞争机

---

① 周波．柠檬市场治理机制研究述评［J］．经济学动态，2010（3）：131－135.

② 青木昌彦，周黎安．为什么多样性制度继续在演进？［J］．经济社会体制比较，2001（6）：30－39.

制是公共服务市场化后资源有效配置的重要基础，也是市场对公益类事业单位进行有效治理的根本途径。

第二，价格机制。产品价格的波动是竞争机制发挥作用的前提，也是资源有效配置的根本。在生产方面，企业会在合理范围内尽量调高产品价格，在补充生产产品和服务所消耗的劳动和资本的同时获取超额利润，当一个行业中的大多数企业都能因为价格获取超额利润后，更多企业会蜂拥而至，最终导致价格回落到行业平均利润为零的水平。在消费方面，价格是消费者选择商品和服务的基准，品质好、价格低的产品和服务才能得到消费者的青睐。在投资方面，价格信号是投资者选择投资项目的重要依据，投资者更希望将资金投放到收益较高的项目中，而收益水平在一定程度上是由价格表现出来的。在公共服务市场中，价格机制也会在生产、消费等领域发挥相同作用，但前提是公共服务市场要有充分的竞争性，目前我国公共服务市场的定价机制仍然缺乏科学性，由于垄断、行政干预等使价格机制很难发挥作用。未来在公益类事业单位改革中，政府一方面应该尽可能将单位推向市场，使其接受市场定价机制，避免单位进行行业垄断，操纵价格；另一方面作为补充政府应该引入更多类型的市场主体，参与公共服务市场竞争。总体上讲，在合理的公共服务市场中，价格机制是市场治理的有效手段。

第三，信号传递机制。信息是市场重要要素之一，市场参与主体之间的有效信息传递是保障价格机制发挥作用的前提，与被动的法律硬性约束不同，信号传递机制主要通过参与主体的自律行为发挥作用。在公共产品和服务市场中，信息传递是约束公益类事业单位行为的重要方式，在市场竞争中，为了取得竞争优势，单位会尽全力将有利于自己的信息释放到市场，而这些信息的形成则依赖于良好的公共产品和服务的质量、单位信用状况和运营效率等因素。公益类事业单位可以选择多种信号类型，如许可证、广告和主动信息披露等，所有方式发挥作用的前提是通过消费者（社会公众与机构）的事后检验，即只有消费者发现实际产品体验与广告和主动信息披露相匹配后，才能形成重复购买，同时形成较高声誉，基于这样的前提，公益类事业单位会主动提高公共产品和服务的质量及顾客服务意识。

第四，声誉机制。声誉是市场中企业的一项重要无形资产，从卖方角度讲，声誉是其获取顾客好评、保持顾客忠诚和黏性的关键要素。从买方角度讲，企业声誉是其评判企业服务水平的重要基准，在顾客初次接触新产品时，企业声誉是其决定是否购买该产品的基本因素，对于声誉较高企业的产品，顾客会更加青睐，因此声誉可以通过顾客理性市场行为有效制止企业投机行为。比如，Akerlof（1970）认为，声誉能够给买方一个挟持，对企业产品质量失望的买方可以将声誉资产破坏，声誉资产具有脆弱性，流失的代价是昂贵的，一旦破坏则难以修复。公共产品和服务关系到社会公众基本生活水平，是社会公众最基本、最首要的社会需求，因此，在公共服务市场中，买方对卖方的挟持程度会更高，公益类事业单位迫于社会公众和机构带来的声誉维护压力会主动提高公共产品和服务提供的质量和效率。

第五，行业准则。行业准则是行业协会等社会机构为了维护公平的行业市场竞争秩序而制定的具有一定硬约束力的准则，新制度主义经济学家康芒斯等将市场中的行业规范定义为一个行业组织经营活动的“工作规则”。行业准则虽然没有法律的强制约束力，但其对行业内企业的约束要比一般社会公德、价值观和信仰等因素强得多。在新型市场结构下，消费者的“苛刻需求”促成了更多企业实施“竞合战略”，通过结成战略联盟，企业不但可以共同将“市场蛋糕”做大，而且可以通过联合研发缩短新产品上市时间、扩大资金获取渠道等。在这样的环境中，企业为了停留在战略联盟中会尽自己最大努力遵守行业准则，防止自己被边缘化。行业准则作为半公开信息，其宗旨往往会以公平竞争、顾客为主和提高行业信誉等为中心，公益类事业单位在这些准则的约束下会主动调整自己的市场行为以获取“行业归属感”并在竞争激烈的市场中获取竞争优势。

第六，社会规范。社会规范是由社会道德、惯例等共同构成的约束体系，相较于行业准则，社会规范要“软”得多，但迫于市场竞争、公众、个人认知、信仰等压力，社会规范仍然具有一定约束力。在市场竞争和社会规范潜移默化的影响下，公益类事业单位会尽可能将自己的行为和“规范”相匹配。需要注意的是，与普通自然情况下的社会规范相比，陷入市场竞争中的企业会更在意自己的行为是否符合社会规范，因为企业会担心竞争对手比自己做得更好。公益类事业单位作为公共品的主要提供者，除了有自己独立的法人地位，在一定程度上更是代表了政府在公众中的形象，因此，公益类事业单位与普通企业相比，所承受的社会规范压力会更大。

3. 独立第三方社会机构

（1）第三方社会机构的构成。独立的第三方社会机构主要包括行业协会、媒体机构、会计事务所和法律事务所等，它们既是公益类事业单位所提供的公共产品和服务的受益者，也是有力的监督者，具有独立性和专业性特点，行业协会可以通过行业内共同遵守的准则进行监管，媒体机构可以通过信息披露营造社会舆论进行监管，会计事务所和法律事务所可以通过规范公益类事业单位的财务管理和市场行为进行监管。目前，第三方监管面临的主要问题是监管意愿不强、缺少针对性和缺乏统一的政策引导，监督执业资格和范围也不够明确①。政府行政部门需要在这些方面加强治理，使这些机构真正成为政府和市场监管的有力补充。

（2）第三方社会机构治理理论基础。第三方机构作为社会生活的重要组成部分对公益类事业单位监管具有重要作用，我们可以把它看成社会治理的一部分。社会治理是一种新的公共治理模式，体现了治理权力回归社会，相关机构组织等作为治理主体共同参与社会治理并从中受益的思想。从狭义上讲，社会治理是指在一定的社会基础上，以公民或者其他自愿组成的社会组织为主体，在自治层面上直接或间接地履行对公共事务的有效管理，以达到公共利益最大化。广义的社会治理是以国家和市场为基础的，是作为公共领域的政府、作为私人领域的企业和作为第三领域的社会或社群彼此结合而形成的共同管理，是对单纯国家或市场手段的辅助和补充②。肖文涛（2007）认为，社会治理是西方国家在现有政治制度的框架内，在政府部分职能和公共服务输出市场化以后所采取的一种社会管理范式，并提出当代社会治理创新应具备五个特点：第一，社会治理在价值取向上坚持以人为本；第二，社会治理的顺利运行以法治为前提；第三，多元社会治理主体相互协作和参与管理公共事务；第四，社会治理是一种互联、互补、互动的过程；第五，社会治理的实现路径具有动态性和权变性③。社会治理不仅充分体现了民主、共同参与、社会公平的思想，而且作为政府治理、市场治理的补充在一定程度上也增加了各方面的治理效果。在这种复合型治理网络下，每个节点各司其职、取长补短，通过政府宏观调控形成协同作用，达到治理效果最佳化。

（3）第三方社会机构治理方式。第三方社会机构作为公益类事业单位所提

---

① 柳学信等．政府购买公共服务体系构建与深化事业单位改革［J］．经济与管理研究，2017（4）：35－46.

② 周学荣，何平．政府治理、市场治理、社会治理及其相互关系探讨［J］．中国审计论，2014（1）：107－126.

③ 肖文涛．社会治理创新：面临挑战与政策选择［J］．中国行政管理，2007（10）：105－109.

供公共产品和服务的受益方，对公益类事业单位具有监管权力，而且由于各机构本身所具有的专业性特点，其监管力度也比较强。政府引导加强第三方社会机构监管，一方面可以直接增强监管效果，形成各方监管的协同效应；另一方面也有利于强化社会自治能力，辅助政府职能转变。目前，针对公益类事业单位组织特点，除了政府和市场监管外，还可以采取如下第三方监管：

第一，媒体机构。在信息时代，人们获取信息的途径不断增加、成本不断降低，使利益相关者可以轻松了解到更多关于企业的信息，同样企业也可以获取更多关于利益相关者的信息。媒体在其中扮演了中介角色，其在传播信息及引导公众舆论和行为方面有决定性作用，因此，所有企业都希望和媒体建立良好的互动关系，尽量增加自己的正面报道、降低负面报道。姚益龙等（2011）认为，作为重要的外部治理机制，媒体是发达市场经济不可或缺的组成部分，对企业绩效有重要影响，有加速市场“优胜劣汰”的作用。公益类事业单位作为公共服务市场的一员，也会受到媒体机构的约束，为了获得媒体机构的认可，单位会尽可能地提高公共产品和服务的质量。为了强化监管，媒体机构应该增强其监管的主观能动性，积极主动、客观公平地报道公益类事业单位所提供公共产品和服务的状况，真正搭建起联系政府、公益类事业单位和社会公众的桥梁。

第二，行业协会。与一般外部环境相比，任务（行业）环境对企业产生更大影响，在市场竞争中催生的行业准则要求行业内所有企业按照符合行业发展要求行事。为了获取“行业归属感”，防止自己被边缘化，企业有理由按照行业规则做出自己的决策。行业协会是介于政府与企业之间及生产者与经营者之间的一种民间社会中介组织，它不属于政府的行政部门，而是作为政府与企业的桥梁和纽带存在的，各公益类事业单位都可划属到不同行业协会，接受其引导和监管。在未来的公益类事业单位监管中，行业协会可以通过完善行业规则、强化与单位间的互动等途径加强对单位的监管。

第三，法律事务所、会计事务所。法律事务所和会计事务所可以为企业提供法律和会计服务，在一定程度上对企业有监管作用。因为律师事务所在组织上受司法行政机关和律师协会的监督和管理，所以其治理具有合理性和合法性。市场中的公益类事业单位在法律咨询的过程中会强化自己的法律意识，减少违法犯罪行为。与此类似，会计事务所在一定程度上可以规范公益类事业单位财务管理，防止国有资产流失，提高单位资金使用效率。目前，此类监管方式缺乏强制性，只能作为其他治理方式的补充。

4. 社会公众

社会公众治理与第三方社会机构治理具有相似性，两者具有共同理论基础，都是社会治理的重要组成部分，它与第三方社会机构治理的根本区别在于社会公众是公益类事业单位所提供产品和服务的最直接、最根本的受益主体，所以其对公益类事业单位的监管最符合社会公理。

（1）社会公众治理途径。社会公众对公益类事业单位的治理包括直接和间接两种方式。直接方式是社会公众直接参与公益类事业单位的日常经营，比如通过理事会或职工代表大会等途径；间接方式主要指社会公众通过上访、诉讼、媒体宣传等途径对公益类事业单位进行治理。无论哪种方式，社会公众都是监管行为的原始发动者，对公益类事业单位监管负有终极责任。具体来讲，社会公众可以通过如下方式进行监管：

第一，作为理事会、监事会成员或企业职工代表大会代表对单位进行监管。公益类事业单位作为提供公共服务和产品的特殊组织，其内部治理和普通商业企业存在一定差异，在“管办分离”政策下，大部分单位建立起适合本单位的法人治理结构，这在一定程度上给予了社会公众参与公益类事业单位内部治理的机会。在这样的情况下，社会公众应该积极参与到单位监管中来，履行好作为理事会、监事会成员或职工代表的职责，切实将具体监管措施落到实处。

第二，通过上访、诉讼、听证会、座谈会等将相关信息反映到有关政府部门以维护自己切身权益。上访、诉讼等属于社会公众间接治理途径，当社会公众意识到自己所消费公共产品和服务的质量不过关或数量不能满足自己需求时，可以通过信件、互联网等向有关政府部门反馈信息，政府部门在受理有关投诉后会采取相关措施，如果涉及违法行为，公众还可以向司法机关上诉，在维护自己切身权益的同时达到对公益类事业单位监管的目的。上访、诉讼等方式发挥作用的前提是渠道通畅并且有关政府机关具有灵活的反应机制。

第三，通过及时向相关媒体反映自己的诉求和有关单位信息达到间接治理目的。社会公众作为公共产品和服务的消费者掌握了有关产品和服务的一手资料，将相关信息传递给相关政府部门和媒体机构是达到公众有效治理的前提。相关媒体机构主要包括报纸、移动网络、电视等，其中移动网络无论在传播速度方面还是传播范围方面都具有较大优势，社会公众可以通过充分利用移动网络、共享信息平台（微博、微信）等对公益类事业单位进行治理。需要注意的是，公众必须要保障自身所提供信息的准确性，在达到有效治理的同时保障自己不触犯相关法律。

（2）社会公众治理保障措施。社会公众（消费者）是政府提供的公共产品和服务的最终消费者，是公共服务供给体系最重要的评价者和监督者，所以在所有的外部监管机制中应充分发挥社会公众的监管作用，为此要针对监管主体、监管客体和相关监管渠道建立具体的战略和措施。作为监管主体的社会公众应该成为整个监管系统的发动者，由其推动的公共服务供给体系的变革才是有意义的。要让整个系统正常运行，社会公众首先要有监管的主观能动性，为此要通过政府宣传、政策支持等增强社会公众的监管意识，主动表达自己对公共产品和服务的具体要求，特别是那些关系到社会公众基本生活的义务教育、公共医疗、社会保障和公共就业的领域；作为监管客体的公益类事业单位是社会公众所提要求的承担者，相较于社会公众公益类事业单位掌握了更多关于其所提供公共产品和服务的信息，由此造成的信息不对称导致了社会公众监管效率的低下和监管效果的不理想。为此，政府应该建立强制的公益类事业单位信息披露机制和绩效评价机制，使公众了解到所提供公共产品和服务的数量和质量等信息，进而方便社会公众准确地对公益类事业单位进行评价。对于公益类事业单位来讲，充分的信息公开和公众评价机制的建立也有利于单位建立合理的绩效考评制度和人事安排；社会公众监督意识的增强和公益类事业单位信息披露机制的建立并不意味着实际监管效果的获取，社会公众只有通过方便的渠道得到公益类事业单位披露出来的信息及将自己的诉求转达给相关部门才能实行有效的监管。为此，政府应该不断拓宽社会公众获取信息的渠道，并建立健全社会公众意见采纳和反馈机制及相应的部门安排。

（二）公益类事业单位内部治理

外部治理是公益类事业单位外部相关主体（利益相关者）为了维护相关权益而做出的制度安排，在外部压力下，公益类事业单位被动调整自己的相关决策以满足外部需求。单一的外部治理不能解决单位所有治理问题，为了实现公益类事业单位的全面监管，相应的内部治理措施也要建立起来。为此，公益类事业单位要积极响应政府政策，建立法人治理结构，妥善安排单位内部的决策权、执行权和监督权，以达到内部各方面相互制衡的目的，同时，为了保证法人治理的正常运行，单位还要建立切实可行的运行机制。

1. 内部治理概述

关于企业内部治理，国内外学者的观点比较统一，是指作为企业治理主体的股东大会、董事会、监事会及经理层之间的制衡关系与制度规范。其中，股东大会是企业的最高权力机关，决定了企业的愿景、使命和长远发展规划。董事会由董事组成，具有决定企业经理层的任免、考核、晋升和监督等权利。监事会由股东大会选举的监事及由企业职工民主选举的监事组成，对董事会、经理层等有监管权利，其监管目标是使决策合理、执行高效及运营规范。经理层是企业决策的实际执行者，主要负责企业的日常管理和运营。由于股东与经理层、大股东与小股东等之间的委托—代理问题，企业的决策、行动等未必是朝着企业价值最大化方向迈进的，因此，企业内部治理就显得尤为重要。公益类事业单位和普通商业企业一样为社会公众生产产品和服务，在政府推行法人治理模式后，其内部治理也要解决相应的委托—代理等一系列问题，由于公益类事业单位在组织属性上与一般商业企业存在区别，因此其治理又有自己的特殊性。

2. 公益类事业单位内部法人治理结构

公益类事业单位建立法人治理模式的本意就是建立包括股东会、董事会、监事会和经理层的内部治理结构，推行法人治理结构有助于公益事业单位的“政事分开、管办分离”，进而提高公益类事业单位的市场参与程度和所提供公共产品和公共服务的质量。产权不明晰是公益类事业单位改革的难点，公益类事业单位资产应为全民所有，但现实情况是不可能所有公民都参与到资产监管过程中来，为此只能实行“全民所有，国家代管”政策，由于产权不能明确到具体的自然人，国家代管政策效率低下，资产流失严重。法人治理结构可以帮助理顺产权关系，提高公益类事业单位的运营效率。

根据公益类事业单位的不同类型可以设立不同的法人治理结构，以发挥法人治理的最佳效果，形成决策权、执行权、监督权相互制衡的效果，以此来保障事业单位的正常运行。完整的法人治理结构如图 5-2 所示。规模较小的公益一类法人治理结构可由理事会、管理层组成，不单独设立监事会，规模较大的公益一类治理结构除了理事会和管理层外还应该另外设立监事会。规模较小的公益二类法人治理结构可由董事会、管理层组成，不单独设立监事会，规模较大的公益二

类治理结构除了董事会和管理层外还应该设立监事会。其中，理事会和董事会作为公益类事业单位的权力机构，主要职责是制定单位长期发展策略和重要决议，其成员主要包括政府代表、消费者代表和单位职工代表等。监事会主要行使监督职责，负责对理事会、董事会和管理层的监管，可由公益类事业单位专门监管机构、消费者代表及职工代表组成。管理层的主要职责是对公益类事业单位的职员进行管理并执行来自理事会和董事会的重要决策。目前，我国大部分事业单位内部已经建立起法人治理模式，但问题依然存在，这主要源于单位内部没有建立相应的运行机制，为了提高运营效率单位必须在人事、财务、收入分配等方面做好安排。

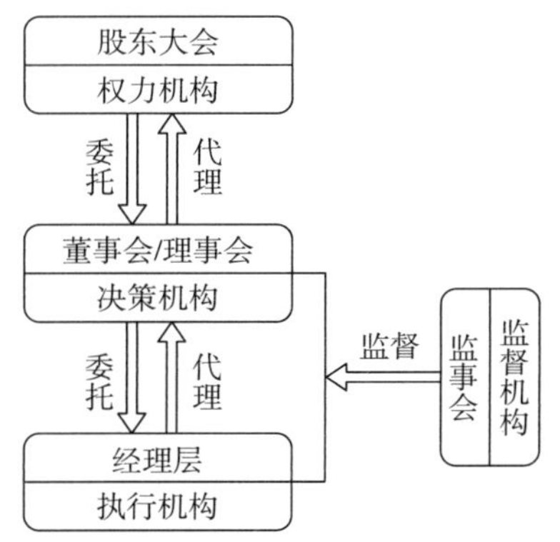

图5－2　法人治理结构

3. 公益类事业单位法人治理运行机制

为了保证法人治理结构的有效性，公益类事业单位应该建立法人治理体系的运行机制。首先，要深化单位内部人事制度改革，建立一套适合社会主义市场经济体制的现代人事制度，解决事业单位效率低下、机构臃肿、人浮于事等问题。其次，要建立合理的财务管理制度，提高资金使用效率，同时要防止单位国有资产流失，促进单位资产保值增值。最后，要建立合理的收入分配制度，解决不同地区公益类事业单位及同一公益类事业单位内部员工收入差距较大问题，使单位员工劳动报酬与实际提供的公共产品和公共服务的质量和效率挂钩，提高单位内部员工积极性和工作效率。具体来讲，公益类事业单位应在人事、财务、收入分配等方面做好如下安排：

第一，在人事方面，首先，政府要保障公益类事业单位的用人自主权利，使其能够真正做到根据自己单位需求独立进行人事安排，单位应切实以全心全意为社会公众提供合格的公共产品和服务为目标，根据政府发布的《事业单位人事管理条例》的规定，采用公开招聘和竞争上岗的方式选择和晋升相关人员，真正做到人尽其用、人岗匹配、宁缺毋滥，坚决杜绝使用“暗箱操作”等方式进行人事安排，保证单位用人的公开、公正和透明。其次，公益类事业单位要建立切实合理有效的人事绩效考核制度，事业单位人事绩效考核与普通企业不同，虽然我国实行事业单位法人治理模式已久，但由于传统体制惯性影响，“大锅饭、铁饭碗”的思想根深蒂固，现有绩效考核并没有起到反馈、监督和激励作用，在未来改革中公益类事业单位要坚定信念，引入市场竞争机制，优胜劣汰，向市场中的普通商业企业看齐。最后，要根据政府政策引导，妥善安置单位落聘人员，解决好落聘人员再就业、医疗、养老等基本问题。对于专门技术人才，可以通过岗位培训增强专业技能等方式提高落聘人员再就业能力，并最终将其分流到同行业工商企业或返聘。对于有能力的落聘人员通过税务减免和创业培训等方式鼓励其自主创业。

第二，在财务管理方面，要不断加强公益类事业单位财务管理意识，尽最大可能用好政府财政拨款，提高资金使用效率。首先，单位要建立科学的全面预决算制度。全面预算是单位进行财务资源配置的根本前提，是各项工作推进和决策制定的依据，因此，在各项工作开展之前，单位要切实做好全面预算工作，由于编制预算会涉及人事、财务、销售、采购等环节，所以各有关方面必须参与预算的编制，结合本部门情况给出客观数据和相关建议。决算是对预算执行情况的反馈，是改进预算的前提，单位应对决算工作充分重视，安排专人负责，不断加强决算管理。其次，要加强单位资产管理，防止国有资产流失，提高单位国有资本运营效率，单位可以成立清查小组，定期对单位资产进行清查，发现资产流失后要及时追查，并严肃处理。最后，要通过培训提高单位财务人员工作能力。财务人员是处理单位财务问题的主体，其工作能力决定了单位财务管理的质量，单位应定期组织财务人员培训，及时更新财务知识，提高财务人员解决问题的能力。

第三，在收入分配方面，单位要结合实际情况做到“多劳多得，少劳少得”，让单位内部职工感受到单位的公平，以提高其工作积极性。首先，单位要做好相关人员的绩效考核工作，公平合理地考量单位职工的劳动贡献状况，为

此，单位要提前建立合理的岗位分析和岗位评价机制，科学地衡量每个岗位的相对价值和岗位职责、任职要求等。其次，单位要建立合理的工资等级制度，目前很多事业单位普通职工和管理层工资差距较大，造成了普通职工工作积极性较差、归属感不强、组织承诺较差等问题，为此，单位人事部门必须在充分内部调查和参考同行业工资的基础上制定出公平合理的等级工资制度，以增强单位职工活力。最后，要解决好离退休人员的工资报酬问题，离退休人员是单位最容易忽视的一个群体，在绩效工资改革后，很多离退休人员的权益无法得到保障，在今后的改革中，单位必须根据政府政策和单位实际情况安排好离退休人员的工资报酬，保证其合法权益。

二、公益类事业单位治理原则

（一）政事分开、管办分离原则

公益类事业单位改革就是要实现单位运营的市场化，使市场在治理中发挥主要作用，在这个过程中，政府要学会调整自身角色，划清与公益类事业单位的界限，明确各自职责，避免对公益类事业单位的过度干预，使其真正成为独立的市场主体。政事分开、管办分离是在市场化改革背景下对政府提出的客观要求，是建立法人治理结构的前提，其落实的效果将直接决定公益类事业单位的改革成效。另外，在未来改革实践中，我们不仅要关注中央政府，地方政府的政策落实情况同样应引起我们注意，这样才能使各层级公益类事业单位能够真正实现自我管理，轻装前行，提高运营效率。

（二）分权制衡原则

公益类事业单位建立现代企业制度后，和普通商业企业类似，也会面临委托代理问题，合理地安排各方权利和义务是提高公益类事业单位治理效率的前提。在实践中，董事会、经理层、政府等各方的权利必须合理分配。董事会或理事会应拥有单位重大决策权利，有义务把控单位未来的发展方向；经理层拥有执行权，负责单位的日常运营和管理；政府则主要履行出资职责，要避免对公益类事业单位运营的过度干预；监事会应承担起对董事会、理事会和经理层的监督职责，要保证决策合理和执行的高效率。分权制衡是公益类事业单位建立法人治理结构的必然要求，同时也是协调各利益相关者关系的重要机制，在以后的改革实践中，我们必须要牢牢把握这一重要原则。

（三）公益属性原则

《中共中央 国务院关于分类推进事业单位改革的指导意见》中明确规定了只有从事公益服务的事业单位才能继续保留在事业单位序列中，可见政府对事业单位的定位是明确的。公益类事业单位始终保持公益属性，一方面有利于单位将精力投入到提高公共产品和服务的质量上来，满足新时代人民群众日益增长的公共服务需求；另一方面也有利于政府对其规制管理，提高公益类事业单位的监管效率，解决单位定位不清、运营效率低下等问题。公益类事业单位保持公益属性是政府在改革实践中总结出来的宝贵经验，是公益类事业单位健康发展的前提。在未来改革实践中，特别是涉及组织形式方面变革的时候应充分考虑到公益类事业单位的公益性，以将其社会功用发挥到最大。

（四）多元治理原则

公益类事业单位应该始终坚持多元治理，因为不同的治理方式都存在一定程度的失灵，市场在完全竞争条件下是最有效的，政府治理容易造成监管的低效率和政事不分，社会公众和第三方机构由于信息和权利所限也不可能独立完成全部监管工作，多元治理可以使各方面取长补短实现对公益类事业单位监管的全覆盖。虽然目前多元治理的架构初步形成，但是由于缺少统一协调整合，各方面并没有实现协同作用，形成统一的有机体。在这种情况下，政府行政机构应该承担起协调各方面工作的责任，做到科学立法和合理的政策制度安排，把各方面真正糅合为统一的整体，发挥出多元治理的最佳效果。同时，各方面也应该恪守行业准则，并积极响应政府各行政机构制定的政策法规。

三、公益类事业单位治理模式构建

公益类事业单位治理模式的构建需要在营利/非营利及公立/私立两个维度中分析，可以看作政府与市场之间相互作用、相互影响的结果。一直以来，“政府干预还是市场调节”是经济学理论和实践中存在的争议问题。政府干预的主要作用在于纠正各种各样的市场失灵现象，如垄断势力、负外部性、信息不对称、公共服务供给不足等。然而，严重依赖政府单边治理会造成政事不分、事企不分、政资不分、官僚主义等现象。市场调节是实现资源合理配置最有效的手段，通过市场机制可以缓解或解决目前我国公益类事业效率低下等问题，提高公共服务的质量和效率。然而，过度市场化会导致某些领域存在高收费现象，借国家资源以公共服务之名营利。良好的治理模式并不是在政府和市场之间做出唯一的选择，而是在政府和市场之间进行平衡和结合。我国公共服务涉及领域十分广泛，每个领域的特点和供给方式也有所差异，因此单一的治理模式不能适用和匹配所有公共服务产品。要实现公共服务效用最大化，就要针对不同的公共产品的属性及特点，采取不同的供给方式，建立有针对性的治理模式。我国的公共服务供给体系应是政府和市场体制合作的不同组织形式的连续统一体。不同组织形式应具有不同的治理结构模式和治理体制。综合考虑公益类事业单位的供给体制、运营体制，以及公共服务的共用品特性、规模、服务范围和服务特点等因素，可将未来的公益类事业单位治理结构模式分为政府治理、联合治理、理事会治理、合作治理和董事会治理等。政府治理模式主要适用于公立非营利情况，针对市场无法发挥作用的领域，例如公共安全领域，如外交、国防等；联合治理模式适用于公立非营利模式，例如教育、医疗、文化等领域；理事会治理模式适应于我国的公立医院和公立学校等领域；合作治理模式更多地体现在政府购买，采用公开招标、定向委托等方式，将部分公共服务项目转移给非营利组织、企事业单位、私营单位等；董事会治理模式主要针对公共服务中的私立营利性组织（见表5－2、图5－3）。

表 5－2　多种治理模式比较

	政府治理模式	联合治理模式	理事会治理模式	合作治理模式	董事会治理模式
政府、市场的职责及作用	政府为主导，市场作用小。政府负责投资、建设、运营	政府为主导，市场作用小。由联合政府实施投资、建设、运营	政府投资建设，组织内部在市场体制下自主运营和管理	政府和市场同时发挥作用，共享资源，共同出资建设和运营	市场为主导，政府干涉小。组织内部自主筹资、建设、运营
内部治理结构	依据不同领域设立专门的公共服务政府机构，自上而下垂直管理。政府拥有绝对决策权和管理权	设立跨行业、跨区域的联合政府机构或委员会，对公共服务统筹监管。政府拥有绝对决策权和管理权	由理事会和管理层组成。理事长由政府任命，拥有最高决策权，管理层处理日常事务，对理事会负责	政府和企业达成合作。政府拥有决策权，企业间形成市场竞争。多采用公开招标、定向委托等方式	由董事会和管理层组成。董事会拥有决策权，由股东会民主选举。管理层负责日常事务，由董事会任命
监管体制	政府监督，立法约束；社会媒体监督	政府监督，立法约束；联合委员会监督；社会媒体监督	政府监督，立法约束；行业协会监督；社会媒体监督	政府监督，立法约束；行业协会监督，社会媒体监督；市场体制	立法约束；单独行业监管机构；社会媒体监督；市场体制
定价体制	政府定价，由行业主管部门根据投入、建设、运营等成本调控价格。定价以公益性为主	由联合委员会定价部门制定价格体制，同时地方政府对收费标准进行干预和调控	政府出台行业定价原则和标准，并融入市场定价体制，政府监管机构适当干预和调控	服务价格部分由市场决定，形成价格标准；垄断性服务实行政府指导价或政府定价	完全市场化定价机制。政府较少干预和控制。当出现市场失灵情况时，政府出面调节
资金来源	政府财政拨款；根据公益性原则收取少量费用或不收费	政府财政拨款；根据公益性原则适当收费	政府出资建设；收取适当费用弥补运营成本	政府投资付费；企业自主融资；市场化收费	企业融资；银行贷款；发行债券和股票；市场化收费
适用行业	公立非营利。针对市场无法发挥作用的领域，例如公共安全、外交、国防等	公立非营利。适用基础卫生、义务教育、文化领域，保障公民的基本社会福利	适用于医疗和高等教育，如公立医院和公立大学等	适用于公共基础设施的建设，如道路、铁路、机场等	私立营利。例如私立医院和私立学校，以社会和经济效益为最终目的

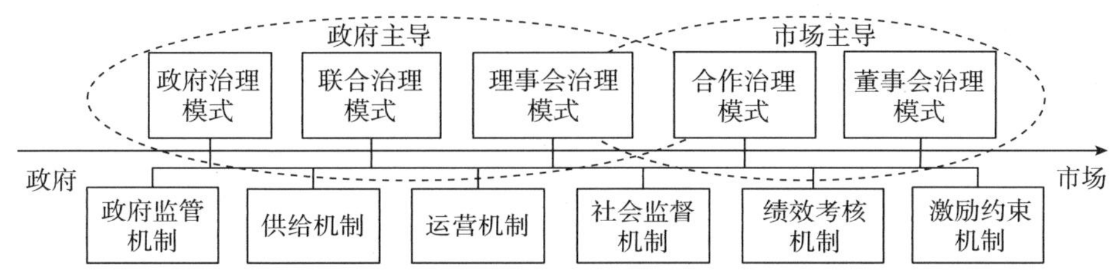

图 5－3 公益类事业单位治理模式的连续统一体

（一）政府治理模式

斯托克治理理论认为，治理的最终目标在于保证社会的秩序。因此，治理的产出与统治并没有本质上的差别，即使有差别，也只是过程的不同。而维护社会秩序的核心力量来源于权力，政府是国家权力的唯一拥有者。所以，治理模式的选择可以说是政府对自身的改革和重新定位。该理论肯定了政府在治理中发挥的重要作用，因为政府具备强大的财政资源，在治理环节中承担“元治理”角色。所谓元治理，就是指政府在治理国家时承担着制定发展方针、确立长远目标、协调公共关系等职能。中国人民大学张成福教授在《责任政府论》中也强调了政府责任的内涵，政府是治理的主导力量。尤其在面对市场失灵时，市场配置资源不能实现资源的最优配置，在部分教育和医疗等公共服务行业，还出现了过度市场化的现象，追逐营利性目标，导致政府和市场的错位。目前我国部分教育和医疗行业出现费用不断上升的现象，就是公益类事业单位过度市场化的后果。政府的公共服务目标是实现社会福利最大化，因此，对于市场无法发挥作用的领域，例如公共安全领域，如国防等，政府应占据主导地位，构建有效的政府治理模式，利用政府的合法权力保障社会公共服务的有序进行。

日本的公共服务模式就是政府主导型。该模式主张由政府直接提供公共服务，并对其他供给主体实施干预，对项目设立、资金来源和服务方式等进行干预，并且通过完善的法律制度对公共服务的相关内容和领域进行了规定。财政拨款是日本公共服务的主要资金来源，不仅为政府机构的基本公共服务提供支持，还为民间组织的非基本公共服务提供充沛资金。同时，日本各级政府积极建立非营利组织，仅地方政府每年创办的非营利组织就有百余个。日本的基本公共服务领域和非基本公共服务领域划分明确。基本公共服务领域主要针对社会公益性较强的领域，重在体现政府基本职能，包括小学和中学的基础教育、一定比例的高等教育、卫生医疗服务、基础科学研究、公共文化活动等。其余的公共服务均属于非基本公共服务的范畴，包括宗教信仰、公益慈善项目、经济贸易服务、特殊需求的教育和医疗服务、私立大学及部分边缘性科研事业等。基本公共服务领域的治理体现在公法人机构，属于日本政府的公务员性质，主要履行基本公共服务的供给职能；非基本公共服务领域的治理展现出更多的灵活性，日本政府提倡多元化的公共服务供给主体共存，主张具有民间公益法人资格的企业、营利性组织和非营利性组织共同提供公共产品。

法国公立医院治理模式同样以政府为主导，市场作用小。政府负责投资、建设、运营，对公立医院的人、财、物实施管理。虽然管理模式采用董事会制，重大事项由董事会决策，日常运营由医院院长决定，但董事长由政府官员兼任，高级管理层任命由卫生主管部门审批。法国公立医院的主要资金来源依靠财政拨款，政府根据医疗活动数量向医院拨款。定价方面由政府掌管的医疗保险机构支付大部分医疗费用，患者个人支付小部分费用，政府对收费标准进行直接干预，实行项目付费制。监督模式主要采取政府监督、立法约束、医疗保险机构监督和社会新闻媒体监督。

我国公益类事业单位的政府治理模式更接近于日本的公共服务模式。由政府主导，承担供给、出资、建设、运营等职能，为社会提供普遍性基本公共服务，政府的责任从微观上升到了宏观。政府治理模式强调了政府的功能和特性，加强了政府部门之间的协调沟通，力求各公共服务与管理部门之间权责明确、相互协作，更好地满足民众的公共服务需求，提倡政府治理“从分散走向集中，从部分走向整体，从破碎走向整合”。政府治理的原则、组织结构及目标不仅仅以管理过程为导向，而更应该以解决问题为指导方针，不仅仅履行管理职责，更是为了满足公民需求，提供服务，依照公民的实际需要明确服务方式，进而建立起周密而明晰的服务网络，形成有条不紊的服务机制，统筹规划，合理布局，充分使用社会资源，避免政府治理可能带来的碎片化和片面化问题，最大限度解决政府管理链条过长和服务空心化问题，提高政府治理的效率和质量。

该模式的资金来源主要为财政税收，由政府出资创建，提供运营，政府为主要供给主体，并出台相应的法律法规对公共服务的内容与方式进行界定和指导。成立专门的公共服务监管机构，加强外部监督，吸纳社会监督力量。公共服务的

提供是市场与政府共同作用的结果，当两者比例失调时，市场经济条件下也会出现“市场失灵”的情况，导致资源配置不均衡，因此需要政府的干预和补救，这就是政府治理模式存在的基础和必要性之所在。但该模式容易造成公益类事业单位的官僚化和行政化，因此应该建立科学的决策体制，明确资金投入、资金使用及与利益相关者的关系，同时应学习国外的资金来源方式，例如拉美国家通过收取特定的税款，如环境税和罚款对公共服务进行补贴。同时，通过广告投放来获取充沛资金，并对公共服务的价格实行浮动价格制，高峰时高票价，低峰时低票价，以此控制公共服务的容量。另外，政府为提高公共服务质量，制定了一系列激励政策，避免政府治理模式带来的僵化和低效等问题。政府治理模式虽属于传统治理模式，但也应该学习国外的先进经验不断创新，不断提高服务质量。该模式适用于公立非营利情况，针对市场无法发挥作用的领域，例如公共安全领域——外交、国防等。

（二）联合治理模式

联合治理模式源于府际关系理论，也叫政府间关系。我国关于政府间关系的研究近些年才得以重视和关注，而国外关于府际关系很早就展开了研究，最初以美国专家学者为首，对横向政府关系和纵向政府关系都展开了探究。如多麦尔就在《管理地方政府的政府间关系》一书中阐述了美国政府间的纵向和横向关系。他提出，纵向政府间关系主要是两个体系的总和，即宪法与法律体系，其实呈现的是一种命令与服从的关系。文中还指出：“如果说政府间关系的纵向体系接近于一种命令与服从的等级结构，那么横向政府间关系则可以设想为一种受竞争和协商的动力支配的对等权力的分割体系。”Helen Sullivan 和 Chris Skelcher 描述了英国地方跨区域合作的动机和演化过程，从政治层面、运作层面、财政层面分析影响政府间跨区域合作的重要因素，采用契约、伙伴关系及网络三种形态，建立有效的合作机制和协同发展组织，同时运用公司治理的相关理论，为政府间的高效管理与合作提供科学发展途径。

随着全球化和区域化的发展，市场变得无界化，公共管理开始突破单位行政区划的限制，社会公共服务表现出一种高度的渗透性和融合性，客观上更多地针对地方政府间建立相互协调的跨区域治理模式。因此，各个国家的地方政府开始关注区域联合合作。在跨区域治理模式中，纵向政府间进行统一规划，横向政府间进行协调合作，改善了区域性公共物品的碎片化供给现状，同时增强了公共产品的质量和效率，是对社会资源的优化配置和再整合。然而，跨区域合作模式并非适用于公共服务的所有领域，需要结合公共产品的属性和特征。针对我国公立非营利的公共服务领域，如文化、医疗、教育等，我们需要建立一种联合治理模式。联合治理模式是跨行业、跨区域的联合政府治理。联合政府治理模式成为政府治理模式的创新升级版，并被很多国家提倡和实行，是现代政府治理模式的成功改革，并取得了一定的效果。发展并完善跨行业、跨区域的联合政府治理是当今复杂的经济形势下，政府走向现代化、共享化进程的标志。因为公共服务并不是局限在某一区域内进行的，而是需要各行业、各地域间进行优势互补，共享信息，借鉴经验，并形成一定的规模优势，从而降低公共服务的成本，合理配置资源，产生“1+1>2”的效果。提供一体化的连续性服务，解决地域排外或实现共同环境保护等问题，就要求各级政府之间摆脱行业和地区的局限性，建立跨部门的联合治理模式。虽然实现跨区域合作，通过网络化运作和多元主体联合治理是各国的发展方向，但在实际治理当中，不同的国家会依据不同的国情选择不同的行业和地域进行联合治理。根据联合治理的协调方式、治理目的、运行规则、具体分工和反馈措施等方面的差异，先后出现了英国的协同治理、澳大利亚的整体治理、加拿大的横向治理和美国的协作治理等实践模式。

加拿大的横向治理模式主张团队合作的联邦主义精神，各级政府之间是相互平等的关系。横向治理强调的是联邦政府内的横向性，主张通过政府间的协调合作解决面临的共同困境和难题。横向治理的优势在于融合，通过相同的目标和愿景，将不同组织内和不同职业的人才整合起来，实现知识和信息的共享，提倡团队合作精神，形成共同文化并培养信任感。加拿大的横向治理包括政策开发、公共服务及监督管理等方面，通常在各级政府之间、单个或多个部门和机构之间形成，通过互助与协调增强了等级机构治理的灵活性，弥补了体制僵化的“短板”，达到风险分担、收益共享的“双赢”效果。其是通过内部依赖而非权力关系，通过谈判合作而非强制控制。横向治理模式的应用主要集中在跨部门间的绩效监督和责任机制构建层面。

美国的协作治理模式是在跨部门合作过程中逐渐走向民主化和市场化，强调平衡所有利益相关者之间的职能分工和协作方式，具体包括决策机制、运营机制和监督机制等。面对综合多变的社会环境，加强跨部门、跨区域、跨行业的协同合作，逐渐形成了主体多元化的协作治理模式。例如，美国的国家海洋协作治理

模式是由治理协调委员会、咨询专家委员会、国家信息管理系统平台及各种协作部门机构组成的，并成立了专门的办公室进行规划和协调，力求在政府部门、社会企业、非政府组织之间建立有效的合作网络，统筹布局，统一规划，共同解决面临的海洋生态建设与保护问题。

针对我国国情，可以通过建立联合委员会，对不同地区的文化、医疗、教育等公共服务领域进行统筹监管，统一决策各个公共服务产品的资金来源、价格制定和运行体制。联合治理模式依托于财政拨款，以政府为供给主体，内设有综合监管机构。该模式既保留了政府治理的权威和权力，又形成多行业、多区域的良性互动和彼此监督，加强行业间的资源共享，节省了政府的人力和财力资本，有效防止官僚主义和贪污现象滋生，提高了公共服务质量。该模式适用于公立非营利模式。例如，北京市海淀区成立了公共服务委员会，专门管理公共服务事业单位。医院、图书馆、文化馆、博物馆等29个公共服务事业单位从卫生局和文化委两个政府部门中分离出来，由公共服务委员会综合管理，通过对公共服务资源进行科学整合，内部资源配置转化成全社会资源配置，有效加强了资源利用率。

（三）理事会治理模式

国外学者对于理事会治理的研究起步较早。Dalton 等（1998）通过代理理论证明，改变理事会的治理结构能减少其代理成本，有效调节资源配置。对此，Miller（2003）做了进一步阐述，证明理事会治理模式有利于增强组织的筹资能力，丰富组织的资金来源，加强组织的外部联系，并对组织的形象提升等方面均发挥着重要作用。很多学者通过实证研究证明了非营利组织的绩效和理事会治理结构之间存在显著的相关性。理事会是非营利组织治理的核心，在非营利组织的发展中充当向导角色，不但进行战略决策，同时承担着筹集资金、资源配置等职能。在外部，负责加强非营利组织与外界的资源流动和观念互动；在内部，负责制定组织的战略发展方向并实施监督和风险管控。

美国波士顿公共图书馆理事会模式为公共服务治理模式的探索树立了成功的典型。该模式由理事会确定图书馆的发展规划，全面渗透了现代管理的思想，对公共文化的宣传和继承发挥了重要作用。波士顿公共图书馆理事会由一名主席和五名理事构成，任期均为五年，主席由市政府选举产生，理事由市长任命。这些理事会成员都具有比较权威的社会地位，如文学史专家、教育家迪克纳，哈佛校长埃佛蕾特，著名作家詹姆斯·卡罗尔等，他们均在经济、文化、教育等领域有所建树，拥有足够的知识和能力为公共图书馆的发展提供智慧。波士顿公共图书馆运营的费用包括财政拨款，同时理事会的信托基金也承担了很大比重。波士顿公共图书馆建立数百年仍积极、健康地运营，与建立的理事会管理模式密不可分。在图书馆理事会治理模式中，地方议会承担了法律保障的角色，由图书馆自主承担具体的日常经营活动，理事会的职能是为图书馆确立发展目标和愿景、提供资金支持、对重要决策进行审议和把关。理事会成员由波士顿市长委任，并向市长提出关于图书馆经营与管理的意见与建议。公共图书馆理事会制度有效实现了政府促进全社会参与公共图书馆的管理。

大英博物馆也采用了理事会模式。1963 年英国国会通过了“大英博物馆法”，以法律形式确立了大英博物馆的法人团体是大英博物馆理事会，理事会有权利对大英博物馆实施管理和控制。通常每届理事会由 25 名成员组成，大部分成员由女王、首相委任，其余成员由英国皇家学会、皇家研究院、英国科学院和伦敦文物学会提名，最终由博物馆理事会确定。大英博物馆直接受英国文化、传媒和体育部门的直接领导，其资金主要来自英国政府。理事会成员在社会中均享有一定声望，博物馆或国家并不向他们支付薪水，也就是说他们所承担的工作是无报酬的。理事会不负责博物馆的日常事务，通过定期开会指导和控制博物馆事务，制定博物馆短期和长期发展规划，选择聘用博物馆馆长并检查博物馆馆长执行计划情况。

理事会的组织结构通常包括国家政府部门、企业、各行业协会及商会。因此，理事会是一种将政府和市场紧密结合的治理模式，既融合了政府的指导和帮助，同时也加入了市场竞争机制，更加科学、有效、灵活。理事会治理模式是由政府选举任命、组织内部自主管理的模式。该模式明确划分了理事会与管理层之间的权责关系，对利益相关者进行约束和激励，从而提高工作效率，实现公益类事业单位的蓬勃发展。该模式下，事业单位的所有权属于投资的政府机关，控制权属于内部管理层，拥有相当的自主权，经营模式比较灵活，可以有效实现分权制衡。理事会治理模式的资金来源主要为财政支出，供给主体以公有为主，但引入了市场体制和竞争体制，实现自主经营，通过政府机构进行有效监管。理事会模式适用于我国的公立医院和公立学校等领域。例如，公立医院理事会分为外部理事和内部理事，外部理事主要包括政府部门、人大代表、政协委员等，内部理事包括执行院长、专家及职工代表，主要履行公立医院经营决策、年度财务预决

算审定等职能。

理事会治理模式主要针对国家政府部门、地方政府及相关部门、学术研究机构等，与董事会性质不一样。除了政府部门作为理事会主体，还加入了社会公众，提高了民众的参与度，使公共服务趋于透明化，决策体制更加客观、科学，政府部门便于了解公民的诉求，同时也有助于发挥社会监督力量，提高公共服务质量。例如，济南市召开公共文化机构理事会，市图书馆理事会首届理事为15人，市群众艺术馆、市美术馆（济南画院）理事会首届理事均为13人。理事候选人包括了政府部门代表、社会公众代表和馆方代表，其中社会公众代表所占人数最多，通过社会公开招募的方式产生，充分体现了理事会群策群力的宗旨。政府部门代表和馆方代表主要通过相关部门委派、推选等方式产生，保证了公益性文化事业单位法人自主权，突出了公共服务功能，进一步增强了公共服务的发展活力。

（四）合作治理模式

在公共服务供给方式的探索中，最早采用的是传统的以政府为主体的供给方式。长期处于政府单边治理导致公益类事业单位缺乏市场竞争机制，凭借政府的长期垄断和特权地位，导致资源配置不合理，私营企业、民间机构等很难进入公共服务市场。同时，竞争机制、淘汰机制的缺乏使很多运营效率低下的企业难以快速退出市场，浪费了社会资源。缺乏完善的定价机制，导致公共产品定价过低，难以通过价格激励提高公共服务质量。长此以往，政府为主体的公共服务供给过程必然引发“政府失效”。

关于公共服务供给问题的探索，还要结合交易成本理论。公共服务的交易成本是指公共服务部门和机构建立公私合作的方式为民众提供公共服务产品过程中所消耗的全部成本。传统的治理模式中，政府垄断公共服务产品会导致交易成本的增加。仅凭政府内部协调和组织必然会浪费大量的社会资源，因为政府在实现公共服务供给的过程中，往往强调投入而忽视了产出，无形中造成资源浪费，出现成本与收益不对等的现象。而交易成本理论针对委托人与代理人之间可能牟利的结构与环境因素（如信息不对称、有限理性及少数议价等）选择恰当的公共服务治理机制，即市场机制或政府内部体制。如果产品或服务的供给者具有较明确的行为，产品或服务的数量和质量易于衡量，且存在较多的潜在供应商，则采用市场机制；如果产品或服务具有一定的特殊性，则应该采用政府内部机制。

关于供给的理论研究中，美国经济学家 J. M. Buchanan 等丰富了新公共经济理论，提出了公共选择理论。该理论突破了传统经济学的局限性，即忽略了政治制度对于经济环境的影响，而是融合了市场制度行为和政治制度行为，这种思想强调了供给方式的多样性和选择性，主张通过平衡市场与政府力量，形成公私之间合作协调和良性竞争的局面，市场力量的加入有利于打破政府垄断，对传统政治制度的缺陷进行了修正和弥补。政府减少对部分行业和领域的控制，把主要精力和资源投入到核心项目，其他供给服务走向市场化。公共选择理论的中心思想就是平衡政府与市场，以实现供给方式的灵活性和全面性。

合作治理模式是一种渐进式、公有为主导的公共服务市场化模式，以欧洲国家为主，供给特点在于政府主导的有限市场化。北欧各国的公共服务供给，特别是社会保障等基础领域，完全由政府决定，通过高税收、高福利、高干预等手段，对代理机构进行有效监督和把控。针对邮政服务、电力运输、天然气批发等行业做出明确规定和限制，这些领域的公共服务产品有些是由国家直接投资的国有企业提供，有些则通过政府采购等方式来提供。欧洲大陆国家的公共服务供给主体分为行政性公共机构和商业性公共机构。部分国有部门开始逐步允许私人资本进入，但政府仍然占据主导地位。政府通过建立相关的法律制度，规定其公共产品的准入领域和行业，明确参与公共服务的资格和条件，并对数量和质量提出要求，对非营利组织和私有企业的行为进行监督。在公共服务中，政府既是规则的制定者，也是服务的供给者，同时也是服务的监督者。

美国的公共服务合作治理模式主要通过 PPP 项目，针对部分公共基础设施的建设和维护，资金来源和日常经营活动均由私人部门负责。前期的 PPP 项目应用并不广泛，只涉及比较小的基础设施领域。随着 PPP 项目的发展和推广，其适用领域和行业不断拓展，包括道路、桥梁、管道、供水设施的建设和维护，甚至教育系统、国家安全领域也都开始适当地引入 PPP 项目。目前，美国有一半以上的州开始完善 PPP 项目的法律制度，其中得克萨斯州、弗吉尼亚州和佛罗里达州积累了较为成熟的实践经验。

法国对于合作治理模式的应用主要是通过委托管理。在合作过程中，政府拥有基础设施的控制权和所有权，对项目合同的内容进行核实，并监督合同的履行状况和完成质量。特许经营是委托管理的重要方式之一。在招标项目中，合作企

业应该履行招标规则，并自主承担基础设施建设和维护项目的资金来源和运作管理，政府扮演监督的角色，不再干预具体的经营活动，而项目的风险也由合作企业一方独自承担。这种合作治理模式结合了行政管理和市场运作的优势，在政府部门和私营部门之间建立起良好的互利关系。

合作治理模式是政府与市场的相互作用，通过公私合作达到均衡。对于公共服务领域来说，公共基础设施的建设需要耗费大量的资金，资金来源是项目启动的前提和保障。资金紧缺造成政府财政压力巨大，由此引发项目的暂缓和停滞，阻碍了很多经济效益和社会效益良好的项目顺利进行。这种问题在发展中国家比较常见，在公共服务提供的初期，不周密的计划和筹备工作，以及有疏漏的项目开发分析，甚至政治环境欠佳或者个人动机的影响，可能导致财政资金没有得到合理配置和使用，浪费在不良项目上，资产耗费过大，项目成本过高，服务质量低下，进而获得的收益不能弥补项目的成本。对此，公私合作模式可以凭借其治理特点发挥良好的优势。第一，私营部门的投资方和经营者会对项目的可行性进行充分的研究和分析，并凭借自身丰富的经验和对利润最大化的追求动机，能够相对客观、准确地对成本和收益状况进行评定和预测，特别是对项目开发过程中的资金渠道进行严格、充分的调查和甄别。所以，公私合作的招标过程能够淘汰掉那些不良项目，为公共服务提供最基本的保障。第二，私营部门具有更丰富的实践经验和更明确的服务动机，同时也拥有更多的精力和资金满足公共服务的需求，在争取项目过程中会不断提供更加有效的建议和方案，为民众提供更优质的服务。第三，私营部门具备更强的灵活性，在对公共服务设施的构想、搭建、实施，以及建成后的维护与检查方面都表现出更强的积极性和主动性，为民众提供质量更好的公共服务产品。实践经验指出，通过对比公私合作项目和政府采购运行项目的实施效果不难发现，公私合作模式可以创造更优质的服务质量。当然，公私合作项目的推进需要政府部门的政策支持和有效监督，政府不仅需要在公私合作招标中营造公平的竞争环境，同时还要形成完善的公私合作体制。

资金来源于财政税收和市场收费，形成政府、国有企业、公益类事业单位、私营企业、非营利组织等多方供给主体，政府需要建立单独的监督机构进行有效监管，同时需要设立独立的公私合作管理机构，检查参与项目的私人部门是否满足招标条件，并随时跟进项目的进展，协调政府机构与私人部门之间的关系。随着公共事业的发展，政府和市场都无法独自解决公共服务过程中出现的各种问题，单一的资金来源不能满足公共事业的发展要求，因此，加强政府、市场及第三部门之间的协调合作，共享资源、共担风险，是实现公共福利最大化的有效途径。合作治理模式更多地体现在政府购买，采用公开招标、定向委托等方式，将部分公共服务项目转移给非营利组织、企事业单位、私营单位等。可以通过建立完善的激励体制扶持私营企业参与项目合作，同时贯彻政府提出的提供高质量公共服务的宗旨，合作治理模式有利于加强基础设施的后期维护工作，因为公私合作项目可以将基础设施建设与日常的检修维护捆绑在一起，成为合同的执行内容。阿根廷公路维护就采用了这种捆绑方式，在业绩合同中加入了阿根廷公路的日常维护和修复工作，不仅全部达到政府规定的标准，而且为阿根廷政府节约了30%的公路维护费用。

（五）董事会治理模式

董事会治理模式是一种市场主导型的治理。该公共服务模式强调了竞争择优，走向完全市场化。英美的公共服务模式趋于一致，在20世纪70年代中期以前一直秉持着政府主导，建立代理机构，直到20世纪70年代后期引入了市场竞争机制来改变过度官僚化造成的效率低下和财政压力，传统的公共服务开始走向民营化，较少依赖政府提供公共服务。美国的民营化更偏向于放松规制，而英国的民营化则通过出售国有企业实现非国有化。市场主导型模式衍生出多种形式，包括合同外包、特许经营、非国有化等，资金来源也呈现多元化。非营利组织成为公共服务中的重要部分。英国和美国多采用董事会的治理模式，决策权掌握在股东手里，管理层的任命与聘用主要由董事会决定，实现了公共服务决策和执行分离，通过竞争机制实现服务定价。

以公立大学为例，英美两国的董事会治理模式主要以市场为主导，政府管制弱化。大学内部自主筹资、建设和运营，引入市场竞争机制。管理层由董事会、管理部及教授会组成。重大事项由董事会决策，董事会一般由校外人员组成，公民选举产生；校长和其他管理层负责日常事务。资金来源包括政府财政拨款，同时吸纳社会各界包括校友会、基金会、各类企业提供扶持；受教育者自己承担教育经费。监督方式主要采取政府监督、立法约束、非政府认证机构监督和社会媒体监督。

以公立医院为例，英美两国的董事会治理模式同样以市场为主导，政府干涉

少。医院主要采取自主融资、建设、运营，并引入市场竞争。采用董事会制度，重大事项由董事会决策，日常运营由高级管理层决定。董事长和高级管理层均由董事会内部自主提名、选举和任命。资金来源主要包括政府财政拨款，大型建设项目通过资本市场发行债券融资，向患者进行医疗服务市场化收费以获取利润。公立医院的定价方式遵循市场机制。

国外公共服务的治理模式经历了漫长的改革，形成了相对完善合理的治理模式。例如英美国家，政府的角色已经从供给者逐渐转为监督者。首先，西方国家借鉴公司治理的思路，在公共服务领域建立了董事会治理模式和内部运营制度。其次，政府从管理者的身份转换为决策者和监督者，可以更好地履行政府的公共服务职能，同时又提高了公共服务的效率。董事会治理模式的建立使公共服务吸收了企业管理的优势，趋于科学化、专业化和效率化，政府可以从日常事务中解脱出来，着眼于重要领域和行业，公共服务机构建立完善的组织架构，更利于权责分明，建立更为科学的决策体制，提高公共服务的质量和效率。随着我国公共服务需求量的日益增大，市场在社会资源配置中的作用越来越强，只有引入市场机制，顺应市场要求，改变传统的治理模式，才能实现公共服务的惠及。

我国的董事会治理模式主要针对公共服务中的私立营利性组织，是以市场为主导的治理模式。该模式资金来源于市场价格机制下的公共产品收费，供给主体以私营企业为主，除了组织内部监督，还受到政府和行业机构的监督。近年来，市场对国家资源配置的影响力越来越强，随着市场经济的发展和变化，公共服务领域应引入市场竞争机制，打破政府的长期垄断势力，推进公共服务市场化运作，在公共服务的管理方式中融入企业化元素，有效提高公共服务的运作效率。把公司治理的思维应用于公益类事业单位的改革中，既顺应了市场机制的需求，又增加了社会成员的参与度。董事会治理模式主要适用于私立医院和私立学校等，社会效益和经济效益是最终目的，市场竞争力强，更注重消费者需求。因为我国的公共服务事业的定位是为公众提供良好的公共服务产品，以实现社会福利的最大化，因此公共服务的董事会治理模式与现代企业的董事会治理模式有所差别，公共服务机构应禁止将获得的收益和利润分配给个人，工作人员的薪酬水平不与公共服务的经济收益挂钩，内部的财务制度也以均衡为原则，获得的盈利应该投入到公共服务事业的发展中。

第六章　公益类事业单位治理模式运行机制及保障措施

公益类事业单位目前普遍存在组织形式单一、所有者缺位、内部人控制等问题，同时部分公益类事业单位以公共服务的名义营利。原因在于公益类事业单位尚未建立有效的治理结构，因而未能清晰界定并规范内部和外部利益相关人的职责和权限。从内部来看，严重依赖政府的单边治理导致管理模式过于官僚化，缺乏有效的监督机制、竞争机制和决策机制。从外部来看，法律机制不健全，监管机制不健全，市场机制没有发挥实际作用。同时，利益相关人的参与机制缺失导致消费者的参与度和外部监管程度低下，影响了公益类事业单位深化改革的推进。有效的治理结构通过建立科学合理的决策、执行和监督机制，可以解决目前公益类事业单位存在的诸多问题。因此，治理结构的建立和运行将是推进我国公益类事业单位改革的一个重要突破口和切入点，同时需要建立一系列保障措施为公益类事业单位治理模式的顺利进行保驾护航。

一、我国公益类事业单位治理模式运行机制

公益类事业单位治理模式的多元化意味着原本政府主导的单一的运行机制需要改善和变通。为了减少公共服务产品从产生到供给、从决策到执行过程中的低效与滞后问题，公益类事业单位治理机制应该从政府监管、强制约束、供给、运营、激励约束、绩效评价、社会监督等角度来考虑，针对不同的治理模式，建立相应的治理机制。对我国来说，公共服务的发展需要社会各方面力量的参与和支持。国外公共服务部门在社会资源和社会力量的积极帮助下，才逐渐形成完善的服务体系和高质量的公共服务。我国事业单位改革应同时兼顾政策方面的扶持和

推进企业化的运作管理，吸纳社会各阶层的力量，促进公共服务领域的持续发展。

（一）政府监管机制

政府监管也称作政府规制或政府管制，是政府运用法律、行政、经济等手段对市场主体进行的监督和管理，以实现某些公共政策目标。建立健全的监管机构和监管体系是公益类事业单位改革的重点。目前，我国公益类事业单位的政府监管体制主要采取行政手段利用行业机构进行监督，监管方式单一。目前，公益类事业单位存在管办不分、政监不分的现象，缺乏有效的监管机制。行业主管机构既是运动员又是裁判员，无法协调处理市场、政府、事业单位和消费者之间的关系，也无法有效保护消费者的权益。一是行业主管机构与公益类事业单位存在信息不对称现象，无法有效履行监管职能。二是政府单边治理模式下，行业主管机构与公益类事业单位形成垄断的封闭体制，竞争机制很难被引入，从而失去监管意义。三是公益类事业单位的监管职能被分散在不同产业的监管机构中，彼此各自为政，缺乏统一有效的协调，出现越位、错位现象，导致监管效率低下。例如，一些事业单位在政府授权下成立了各种督察执法大队，如城管巡查大队、水政监察大队等，承担了本应由政府机关行使的监督职能，导致政府和事业单位职能交叉、错位。目前我国的政府监管机制减弱了公益类单位的管理自主权，降低了管理效率，并且阻碍了其自身的发展，也阻碍了其深层次的改革。有时公益类事业单位处于两难境地，必须服从在登记、生产经营方面政府严格的行政化管理，以得到自身发展的资金和政策扶持。

政府应建立综合性跨行业的联合监管机构，实现跨行业、跨地区的综合监管。同时建立市场运行机制，对公益事业经营情况、资金收益状况等进行有效监督。政府应注意保持公益类事业单位的独立性，在进行规制时，既要依法，又要注意各职能部门的独立性，完善公益类事业单位的内部治理结构。同时完善信息公开制度，定期向监管部门报告和向社会公布经营情况、资金流向，接受政府和社会的监督。同时通过设立独立监事、外派审计人员等措施，加强外部监督，促使其提供优质高效的公共服务。也可以设立专门的监管机构和监事会。外派审计人员或审计机关应当对资金流向、财务收支、资金使用效率等方面进行审计，保持真实性和合法性。在监管方面，可以发挥其服务对象社会公众的监督作用，公布经营活动和效果给社会公众，通过他们对公益类事业单位服务的监管和评价意见进行完善和提高。

（二）法律政策机制

法律政策机制是通过法律规范调节组织关系。法律法规是事业单位改革和有效运行的基础。由于我国缺乏相关的公共服务供给法、公共服务价格法及公共服务监督法等相关法律对我国公共服务的供给、价格和监管等根本性问题进行界定和规范，使公益类事业单位改革缺乏系统性和全局性。立法机构级别较低，以地方法为主，由全国人大及其常务委员会制定出台的法律较少，很多是以政策性文件的形式，不具有权威性。《中共中央　国务院关于分类推进事业单位改革的指导意见》中，对公益服务的事业单位进行了分类改革，但如何界定事业单位的公益性程度并没有明确划分。况且公益类事业分布在不同行业、领域和地区，公益类事业单位的历史沿革和管理体制存在差异，公益类事业单位在改革和转型中没有相应的法律细则和可参考的法律依据，更多时候还在依赖行政管理手段去协调和推进，阻碍了公益事业改革进程。目前，我国立法机构还没有出台统一的公共服务基础法，对于公共产品的属性、供给、定价、运营等方面只出台了一些单项法规。法律制度规范的短缺和不健全，也是造成公益类事业单位缺乏自主性的原因。单纯以公益性事业单位管理为主要内容的法律法规很少，主要有《事业单位登记管理暂行条例》和《中华人民共和国公益事业捐赠法》，且权威性不高，使公益类事业性单位在实际运行过程中缺乏具体的指导和标准。

应该完善我国公益类事业单位的法律环境，填补空缺。全国人大和常务委员会应当进行《公共产品和公共服务法》立法，强调公共产品的非排他性和非竞争性，保障公民享受公平公正的公共服务，协调公益事业中公私合作关系，并涵盖政府特许经营、PPP 政府采购服务等不同的实施方式，以弥补我国公共产品和公共服务领域供给上存在的质量效率、资金使用、权益保护等问题的立法空白。应该针对公益类事业单位的性质和职能，建立有关运行体制、管理结构、权利制度等方面的法律。也应该针对公益类事业单位的具体问题，比如内部治理结构、监管体制和绩效考核等具体问题作出明确说明。同时，我国的立法机构应根据不同的行业特征来制定相关的法律法规，对公益类事业单位进行详细划分和界定，并建立不同行业、不同产业适用的法律，使公益类事业单位在提供服务时有相应

的解决细则和依据，争取建立为我国公益类事业单位提供良好成长环境的一套完善的法律体系。

（三）供给机制

供给机制是指对供给主体、供给数量和质量、生产与融资方式等问题做出决策。我国公共服务的供给主体单一，主要由政府生产、政府出资、政府提供，缺乏市场调节作用，供给体制死板低效。而且，在改革开放之前，公益类事业的运行经费主要实行由政府进行财政拨付的财务制度，没有独立的经费来源，使其无法独立地开展财务活动。虽然每年国家的拨款逐渐上升，但是由于公益类事业单位本身运行体制僵化不灵活，使使用效率低下。目前，公共服务模式已经出现了由政府包揽向市场转移的现象，通过分散经营自主权实现公益事业改革的灵活性。但市场机制并未从根本上发挥有效作用。一是长期处于政府单边治理导致公益类事业单位缺乏市场竞争机制，凭借政府的长期垄断和特权地位，导致资源配置不合理，私营企业、民间机构等很难进入公共服务市场。同时，竞争机制、淘汰机制的缺乏使很多运营效率低下的企业难以快速退出市场，浪费了社会资源。缺乏完善的定价机制，导致公共产品定价过低，难以通过价格激励提高公共服务质量。二是在部分教育和医疗等公共服务行业，还出现了过度市场化的现象。凭借政府支持和垄断地位，公益类事业单位本应满足公益性目标却追逐营利性目标，导致政府和市场的错位。目前我国部分教育和医疗行业出现费用不断上升的现象，就是公益类事业单位过度市场化的后果。随着改革的深入，这种局面得到了改善，不仅使用效率有所提高，而且向多元化发展，摆脱了纯粹依靠国家拨款的状况。然而，虽然逐渐走向多元化，但是公益类事业单位由于自身筹资能力有限，无法满足事业单位正常运转的资金需求。因此，事业单位主要依赖政府补贴和拨款，政府仍然是公益类事业单位的资金来源，公益类事业单位的建设投资和日常维护主要来源于主管机构的财政拨款，私有资本和民间资本的比例很少。

应该通过拓展多元化公共服务供给模式有效提高供给效率和公平程度，将卫生、教育、文化等领域的公共服务分散在私人企业、非营利组织中，鼓励各种私人部门、社会团体、中介机构、行业协会和群众性自治组织融入公共服务供给体制，以提高公共服务产品的数量和质量，实现多方融资，充分利用社会资源，减轻财政压力，同时改变了政府治理的僵化与滞后问题，提高供给机制的灵活性和对市场的快速应对能力。供给机制可以通过政府采购、公开招标、定向委托等方式实现。政府不单是公共服务的供给者或购买者，更是公共服务保障的协调者和监督者，通过指导和协调社会组织完善公共服务供给，以确保所有公民享受合理公正的公共服务。在多元化的供给体制中，政府应及时调整改革进程，把握主导地位。政府也可以建立有效的预算管理制度和审核制度，争取做到有效率的拨款。在鼓励社会捐赠方面，政府也应该下功夫。

（四）运营机制

运营机制是指对活动过程进行计划、组织、实施和控制以实现活动目标。由于公益类事业单位主要依赖政府的单边治理，内部管理缺乏独立性和自主性，治理机制过度行政化和官僚化。公益类事业单位隶属于政府部门，政事职能没有彻底分开，政府既是公益类事业单位的出资者、决策者，也是管理者和监督者。政府机关行使了事业单位的职能，事业单位依然保留传统的行政管理体制，不能以独立法人的身份存在，在提供公共产品的过程中受到限制，缺乏自主权。公益类事业单位的内部组织结构和行政机关基本无异，由上层决策，下层执行，部门之间各自为政，缺少有机协作，缺乏科学有效的决策机制，同时由于层级庞大，导致反应能力下降，决策传递滞后，效率低下，不能及时适应市场变化。

我国公益类事业单位应该形成完整科学的决策机制，完成对公共产品的投资决策、生产决策、定价决策等环节，统一配置社会资源，平衡公共服务供给主体之间的利益关系。公益类事业单位改革要打破单一的运营机制，实现公私合作运营，公共部门与民营企业基于公益服务项目达成合作共识，发挥双方优势，共享资源，共同承担融资风险。同时加强跨区域合作，跨区域公共服务有利于不同地域间合作交流，共享发展，促进基础公共服务普惠于民，实现创新发展的重要目标。促进跨区域公共品的有效运营，一方面应了解当地民众对公共服务的需求和偏好，不断调整地方政府公共服务的供给模式；另一方面应推动地方政府实现区域间合作，通过资源共享、信息交换等方式，实现跨区域公共服务匹配的供给机制，增强决策的灵活性和多样性。在“互联网 +”的环境下，公益类事业单位应该有效利用社会资源，重视与政府和市场组织等主体间的相互关系，构建合作治理的网络化，促进社会各个管理主体之间的公平合作。在各个管理主体有效合作的基础上建立平等对话和沟通机制，在合理限度内运用好政府这只有力的手，无论在政府实现区域间资源共享、信息交换方面，还是在了解当地民众对公共服务诉求和偏好方面确保合作网络的公开性和透明性。

（五）激励约束机制

激励约束机制是指为达到组织目标，通过某些方式去激发组织的积极性和创造力，同时规范组织的行为。我国公益类事业单位因为一直依赖政府单边治理，体制官僚化，缺乏激励约束体制。一是公益类事业单位所需经费均由国家财政拨款解决，由于政府代理链条过长，无法实现有效的激励和约束机制，不仅会造成严重的政府失灵问题，还存在低效和体制僵化问题。二是从现状来看，激励力度缺乏、激励与经营绩效脱轨、激励形式单一会流失优秀的经营者，会产生寻租行为，经理层的激励与经营绩效脱轨使他们重点关注自己的政治发展而不是公益类事业单位的长远发展。三是平均主义导致激励机制弱化。薪酬水平忽略了按劳分配、按能力分配、按绩效分配的原则，仍然以级别划分，导致员工积极性不高，缺乏自主创新意识。四是人事任命缺乏科学合理的选聘机制，冗员过多，造成沉重的财政负担。随着公益事业的发展需求，事业单位的规模不断扩张，目前事业单位仍以终身制为主，导致事业单位人员越来越多，财政开支越来越大。目前，我国还处于经济转型的时期，约束体制由于缺乏市场竞争的压力，致使其弱化。

公益类事业单位激励约束机制的构建其实是对人才计划的改革，其实质就是要让公益类事业单位人才的收入与其产出相匹配，因此，事业单位人才行为激励与约束机制的构建便成了事业单位人才改革的核心问题。在薪资和社会保障层面，政府应建立一套科学标准的薪酬体系，融入激励与约束机制。同时政府还要建立合理的薪资增长机制。薪酬制度应该考虑事业单位的行业特征、工作职能、业绩情况、实际贡献等因素。为了提高公益类事业单位的服务质量，应当引入市场竞争机制，公共服务供给主体在市场环境下，对市场信号及时作出反应，通过成本收益原则实现公益类事业的组织目标。同时，政府作为委托人，应建立科学有效的激励监督机制，对公共服务供给主体的行为给予奖罚，促进公共服务实现资源最优配置，提高效率和质量。鼓励同一地区或者不同地区的性质相同的事业单位竞争，改变事业单位一直以来的状况，真正实现长期发展。

（六）绩效评价机制

绩效评价机制是通过科学的评价方法和指标衡量组织目标的完成水平。我国公益类事业单位的业绩评估偏重于行政方法，缺乏整体构架、标准与方案。一方面，由于公益类事业单位形成了以上下级为主的管理关系，并且分工严密，其内部各个职能部门都存在效仿政府部门的管理模式，并且其内部的职能部门的领导由行政级别衡量，不仅在工资福利及奖励制度方面，而且各个专业人员的待遇也根据行政级别来加以确定。另一方面，政事人员任命没有彻底分开。事业单位人员与政府机关人员除了身份差别，其他方面几乎一样。政府机关领导可以同时兼任事业单位负责人，事业单位负责人同时又可以担任行政机关领导，导致一些腐败、越位、错位现象。应该在事业单位和政府监督机构之间建立资源协议，明确服务质量、数量，绩效评估标准，制定预算和资金的使用规则，包括财务预算和财务管理。绩效评估要坚持公开透明原则，客观尊重评估结果，制定以绩效评估为衡量标准的奖惩制度，绩效考核标准要结合实际发展目标和愿景。例如，高校教师的绩效评估标准应考虑学校的教育理念和长期目标，避免片面追求短期目标，以论文数量评估教师工作。

公益类事业单位应该建立有效的绩效管理构架，根据指定的绩效标准，对其设计具体的监督和评估方案。根据岗位需求设立透明的招聘制度，定期考核与员工绩效挂钩，公正评估，并根据工作人员绩效考核对相关责任人进行奖惩，建立健全依照绩效和分类分级管理的收入分配制度。通过建立绩效评价体制使单位的人力资源有效运用最大化。例如，在绩效评估环节中，国外公共服务已形成科学完善的体系，更注重长期性和定性评估。美国高校绩效评估主要包括年度评估、晋升评估、终身聘任和终身教授后评价。年度评估主要考核教师该年度的表现情况。教学、研究、服务分类占比分别为40%、30%、30%。晋升评价是针对职称晋升的教师进行评估，包括教学、研究、服务等几个方面，具体权重根据该学校的教学类型和特点有所不同。终身聘任与晋升评价所使用的标准大体一致，只是晋升要求更严格，偏重于教师的学术研究成果和专业水准。

（七）社会监督机制

社会监督机制是指利益相关者参与组织活动，发挥监督作用。我国的公共服务长期由政府部门垄断，公众参与渠道有限，参与程度低下，私人部门、社会团体、民间自治性组织等难以打破行政壁垒，社会监督机制尚不健全，主要依赖于政府部门的行政监管，监管手段比较单一。在公共服务管理中，缺乏完善的利益相关者参与机制。一是缺乏有效的社会监督及民众对公共服务的评价体系，使公益类事业单位难以衡量公共产品和服务是否符合消费者诉求。二是长期官僚体制僵化，政府拥有公益类事业单位的决策权，对于消费者的意见和反馈相对滞后，缺乏灵敏的反应能力。三是接近消费者的民间社会监督机构力量弱小，如 NGO 等民间组织数量少、规模小，发挥作用不明显，从而社会力量参与不足。新闻媒体在公共服务领域发挥的监督作用有限。

公共服务的最终目的是争取社会福利最大化，除了政府与市场监督，还应该融入完善的社会监督体制，拓展民众的参与渠道，成立相应的公共服务协会、消费者组织，及时反映民众对公共服务的需求。鼓励多样的非营利组织，形成公共部门、私营部门、非营利组织之间的良性互动和监督，并建立信息公示系统，配合新闻媒体的监督。建立多主体、多层次的监管制度，以确保公益类事业单位运行的公开、公正和公平。一方面，可以发挥公益类事业单位服务对象社会公众的监督作用，公布经营活动和效果给社会公众，通过他们对公益类事业单位服务的监管和评价意见进行完善和提高；另一方面，可以通过外派的审计人员或审计机关对财务活动进行外部监督，对政府提供的资源的使用情况和效果及时进行跟踪，将结果有效反馈。公众参与公共服务管理的最直接的方式就是参与监督。例如，澳大利亚证券委员会把非营利组织的活动情况在网上公开，鼓励民众随时查阅并持续监督。美国政府定期向社会公开非营利组织的相关资料，特别是公益性非营利组织的财务税收情况，同时将新闻媒体的舆论监督作为公共服务的重要监督手段之一。

二、我国公益类事业单位治理模式保障措施

我国事业单位体量庞大，有150多万个单位，从业人员高达3000万人。公益类事业单位是我国事业单位的主体，涉及行业广泛，分布在教育、卫生、医疗、文化、科技等重要领域，提供的公共服务产品在经济和社会中占据重要地位。因此，公益类事业单位将是整个事业单位改革的核心和难点。目前，改革已经启动，而理论储备不足，亟须建立适合公益类事业单位特点的治理结构模式，并为推进公益类事业单位改革提供理论分析和政策建议。公益类事业单位治理模式保障措施主要包括：深化公益类事业单位管理体制改革，促进公益类事业单位法人治理结构形成，深化公益类事业单位配套制度改革，完善和健全公益类事业单位法人治理结构的法律和程序，加强公共服务内部与外部监督。

（一）深化公益类事业单位管理体制改革

界定政府和公益类事业单位的工作职能，实现政事分开、政资分开。政府将公共服务经营权、管理权下移，对行政机关和事业单位的职责明确区分，赋予公益类事业单位独立的法人自主权，形成政府治理、联合治理、理事会治理、合作治理、董事会治理等多元化治理模式。坚持政事分开、政资分开是深化公益类事业单位管理体制改革的关键和基础。在传统的公共服务体制中，政府作为公共服务的主要资金来源，既承担了出资人的责任，又履行了管理者的职能，导致公益类事业单位缺乏自主权和灵活性，成为政府部门的附属物，缺乏独立的法律主体地位。将法人所有权与管理权分离是建立公共服务法人治理结构的前提。政府与事业单位的关系应该重新定位和划分，保障公益类事业单位的主体地位，打破政府大包大揽的现状。政事分开是政府的职能定位与事业单位明确划分，政府对事业单位进行监督和管理，管理方式也由直接管理转变为间接管理。作为拥有独立事业法人财产的社会公益事业组织，公益类事业单位组织架构应摆脱政府行政机关的级别限制，不再作为国家行政机关的直属或附属机构，解除行政隶属关系。管办分离要求监管部门对公益类事业单位的管理由微观层面向宏观层面转变，从

传统的以强制性行政命令下达为主转变为制定法律法规、发布指导意见、增强经济手段等方式。监管部门对公益类事业单位的管理手段主要通过政策指导，监管国有资产，防止国有资产流失，并采取有效的监管措施，明确事业单位的独立经营权，使其能够自主决策公共服务的供给和运营，独立开展活动，并承担相应的民事权利义务。通过深化公益类事业单位管理体制改革把政府部门从日常事务中解脱出来。

坚持实行分类改革。根据职能定位、资金来源、业务模式等方面的差异，将机构划分为行政、公益、生产经营三类。目前，执行行政决策、行政执行和行政监督职能的机构单位归为行政类别，完全由市场配置和从事生产经营活动确定的单位划分为经营类别，从事公益服务划分为公益类。通过分类改革，事业单位对自身职能和发展目标有了明确清晰的界定，并实施差别管理和运营。逐步削减国家政府全额拨款的公益事业机构，全额拨款的公益机构应当以兼并重组的方式进行合并；对具有一定公共服务职能的差额拨款事业单位采取多元化治理模式，取消财政差额拨款，促进转型；对于具有良好市场前景的公共服务产品，政府不再出资筹建，而是通过招标和拍卖项目转让给更有实力的投资者。

（二）积极有序加强公益类事业单位法人治理结构建设

学习西方发达国家供给模式，公共服务不再由政府机构唯一生产和提供，形成政府、国有企业、公益类事业单位、非营利组织、私营部门等多方主体共同提供公共服务的模式。政府角色开始发生转变，由供应商变成了委托人，由出资方变为了购买方，缓解了财政经费紧缺的压力，降低政府管理的成本。同时，在公共服务供给中，实行公共服务合同外包、特许经营、凭单制、志愿服务等多种方式，将公共服务项目生产经营权转移，供给主体多元化有利于适应不同的公共服务市场环境。打破政府单边治理的模式，引入市场竞争机制，通过市场化和社会化，将各种组织形式引入公共服务领域中，丰富公共服务市场主体，实现政府和市场相互合作，有效提高公共服务供给水平。学习国外政府购买经验，采取公开招标、定向委托等方式将公共服务转移给企业、事业单位、NGO、NPO 等，从而提高公共服务质量，改善资金利用率，调整服务治理结构，满足消费者多元化、个性化诉求。另外，应该拥有完善的政府采购机制，采购范围广泛、采购过程透明度高、采购市场成熟。政府以最少的资金，通过竞争原则获得最优质的公共产品，提高了财政资金的利用率，公共服务供给主体形成多元化。有效推进 PPP 模式，建立公私合作关系，公共部门与私人部门共担风险、共享收益。优化政府与市场关系的同时对政府职能进行转化，缓解财政压力，利用市场调解机制对公共服务起到优胜劣汰的激励作用。

推动公益类事业单位法人治理结构建设，必须实现整体规划与统筹兼顾，协调好发展与稳定的关系。公益类事业单位改革既面临着传统思想和体制的影响，同时还要兼顾事业单位人员去向问题。同时要平衡好改革与稳定之间的关系，避免改革过程中出现各种风险，促进公益类事业单位的法人治理结构改革能顺利推进。

（三）同步深化公益类事业单位配套制度改革

近几年来，公益类事业单位改革取得了一些进展。岗位管理和就业制度得到充分落实，公共卫生改革取得突飞猛进的发展。尤其是党的十八大以来，形成了一整套完善公共经济体制改革的措施，加强公益性属性制度建设，不断提高管理效率，社会公共服务条件逐步改善，公民对公共服务的满意度也不断提升。今后，公益类事业单位改革还需要进一步推进，通过绩效管理来激发社会活力。根据公益类事业单位的行业特点，合理设立部门和岗位，明确岗位的职权边界和任职资格，评价岗位价值，进行竞聘上岗或者公开招聘，任职者到位后为其设定绩效目标并进行考评，在此基础上设计薪酬方案，薪酬会随着岗位、绩效的变化而改变。使岗位评估系统、绩效评估系统与薪酬发放系统三者之间形成有机联系，坚持公正、合理、科学竞争的原则，强调岗位任免、绩效结果与薪酬之间的相互依存，考评是人事决策的客观依据，待遇、任免、奖惩是考评的结果，以此构成一个完整、清晰、易于操作的公益类事业单位内部管理系统。

习近平总书记在党的十九大报告中指出：“完善公共服务体系，保障群众基本生活，不断满足人民日益增长的美好生活需要，不断促进社会公平正义，形成有效的社会治理、良好的社会秩序，使人民获得感、幸福感、安全感更加充实、更有保障、更可持续。”目前，公益类事业单位的社会保障负担较重，需要进一步深化社会保障改革，提高公益类事业单位的竞争力。完善公益类事业单位社会保障管理体系，建立统一科学的养老保险制度，推动社会保障由制度全覆盖到人群全覆盖，促进城乡社会保障协调发展，改善员工生活质量，打造稳定的社会发展环境，从而提高公益类事业单位社会保障服务质量。

（四）制定和健全公益类事业单位法人治理结构的法律和程序

公共服务模式改革“以立法为先导”。在政府重大改革措施出台之前，颁布公用服务行业改革法规，明确规定改革的目标模式、主要内容和步骤等问题，使公共服务改革具有明确的法律依据。建立一套比较完善的法律体系。从整体框架出发，对公共服务的供给、运营和监督情况作出规定。同时针对不同的公共服务行业出台专门的法律政策，例如对各个行业公共服务的特征和属性进行定义和划分，如何界定公共服务市场内具有垄断性质的机构部门，如何区分公共服务和行业中的公共活动。并对电信、煤气、自来水、电力等主要基础设施产业进行重大改革，逐步建立起公用服务建设的严密法律制度体系。针对各种公共服务产品出台相关法律细则，制定单项法律法规，从财务制度、人事制度、社会保障等方面对公益类事业单位的治理模式进行规定，制定行业发展规划，出台监督激励机制，营造良好的公共服务氛围，对公共事业进行资源优化整合。决策、实施、监督等环节相互促进、相互制约，形成以决策层、管理层为架构的治理模式，形成独立运作、自我管理的运行模式。

公益类事业单位法定代表人应遵照法律程序，代表事业单位行使相应的权利和义务。事业单位法定代表人应当是具有完全民事行为能力的自然人，同时也是事业单位的主要行政负责人，拟任法定代表人，经登记管理机关核准登记，方具有事业单位法定代表人资格。法定代表人制度的建立有利于对事业法人实施监管，对负责人的权责进行细化，发挥了法律法规的约束力和强制力。通常事业单位的行政负责人通过两种方式产生：董事会架构或者理事会架构，其职权应在公益类事业单位章程中有具体规定。

（五）加强公共服务内部与外部监督

打破传统的政府监督模式，实行多元化的监管机制，包括行政监管、审计监管、公众监管、独立的监管机构、媒体监督等，确保公共服务有效进行。行政监督是政府及相关部门机构通过制定出台相关法律法规及政策建议对公益类事业单位进行指导，对有关机构的活动实施严格管理和监督，对非营利组织的决策进行调控引导；审计监管主要针对公益类事业单位的财务状况及经济活动进行定期检查与监督，防止腐败现象滋生；公众监管让社会公众和民间团体参与公益性事业单位的监管和评估，拓展公众参与监管的途径，建立社会公示和听证会等，有效听取民众意见，提高公民参与度，实现公共服务透明化和信息化；成立独立的监管部门机构，对事业单位的服务质量、服务价格、资金使用进行全面检查，并督促事业单位履行相关法律法规。除了登记管理部门的依法监管，公益类事业单位也要接受主管部门及其他职能部门的业务监管。监管机构还拥有发许可证、披露信息、监督法律执行情况、进行行政处罚等权利，并根据经济社会发展变化及时调整，同时对公益类事业单位提出改进意见；利用非营利组织、行业协会加强自律管理以弥补政府和市场的缺陷；媒体监督是利用媒介的透明性、公开性和影响力对公益类事业单位实施监督，并向民众公布相关信息，同时政府定期向社会公开非营利组织的相关资料和财务情况，支持新闻媒体的舆论监督。

第七章　我国公立医院治理模式及其构建

党的十八大以来，深化医改已取得阶段性成效，中国特色基本医疗卫生制度已基本形成。而党的十九大则进一步表明，我国要建设具有中国特色的基本医疗卫生服务体系，健全公立医院的现代管理制度等。而截至 2015 年末，我国共有医院 27587 所，其中公立医院 13069 所，占我国医院总数的 47.37%，可见公立医院是我国医疗卫生改革十分重要的一部分。

近年来，人们对公共医疗卫生的需求不断增加，并且呈现出多元化的特点。目前，我国总人口数每年依然呈现上升趋势，各类医疗机构就诊人数也在不断增长。同时，截至 2015 年末，我国 65 岁以上的老龄人口已超过 1.3 亿，占人口总数的 10% 左右。因此，受总人口数及老龄人口数持续上涨的双因素影响，我国公共医疗服务的需求不断增长，平均个人卫生支出逐年上涨。

虽然我国医疗服务资源的供给量逐年增长，但医疗资源总量仍不足。尽管我国卫生总费用持续增加，但是其占 GDP 的比例一直相对较低，卫生总费用不足。另外，医疗资源的地域分布不合理加剧了医疗服务供需矛盾。大规模的综合型公立医院一般分布在经济发达地区，医疗资源的地域分布不均，转诊制度未能有效执行，导致公共医疗体系无法发挥作用。随着我国公立医院改革的不断深入，其在发展过程中出现的问题也越发突出，供需矛盾突出、管理效率低下、政府干预过多等问题越来越严重。而这些问题的主要原因在于我国公立医院管办不分、权责不明，没有在根本上处理好政府和医院的关系。因此，建立现代的医院治理体系，从而对公立医院进行更好的管理和监督是解决当前问题的当务之急。

一、我国公立医院治理的发展历程

我国公立医院的治理主要是指公立医院内外部一整套法律、制度和机制性安排，其着眼点主要在于解决委托—代理问题。同时，我国公立医院改革也在力图构建包括多方利益相关者在内的一整套完善的公立医院治理模式。

中华人民共和国成立以来，我国公立医院的管理模式一直是接受政府管理的事业单位管理模式，治理结构发展主要经历了三个阶段：第一阶段是从中华人民共和国成立初期到改革开放前，公立医院的治理模式是在计划经济的体制背景下形成的，主要实行党委负责制。1950 年，我国召开第一届全国卫生会议，提出建立三级医疗网络的目标，这标志着我国公立医疗系统在真正意义上建立起来。该阶段由于政府主导资源，医院经费主要由财政全额拨款，所以政府统一进行医疗卫生规划并承担医疗保障责任；医院按照行政机构编制，员工同时纳入行政编制，各级政府分别建立相应的公立医院，国有企业和事业单位分别下设对应的公立性质的职工医院，社区等设立基层卫生院、诊所等。

第二阶段是 20 世纪 80 年代至 90 年代，即我国从计划经济到市场经济的转型时期。由于“文化大革命”期间，医疗资源受到严重破坏，医疗设备和条件相对落后，基于此，公立医院进行了第一次全面改革，1979 年 4 月，《关于加强医院经济管理试点工作的意见的通知》指出，运用经济手段管理卫生事业，在医院的财务管理上建立了“全额管理、定额补助、结余留用”的制度。1985 年，《关于卫生工作改革若干政策问题的报告》提出“放宽政策、简政放权”。同时，在此阶段，国务院批准了卫生部提出的公立医疗机构改革的新思路：进一步简政放权，减轻政府财政负担，充分调动公立医院的积极性等。1997 年国务院颁布《关于卫生改革与发展的决定》，确定了政府在医疗卫生事业中的筹资和管理责任。2000 年国家进一步出台相关文件来规范医疗卫生市场，控制医疗药品价格，但“看病难，看病贵”的现象仍然没有得到缓解。在这种思路的指导下，公立医院效仿国企改革，逐步引进市场机制，改革收费制度等。

第三阶段是深化市场经济体制改革和改革开放以来，我国公立医院开始尝试向法人治理模式转变，2006 年国家《十一五规划纲要》明确提出了“四个分

开”，即政事分开、管办分开、医药分开、营利性和非营利性分开，至此，我国真正意义上的医改拉开了序幕。随后相关文件的出台也进一步促进了公立医院建立多种形式的法人治理结构，公立医院改革的方向和框架也得以进一步明确。2006~2015年末这十年间，全国的公立医院的病床利用率从72.4%上升至85.4%，住院人数也累计上涨146.7%；诊疗人次数共上升了84.6%，病人人均医药费支出共计上涨了89.01%，具体如表7-1与图7-1所示。由此可见，这

表7-1　我国公立医院近十年发展状况

年份	公立医院数（人）	病床利用率（%）	住院人数（人）	诊疗人次数（人）	门诊病人次均医药费（元）	住院病人人均医院药费（元）
2015	13069	85.4	137214396	2712435543	235.2	8833.0
2014	13314	88.0	134147920	2647416132	221.6	8290.5
2013	13396	89.0	123151667	2455105631	207.9	7858.9
2012	13384	90.1	113311513	2288663051	193.4	7325.1
2011	13539	88.5	97074629	2052543982	180.2	6909.9
2010	13850	86.7	95237665	2039633314	166.8	6193.9
2009	15724	84.7	84880298	1921938815	159.5	5951.8
2008	15650	81.5	73920221	1781669786	146.5	5463.8
2007	15759	78.2	64871998	1637695812	136.1	4973.8
2006	15616	72.4	55621907	1471012912	128.7	4668.9

资料来源：《中国卫生与计划生育统计年鉴》。

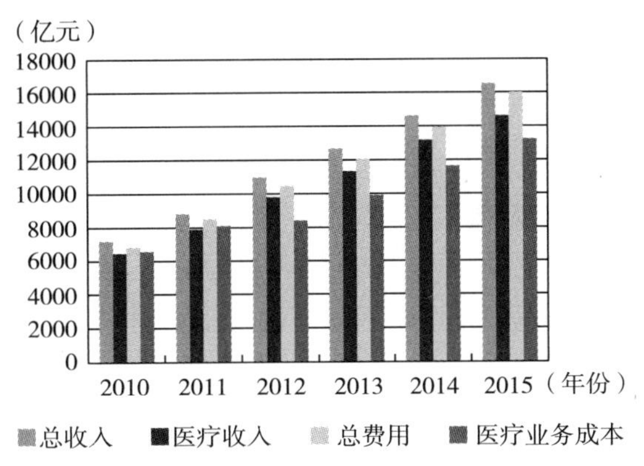

图7-1　我国公立医院近五年收入与支出情况

资料来源：《中国卫生与计划生育统计年鉴》。

十年间，公立医疗卫生服务的需求和支出在不断扩大，供需矛盾进一步加剧，这就需要我国进一步落实公立医疗卫生事业改革。在2010年，我国分别在16个地区进行公立医院法人治理结构的试点，以河南科技大学第二附属医院和浙江省东阳市人民医院为例，我国现阶段正在积极探索建立董事会、监事会为主体的法人治理结构，但也出现了政企不分、财政补偿机制不完善等问题，这也是我国医改下一步的重中之重。表7－2所示为我国公立医院治理改革历程。

表7－2　我国公立医院治理改革历程

	建立初期	过渡阶段	未来发展导向
实行制度	党委负责制	党委领导下的院长负责制	法人治理模式
政府与市场的关系	政府主导，采用行政手段管理，市场作用小	开始推行市场化，政府逐渐放宽对公立医疗机构的经营和管理	全面推行市场化，政府逐渐放松管制
定价机制	全国统一定价，收入严重小于成本	上调医疗服务价格，对公费医疗按成本收费	由卫生部协同各省物价部门根据各地的具体收入及消费水平来制订医疗服务收费项目及价格
院长任命情况	行政任命。院长是政府决策指令的执行者和日常事务的管理者	院长人选由卫生部门提出建议，由党委组织部门聘任和解聘	院长在一定区域范围内实行公开竞争上岗，建立院长退出交流机制
资金来源	财政全额拨款、定额补助、结余上缴，医院人员工资财政全包	差额补贴，开始引入社会资本，财政不再对人员工资全包，引导多元办医模式，鼓励医院自筹资金	鼓励运用市场化等手段，多渠道筹集资金。政府拨款在其收入来源的构成比例中较小，收入来源主要是医疗服务收入及药品出售带来的利润
监督机制	政府监督；卫生管理部门监督	政府监督；卫生管理部门监督；消费者监督；媒体监督	政府监督；卫生管理部门监督；消费者监督；媒体监督；社会资本投资方监督
绩效评价	科室目标责任制，以经济管理、科室管理为目标的绩效评价	重经济类指标评价，如医疗收入等，往往忽略了公益类指标的评价	旨在建立多指标的绩效评价体系

资料来源：笔者整理。

二、我国公立医院治理存在的问题

我国公共医疗卫生事业虽然取得了一定的进展，但存在成本不断增加、供需矛盾突出、“看病难、看病贵”、医疗服务质量较低、管理效率低下等众多问题，究其原因在于政事不分、管办不分、监管不明，医院内部管制制度不完善，利益相关者参与程度不够等现象仍然存在。

（一）法律法规不完善

随着医改进入深水区，各种体制性、机制性矛盾凸显，其中公立医院的法律问题是需要解决的基本问题。首先，从立法内容上看，我国缺乏相应的公共医疗卫生事业服务法、价格法、监督法等来厘清政府和医院的关系，落实公立医院的法人地位，保障公立医疗服务的多元化体系。浙江东阳市人民医院改革的成功案例不仅需要经验推广，更需要立法保障，呼吁我国要建立《中华人民共和国医院管理法》和《中华人民共和国公立医院管理条例》来保障医院的组织结构、各项制度的有效实施。其次，从立法结构上看，我国公共医疗卫生事业立法机构级别较低，以地方法为主，由全国人大及其常务委员会制定出台的法律较少，很多是以政策性文件的形式，不具有权威性。再次，从法律执行上看，存在执法不严的现象。当触犯公立医院利益的犯罪行为发生时，例如利用职务之便谋取私利等，应当依法追究危害改革和侵蚀改革果实的违法犯罪行为的责任。最后，从法律监督上看，公立医院及其改革中意识薄弱、机制不完善，没有充分调动其他监督机构和整个社会的监督积极性。

（二）产权不明晰

目前我国公立医院缺乏明晰的产权界定和独立的经营管理自主权，难以调动工作人员的积极性。我国公立医院法人治理结构中，存在所有权与出资人责任不明晰的现象，产权主体界定不清，出资人不能很好地履行其职责。政府在管理层面干涉过多，使医院失去了自主权和独立性。同时，由于管理公立医院的行政部门职权分散，医院管理常处于失控状态，使其无法实现自主经营。政府部门既是出资者又是管理者，不能充分发挥医院自身的积极性，无法协调处理市场、政府、公立医院和消费者之间的关系，也无法有效保护消费者的权益。以河南省洛阳市为例，2010 年 8 月起洛阳市建立医管局，政府部门的部分职能也划归给医管局，但医管局并没有发挥其应有的作用，其人权、财权和物权都没有得到落实。究其原因，由于政府监管部门、医管局和医院三者的产权不明、职责不清，才导致医院管理中越位、缺位的现象时有发生，反而降低了管理效率。

（三）医院人事制度缺乏专业性

我国公立医院内部治理机构的效率不高，缺乏医院执行、决策和监督的相互分离、相互制衡的机制，医院内部激励和监督不完善，多个权力主体参与公立医院的治理，使权力主体泛化，很多经营管理目标难以实现，管理越位、缺位现象严重。从人事权力来看，由于我国公立医院的人事薪酬制度是编制身份，在领导人员的选聘上并没有统一的标准和门槛，且多按照公务员的选拔程序，忽视了公立医院的特殊性。尤其在院长的聘用上，现在推行的院长责任制使院长权力过大，集监督权、决策权于一身，很容易导致决策失误、为追求短期目标而放弃长远目标等现象。以北京市门头沟医院为例，该医院较为突出的问题就是人才引进的体制性壁垒。该医院按照政府人事部门的流程统一招考工作人员，限制了公立医院的人事自主选择权。

（四）财政补偿机制使医院“入不敷出”

据国家统计局数据统计，从卫生设施上来看，2015 年公立医院床位数占医院总数的 80.6%，同时，与 2010 年相比，该指标共增长了 42.56%。由此可见，我国正在加大公立医院的医疗设施投入，保障公立医院工作的持续良好开展。从卫生经费上来看，截止到 2015 年，平均每所公立医院总收入已达到 16498.5 万元，与 2010 年相比已增长 129.81%，其中医疗收入占总收入的 88.57%，同比增长 126.9%；同时，平均每所公立医院总费用达到 15996.8 万元，与 2010 年相

比已增长 132.78%，其中医疗卫生成本占总费用的 82.91%，同比增长 102.91%。从医疗服务上来看，截止到 2015 年，公立医院诊疗人次数达到 271243.6 万人，占所有医院诊疗人次数的 87.96%，与 2005 年相比，该指标共增长了 105.48%。以河南科技大学第二附属医院为例，自 2009 年以来，虽然医疗收入和药品收入不断上涨，但医院的医疗支出和管理费用也在不断增加，同时政府财政补偿严重不足，导致医院入不敷出。

（五）忽略绩效考核机制的意义

从绩效考核来看，很多医院忽视了建立绩效管理机制的真正意义，绩效管理体制机制是以改善公立医院的绩效管理、改善医疗服务质量为目的，进一步完善公立医院的治理模式。而现在很多公立医院仅仅根据绩效结果来进行利益分配，这样容易造成收入差距加大、员工之间不公平现象滋生等。医院并没有将社会效益和经济效益结合起来，过分追求业绩指标和医院规模等，而忽视了公立医院的社会效益。例如，凤凰集团与北京市门头沟区政府合作是以营业收入最大化为目标，这样一来则有可能使合作方忽略了公立医院的社会公益性。

（六）利益相关者参与机制不健全

我国公立医院涉及的利益相关者主要有与医院相关的政府职能部门、供应商、患者和家属、其他医疗机构、医疗保险机构、医院员工及非政府组织等。当前我国公立医院仍然以政府主导为主，其他利益相关者介入较少，没有充分顾及所有相关参与者的利益诉求，不能对医院起到很好的监督和约束作用。另外，由于利益相关者各方的利益诉求不同，各方都会站在各自的位置上考虑利益最大化问题，难免会造成尖锐的利益冲突。例如，部分医生会在利益的驱动下抬高药品价格，损害消费者利益。河南科技大学第二附属医院存在产权单一、一股独大的现象，应鼓励利益相关者参与到医院管理中来，建立起产权的多元化机制。

（七）缺乏有效的监督机制

目前，我国的公立医院仍存在管办不明、监管不明的现象，缺乏有效的监督机制。首先，监督主体单一。政府和行政管理部门的监管过多，并没有让利益相关者都参与进来。其次，监管机制不透明。各监管主体均从自身利益出发，没有统一的监管体系，从而使监管制度不免有失偏颇，降低了医院的经营管理效率。最后，监管方式不科学。目前，主要是以卫生行政部门直接监管为主，未形成一套权威、科学的监督体系，难以从全局层面上对公立医院的管理形成监督。

三、新时期我国公立医院的治理模式

随着我国进入中国特色社会主义新时期，社会主要矛盾也发生了变化，这也为我国医改指明了方向。因此，在推进医疗卫生事业改革的新时期，要紧紧围绕解决“不平衡、不充分”的问题，尝试建立现代医院管理制度，增强改革的系统性、整体性和协同性。

由于我国各地方公立医院情况不同，所以划分标准也就不同，我们应该根据研究问题和情况的不同，设计出合理的制度安排，本书按照政府与市场的关系，即政府参与公立医院管理的程度强弱，总结出四种模式：政府治理模式、托管治理模式、公私合作治理模式及董事会治理模式，如图 7－2、表 7－3 所示。

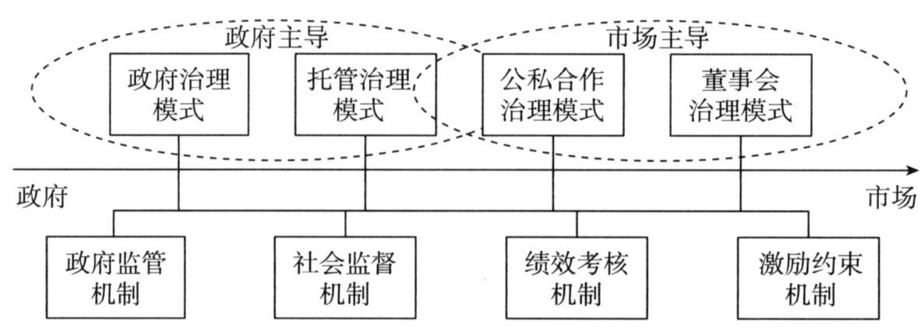

图 7－2　公立医院治理机构模式及运行机制

表 7-3　我国公立医院治理模式总结

	政府治理模式	托管治理模式	公私合作治理模式	董事会治理模式
相关利益方	政府、医院	政府、医院、第三方机构	政府、投资方、医院	政府、医院及由政府部门和投资方组成的董事会、监事会和管理层
政府与市场的职责及作用	以政府作用为主，市场作用有限	政府聘请职业经理人团队来负责医院的经营管理工作	政府和市场同时发挥作用，共同出资建设和运营	以市场作用为主，政府作用有限
监管机制	政府监督，立法约束；社会监督	政府监督，立法约束；职业经理监督；社会监督	政府监督，立法约束；行业协会监督，社会监督；市场机制	立法约束；行业监管机构；社会监督；市场机制
定价机制	政府定价机制	市场定价机制与政府监管调控相结合	市场定价机制与政府监管调控相结合	市场化定价机制
资金来源	政府财政拨款	以政府出资为主，收取适当费用弥补成本	政府投资与社会资本注入相结合	多元化筹资：企业融资；银行贷款；发行债券和股票；市场化收费
适用情况	规模小，地区偏远或医疗技术较差，需要政府大量资金支持	医疗技术较发达，医院规模较大，内部治理机制有待完善，需专业型治理团队	内部治理机制较完善，所需资金量较大，需从资本市场上筹集资金	地区经济较发达，医疗服务技术较高，内部治理结构较完善

（一）政府治理模式

政府治理模式是指由政府出资、建设和运营公立医院。该模式的资金来源主要为财政税收和财政补贴，政府为主要供给主体，并实现外部监督。这种完全由政府主导的治理模式容易导致资源配置不均衡、公立医院的官僚化和行政化、重大决策失误等，所以应进一步建立科学的决策机制，明确资金投入、资金使用及和利益相关者的关系。该模式的适用情况为规模小、地区偏远或医疗技术较差、需要政府大量资金支持的公立医院。

（二）托管治理模式

托管治理模式是指医院产权所有者将医院的经营管理权交由第三方职业管理团队来负责，他们通常具有较专业的经营管理技能和较强的经营管理能力，并承担一定的经营管理风险进行有偿经营。这种治理模式能有效解决公立医院存在的委托代理问题，有利于在医院性质、职能、隶属关系、国家优惠政策不变的前提下，明晰医院所有者、经营者的权责关系，从而提高医院的经营管理效率。但是，这一模式的成功贯彻有赖于第三方管理团队的激励约束机制是否完善，若不能达到很好的监督，有可能造成第三方管理团队为了自己的利益，过度追求逐利性指标而忽视了公立医院的公益性本质，因此只适用于公立医院规模较大、内部治理机制有待完善、需要专业型治理团队的情况。

（三）公私合作治理模式

公私合作治理模式是指允许民间资本加入到公立医院，参与医院的改制、改组和改造，形成以公有制医疗机构为主体、多种所有制医疗机构共同发展的新格局。该模式有利于拓宽资金来源，缓解公立医院财政投入不足的局面，加快医院的建设和发展。引入市场化机制，有利于提高医院的经营管理效率，为提高市场份额而切实保障医疗服务质量，进一步提升员工积极性。但引入竞争的同时，该模式同样可能会造成医院公益性目标的缺失，适用于内部治理机制较完善、所需资金量较大、需从资本市场上筹集资金的公立医院。

（四）董事会治理模式

董事会治理模式由董事会、监事会和管理层构成。从考虑各方利益相关者的角度出发，董事会应由出资者代表、医院代表、政府相关部门人员和财务、法律等利益相关者构成。董事会对出资人负责，主要职责是审议医院的重大决策，任命董事会成员和重要行政人员及制定国有资本再投资计划等。监事会处于监督评价的重要地位，直接向政府负责。为保证监督的独立性，监事应具有法律、财务

等方面的专业知识，且不能为医院管理人员和职工。监事会的主要职责在于维护出资人的合法权益，依法对董事和管理人员进行财务等方面的监督。管理层的主要职责包括：组织实施医院的发展计划和各项决策，起到良好的上传下达作用。这种治理模式使公立医院真正实现了自负盈亏、自担风险的独立法人地位，有利于进一步提高医院的经营管理效率。该模式适用于医疗服务技术较高、内部治理结构较完善的公立医院。

四、我国公立医院治理模式的转型

（一）我国公立医院治理模式转型的实现路径

进入中国特色社会主义新时期以来，深化医药卫生体制改革进一步向制度化建设迈进，医改已经由试点阶段进入到制度构建阶段，应更加注重制度性和体系性建设。因此，在促进我国公立医院治理模式的转型中，对公立医院进行分类治理、体系化治理就显得尤为关键。

同时，2011 年《中共中央　国务院关于分类推进事业单位改革指导意见》中提出，应对不同类型事业单位实行不同的财政支持办法，合理制定标准，健全监管制度，充分发挥财政资金的效用。基于此，本书按照国家政策和以事定费的原则，结合我国公立医院的具体特点和财力，将我国公立医院按照规模和等级主要分为三类：一是基层医疗机构，主要用来满足公众最基本的医疗卫生需求，是政府投资的重点，治理模式以政府监管为主；二是县级、地级综合性公立医院，资金缺口较大，治理结构不完善，政府将根据各地情况有选择地进行投入，因此以托管治理和公私合作治理模式为主；三是大型三甲、专科医院，这类医疗机构则不需要政府投入，内部治理机制较完善，今后将形成多元办医的格局，因此可以采取公私合作和董事会治理模式。本书据此总结出我国公立医院治理模式的转型及实现路径，如图 7－3 所示。

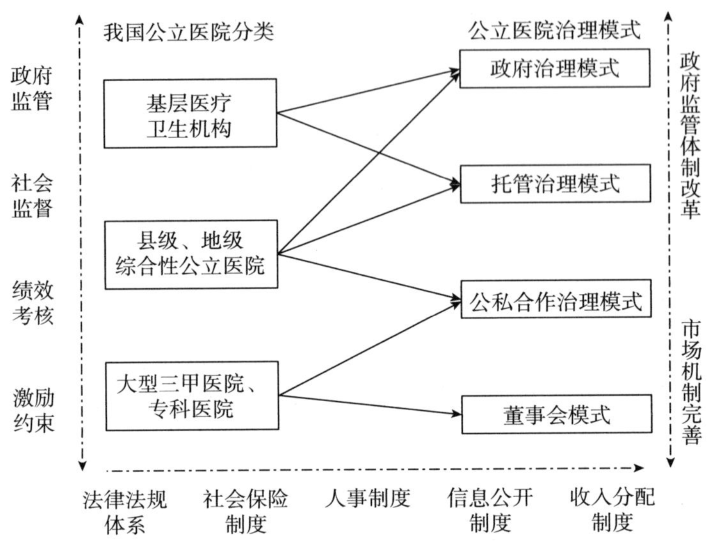

图7－3　公立医院治理模式转型

（二）我国公立医院治理模式转型的运行机制

1. 政府监管机制

目前，我国公立医院的政府监管机制主要采取行政手段利用卫生监管部门进行监督，监管方式单一。通常表现为以上下级为主要的管理关系，其内部各个职能部门都存在效仿政府部门的管理模式，不仅在薪酬福利制度方面，在专业人员的待遇上也根据行政级别来加以确定。这种监管体制减弱了公立医院的自主经营权，降低了管理效率，不仅阻碍了其自身的发展，也阻碍了深层次的改革。

因此，政府应建立综合性的联合监管机构，实现跨部门、跨地区的综合监管。一方面，政府应注意保持公立医院的独立性，各监管部门应做到分工明确、权责清晰，防止越位缺位、互相推诿的现象。另一方面，要加强管理人员的专业性培养，使监管人员加强相关专业知识的学习，促使其提供优质高效的公共服务。

2. 社会监督机制

社会监督机制是指利益相关者参与组织活动发挥监督作用。我国公立医院的利益相关者较多，应协调好各利益相关者的诉求，建立多主体、多层次的社会监督机制。

一方面，可以发挥社会公众的监督作用，公布经营活动和效果给社会公众，通过他们的监管和评价意见，进行公立医院治理结构模式的完善和提高。另一方面，要进一步拓展公众的参与渠道，成立相应的公共服务协会、消费者组织，及时反映公众对公立医院服务的需求。鼓励多样的非营利组织，形成公共部门、私营部门、非营利组织之间的良性互动和监督，并建立信息公示系统，配合新闻媒体的监督。

3. 绩效评价机制

绩效评价机制是通过科学的评价方法和指标衡量组织目标的实现程度。我国公立医院的绩效评价体系过于行政化，缺乏整体构架、标准与方案。

一方面，要通过建立绩效评价机制使公立医院的人力资源有效运用达到最大化。根据岗位需求设立透明的招聘制度，定期考核与员工绩效挂钩，公正评估，并根据工作人员绩效考核对相关责任人进行奖惩，建立健全依照绩效和分类分级管理的收入分配制度。另一方面，在注重公立医院营业收入、床位使用率等经济类指标评价的同时，更要进一步加强对患者满意度等公益类指标的评价与考核，以便公立医院能够更好地提供公共医疗卫生服务，进一步缓解公共医疗卫生的供求矛盾。

4. 激励约束机制

激励约束机制是指为达到组织目标通过某些方式去激发组织的积极性和创造力，同时规范组织的行为。我国公立医院目前主要依赖政府单边治理，缺乏有效的激励约束体制，激励力度缺乏，很容易流失优秀的经营者，会产生寻租行为等。

因此，为了提升公立医院的工作效率和服务态度，一方面，应当引入市场竞争体制，通过对市场信号及时作出反应，按照成本收益原则实现公立医院的组织目标；另一方面，政府作为监管者，应建立科学有效的激励监督机制，设立奖惩机制，促进公共服务实现资源最优配置，提高公立医院的管理效率和质量。

（三）我国公立医院治理模式转型的配套制度

1. 处理好政府和市场的关系

引入市场竞争机制，通过公私合作的方式，将各种组织形式引入到公立医院领域中，实现政府和市场相互合作，扩大公立医院的管理自主权，从而提高医疗服务质量，调整公立医院治理结构，满足患者多元化、个性化诉求。优化政府与市场关系的同时对政府职能进行转化，缓解财政压力，利用市场调解机制对医疗卫生服务起到更好的激励作用。

2. 深化人事、薪酬、绩效考核制度改革

党的十八大以来，公立医院深化医疗卫生改革措施不断完善，公共医疗卫生服务状况逐渐改善。同时，我国应进一步加强公立医院的改革力度，合理设置部门和岗位，明确岗位的职权边界和任职资格，评价岗位价值，进行竞聘上岗或者公开招聘，任职者到岗后为其设定绩效目标并进行考评，在此基础上设计薪酬方案，薪酬会随着岗位、绩效的变化而改变。使岗位评估系统、绩效评估系统与薪酬发放系统三者之间形成有机联系。考评是人事决策的客观依据，待遇、任免、奖惩是考评的结果，以此构成一个完整、清晰、易于操作的医院内部管理系统。

3. 完善社会保障体系建设

习近平总书记在党的十九大报告中指出，要“深化事业单位改革，强化公益属性，推进政事分开、事企分开、管办分离”。同时还强调，“在幼有所育、学有所教、劳有所得、病有所医、老有所养、住有所居、弱有所扶上不断取得新进展”。目前，需要进一步深化社会保障改革，提高公益类事业单位的竞争力。完善社会保障管理，建立统一科学的养老保险制度，推动社会保障由制度全覆盖到人群全覆盖，促进城乡社会保障协调发展，营造和谐稳定的社会发展环境，从而提高社会保障服务质量。

五、深化我国公立医院治理改革的建议

（一）完善公立医院的相关法律法规

我国公立医院应建立一套完整科学的法律法规规范体系来应对政府对公立医院的监管需求。首先，在立法层次和结构上，应进一步将现有法律法规按照法律法规、管理条例、监管实施细则和标准规范等不同层次，加以总结分类，补充现存法律的不足之处，形成切实保障相关利益方的需求。其次，在立法主体上，应听取多方利益相关者的建议和意见，增强立法的科学性和广泛性。最后，在执行监督上，要加强执法监督的透明度和有效性。切实做到立法部门与执法机构的分离，真正做到对公立医院的依法监管、有效监管。

（二）完善公立医院产权制度，协调好政府与市场的关系

根据委托—代理理论，当存在多委托人问题时，由于权利主体的不确定性及信息不对称的问题，很容易造成利益冲突，对代理人行为缺乏必要的监督和约束，从而产生内部控制人问题。对应到我国公立医院，为解决这一问题，我国应完善公立医院的产权制度，分离出资人财产所有权和医院法人财产权。首先，要进一步转变政府职能，提高医院的自主经营权。其次，我国公立医院的经营应以公益性为主，不应直接对医院的经营管理进行干涉。再次，医院的财产制度应通过严格的法律程序确认其所有权，定期对财产进行产权登记、财产清算及审计监督等。最后，应建立完善的会计核算体系，树立成本核算意识，以便实现公立医院所有权和经营权的分离，扩大医院的自主权，提高医院的服务意识和服务效率。

（三）完善内部财务管理制度

为了更好地解决委托—代理问题，公立医院要进一步完善内部财务管理制

度，以便对公立医院管理层起到更好的激励与约束作用。建立收支预算制度，医院每年要编制年度收入预算和决算报告，经卫生行政部门审批通过后严格执行，当涉及重大项目时要及时报送行政审批，相关部门进行严格监管。

（四）完善绩效考核体系

公立医院应根据医院的等级、人员构成等情况，重点突出服务效率类指标、公益性指标和阶段性指标，从而形成一整套全面的绩效评价体系，而不是单纯旨在衡量收入、利润等的营利性指标。另外，还要根据医院的不同类型与各自的不同情况进行考核的不断调整，注重短期、中期、长期考核目标的结合。

（五）完善信息公开制度

信息公开制度应由卫生部或卫生管理部门统一发布各公立医院在院长审核、医疗服务质量、业务开展等方面的信息，定期向社会公开，接受公众监督，以便更好地为公众服务。公立医院要进一步完善信息公开制度，使相关利益参与者都能了解到公立医院的相关信息，从而进一步缓解医患关系，更好地对公立医院的管理进行约束与监督。

（六）完善利益相关者参与机制

利益相关者的参与主要表现在对医院内部治理结构及绩效评价进行监督。将医院的利益相关者都纳入到治理体系中来，进一步提高决策的科学性和民主性，有利于提高公立医院决策的科学性和正确性，更好地推动我国公立医院改革。为此，要充分考虑各利益相关者的诉求，不能把利益相关者简单地看作追求经济利益的理性“经济人”。同时，由于公立医院改革涉及多方利益，各利益相关者的需求不尽相同，所以有必要加强对各个利益相关者的利益冲突管理，兼顾好各方利益相关者，从中寻求平衡。

（七）完善公立医院监督机制

公立医院应建立多方面的监督机制，首先，要进一步完善法律法规对公立医院相关管理的规范和规定，致力于厘清政府与公立医院的关系，努力构建良好的外部治理环境。其次，政府作为出资人也应对公立医院的内部治理体系起到监督作用。除了完善法律约束和政府监督以外，还应进一步健全社会监督机制，可以通过听证会等形式，让民众参与到公立医院的管理、监督中来，同时还可缓解目前较为紧张的医患关系。

第八章　我国公立大学治理结构模式及其构建

中华人民共和国成立以来，我国高等教育呈现出了后发追赶的跨越式发展趋势。1999 年，中国普通高等学校毕业生人数为 100 万左右。然而到 2009 年，这一数字突破了 500 万。仅仅十年间，中国大学毕业生人数就涨到了 5 倍之多，中国高等教育逐步走向大众化。2010～2017 年毕业生人数同比增长率达到 2%～5%，这 7 年间毕业生人数累计达到 5706 万人。而 2018 年全国高校毕业生预计上升至 820 万人，再创近 10 年毕业生人数新高值。2010～2017 年，我国普通高等学校数量也不断增加，实现了跨越式发展（见图 8－1），成为世界上教育规模最大的国家。纵观我国高等教育治理发展，我国公立大学治理具有典型的中国特征，以政府主导为主，政府是公立大学内外部治理的推动者和决定者，主导其制度建设。然而，由于治理环境的变化和治理条件的成熟，大学自治开始成为研究热点。

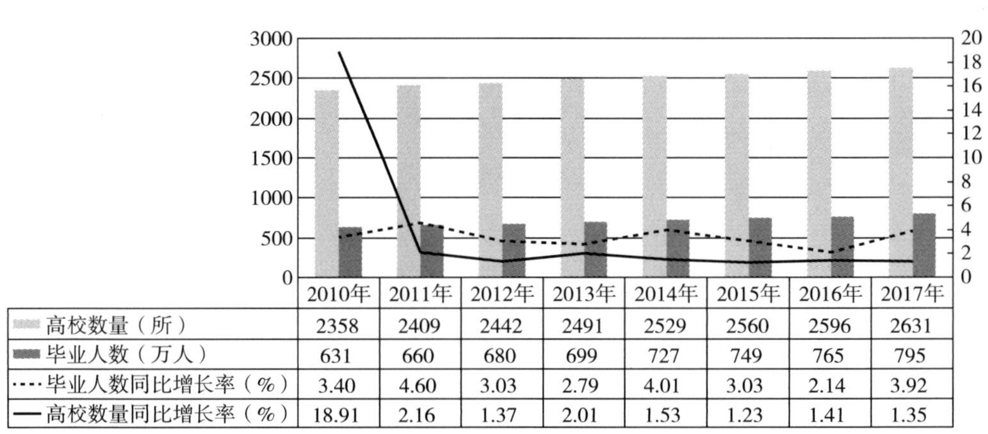

	2010年	2011年	2012年	2013年	2014年	2015年	2016年	2017年
高校数量（所）	2358	2409	2442	2491	2529	2560	2596	2631
毕业人数（万人）	631	660	680	699	727	749	765	795
毕业人数同比增长率（%）	3.40	4.60	3.03	2.79	4.01	3.03	2.14	3.92
高校数量同比增长率（%）	18.91	2.16	1.37	2.01	1.53	1.23	1.41	1.35

图 8－1　2010～2017 年普通高校数量、毕业人数及其变化趋势

资料来源：国家统计局。

2015 年 10 月，国务院印发了《统筹推进世界一流大学和一流学科建设总体方案》（以下简称《方案》），设定了建立世界一流大学和一流学科的目标，《方案》明确“双一流”的建设任务与改革任务齐头并进，改革主要涉及党的领导、内部治理结构等方面，通过“双一流”建设和改革增强我国高等教育的硬实力，也使我国大学的软实力达到国际水平，甚至建立世界上最先进的现代大学制度之一，这就对我国大学治理的研究提出了要求。

一、我国公立大学治理的发展历程

我国公立大学治理结构自中华人民共和国成立以来，政府一直处于主导地位，大学依附从属于国家。在大学外部治理结构中，大学主体会更加关注作为主要利益相关者的政府的利益诉求，相对而言，其他利益相关者的利益诉求可能会得不到满足。此外，在大学内部治理结构中，行政官僚体系依旧存在，学术权力依附于政治和行政权力。我国公立大学治理结构的发展历程大致可以总结为三个阶段（见表 8－1）。

表 8－1　我国公立大学治理改革历程

阶段类型	建立初期	扩大办学自主权阶段	探索阶段
代表性治理模式	科层式治理结构	校长负责制	党委领导的校长负责制
政府与学校的关系	政府主导，大学是政府下属事业单位	校长全面负责学校事务，成立校务委员会	校党委统一领导，支持校长管理行政事务
校长任命情况	行政任命	民主推荐或自荐后，上级组织考察审批	行政任命
民主与监督	严格的政府监管机构，不具有民主管理与监督	党支部监督保证，教职工民主管理	教职工代表大会、学术委员会和校务委员会等组成监督机构
办学自主权	政府集举办者、管理者、办学者三个角色于一身，大学不具备任何自主权	倡导学校自主办学，确立了大学独立法人地位	大学在党委领导下自主办学

续表

阶段类型	建立初期	扩大办学自主权阶段	探索阶段
资金来源	财政拨款	财政拨款，倡导面向社会融资	财政拨款、社会各利益相关者投资

（一）建立初期计划经济下的科层式治理结构

计划经济时期，我国公立大学是政府管辖下的事业单位，其治理结构参照政府机构建立，形成了具有典型中国特征的科层式治理结构。这一阶段，政府高度集权，集中领导、分级管理，对高等教育一切事项都统一计划和管理，管理程度过于极端，例如相关方针政策、教育任务和培养目标、教育模式、发展规模等都是政府教育部门统一规定和安排，管辖范围甚至会涉及学校的课程安排和教学内容，学校只是任务的执行者。这一时期，国家对高等教育的管制是由当时特殊的国际国内环境决定的，国家急需各种专业人才，高等教育就需要适应国家计划经济体制的要求，为国家培养和提供各类专业人才。

这一时期，政府集中领导、分级管理的管理方式促使各部门积极发展高等教育，促进我国教科文事业的发展。但是，这种管理体制实质是政府教育主管部门主导，掌握高等教育事项决定权，地方几乎没有决定权和统筹权，这种政府集中领导、分级管理的方式存在一定的局限性，主要反映为政府管理机构冗长，行政管理的条块分割，事项执行效率低、管理事项过于细致束缚学校自主积极性等。这一阶段我国公立大学相关数据如表 8－2 所示。

表 8－2　计划经济体制下我国公立大学相关数据

指标 年份	学校数（所）	招生数（万人）	在校学生数（万人）	毕业生人数（万人）	专任教师数（万人）
1959	841	27.4	81.2	7.0	10
1960	12189	32.3	96.2	13.6	14
1961	845	16.9	94.7	15.1	16
1962	610	10.7	83.0	17.7	14
1963	407	13.3	75.0	19.9	14

续表

年份＼指标	学校数（所）	招生数（万人）	在校学生数（万人）	毕业生人数（万人）	专任教师数（万人）
1964	419	14.7	68.5	20.4	14
1965	434	16.4	67.4	18.6	14
1966	434	—	53.4	14.1	14
1967	434	—	40.9	12.5	14
1968	434	—	25.9	15.0	14
1969	434	—	10.9	15.0	14
1970	434	4.2	4.8	10.3	13
1971	328	4.2	8.3	0.6	14
1972	331	13.4	19.4	1.7	13
1973	345	15.0	31.4	3.0	14
1974	378	16.5	43.0	4.3	15
1975	387	19.1	50.1	11.9	16
1976	392	21.7	56.5	14.9	17
1977	404	27.3	62.5	19.4	19
1978	598	40.2	85.6	16.5	21

注：“—”表示数据缺失，下同。

资料来源：国家统计局。

（二）改革开放后的扩大办学自主权阶段

这一时期，我国实行社会主义市场经济体制，教育体制也随之变化，并有了一些卓有成效的探索，高校自主办学的权力逐步加强，推动高等教育事业及其他社会事业发展。1985 年中共中央颁布的《中共中央关于教育体制改革的决定》提出，“教育管理体制改革的任务是在加强宏观管理的同时，坚决实行简政放权，扩大学校的办学自主权”。1993 年《中国教育改革和发展纲要》明确指出：“在政府与学校的关系上，按照政事分开的原则通过立法明确高等学校的权利和义务，使高等学校真正成为面向社会自主办学的法人实体。”1998 年的《高等教育法》也规定："高校应当面向社会融资自主办学，高等学校自批准之日起取得法人资格，并提出了高等学校的七项自主权，大学独立法人地位确立。"

由于高校自主办学权逐步扩大和落实，在遵守国家政策、法律法规和计划的前提下，学校有权向学生收取学费、聘任和管理教师；有权与国外单位，甚至是国外办学机构合作，积极倡导地方政府、行业及企业、科研机构等与高等学校之间的联合办学，促进产学研一体化；甚至鼓励社会组织、个人和其他社会力量办学教育体制，倡导学校办学不全部依赖国家财政拨款，提倡吸收社会资本。这一阶段的教育体制下，学校与政府一般没有行政上的隶属关系，形成了一种具有民事性质的社会关系。虽然高校办学自主权呼声日益强烈，国家也非常注重理顺政府与高校之间的关系，但在现有的环境和条件下，进入一放就乱、一统就死的恶性循环，政府对高校的过度管制现象没有得到明显改善，依旧没有建立起适应社会主义市场经济的教育管理体制。这一阶段我国公立大学相关数据如表 8－3 所示。

表 8－3　扩大办学自主权阶段我国公立大学相关数据

指标 年份	学校数 （所）	招生数 （万人）	在校学生数 （万人）	毕业生人数 （万人）	专任教师数 （万人）
1979	633	27.5	101.99	8.50	24
1980	675	28.1	114.40	14.7	25
1981	704	27.9	127.94	13.96	25
1982	715	31.5	115.39	45.72	29
1983	805	39.10	120.68	33.53	30
1984	902	47.51	139.56	28.69	32
1985	1016	61.90	170.30	31.60	34
1986	1054	57.20	187.99	39.28	37
1987	1063	61.68	195.87	53.19	39
1988	1075	66.97	206.59	55.34	39
1989	1075	59.71	208.21	57.62	40

资料来源：国家统计局。

（三）现代大学制度的大学治理模式探索阶段

在这一阶段，学者对大学治理结构进行了许多研究和探讨。建立现代大学制度是现阶段中国公立大学变革方向，其中以政府放权和大学内部治理结构建设为重点。

《教育规划纲要》提出："要建立'依法办学、自主管理、民主监督、社会参与'的具有中国特色的学校制度，构建政府、大学、社会的新型关系。"并明确要求："大学治理结构建设就是要加强党的领导，改进和完善政府监督方式，充分发挥学术委员会在学科建设、学术评价、学术发展中的重要作用，探索教授治学的有效途径，加强教职工代表大会和学生代表大会建设，逐步形成自我约束、自我发展的良性机制。"这一阶段我国公立大学相关数据如表 8 -4 所示。

表 8 -4 探索阶段我国公立大学相关数据

指标 年份	学校数（所）	招生数（万人）	在校学生数（万人）	毕业生人数（万人）	专任教师数（万人）	教育经费（万元）
1990	1075	60. 90	206. 30	61. 40	40	—
1991	1075	61. 98	204. 36	61. 42	39	7315028
1992	1053	75. 41	218. 43	60. 42	39	8670491
1993	1065	92. 39	253. 55	57. 07	39	10599374
1994	1080	89. 98	279. 86	63. 74	40	14887813
1995	1054	92. 60	290. 60	80. 50	40	18779501
1996	1032	96. 58	302. 10	83. 86	40	22623394
1997	1020	100. 03	317. 43	82. 90	40	25317326
1998	1022	108. 36	340. 87	82. 98	41	29490592
1999	1071	159. 68	413. 42	84. 76	43	33490416
2000	1041	220. 61	556. 09	94. 98	46	38490806
2001	1225	268. 28	719. 07	103. 63	53	46376626
2002	1396	320. 50	903. 36	133. 73	62	54800278
2003	1552	382. 20	1108. 60	2453. 70	73	62082653
2004	1731	447. 30	1333. 50	239. 10	86	72425989
2005	1792	504. 46	1561. 78	306. 80	97	84188391

续表

指标 年份	学校数（所）	招生数（万人）	在校学生数（万人）	毕业生人数（万人）	专任教师数（万人）	教育经费（万元）
2006	1867	546.10	1738.80	377.50	108	98153087
2007	1908	565.92	1884.90	447.79	117	121480663
2008	2263	607.66	2021.02	511.95	124	145007374
2009	2305	639.49	2144.66	531.10	130	165027065
2010	2358	661.76	2231.79	575.42	134	195618471
2011	2409	681.50	2308.51	608.16	139	238692936
2012	2442	688.83	2391.32	624.70	144	286553052
2013	2491	699.83	2468.07	638.72	150	303647182
2014	2529	721.39	2547.69	659.36	153	328064609
2015	2560	737.84	2625.29	680.88	157	361291927
2016	2596	748.61	2695.84	704.18	160	388663000

资料来源：国家统计局。

二、我国公立大学治理存在的问题

（一）政府职能错位

在政校关系中政府长期处于主导地位，是公立大学的举办者、管理者、办学者和评估者，对大学实行行政干预和直接管理。政府作为政治组织，若以其规则来要求作为学术机构的大学，由于两者差别比较大，因此这显然是不合理的。在政校关系中，政府的职能错位影响了我国公立大学良好有序、公平竞争的环境的形成，尽管政府一再倡导大学之间要公平竞争，但在政府控制的关系下，我国公立大学的竞争往往异化为向政府争名额、抢资源、拉关系，不仅容易导致政府官员的权力寻租行为，而且难以形成有效、公正的竞争市场。

（二）大学自治难以实现

在我国，政校关系比较复杂，政府作为公立大学的举办管理者要对大学进行有效的干预和管制，而作为监督评价者就应该尊重大学的自主性，为其提供自主发展的环境，政府对学校的管和放很难把握。政府不仅决定着大学章程的制定、人员任命、财政拨款、机构设置及教师编制等一系列管理实务，还决定着课程的设置、学位授予、招生名额及入学条件和学费标准等办学事务，使大学不能依法面向社会自主办学。在强调政府占主导地位的环境中，我国公立大学成为被制度所确立的一个组织，被行政化、机关化。大学办学依托于政府的计划和行政管理，大学自治难以落实，完全依据指令性计划进行管理，教育资源由政府统一配置。这种政府主导、大学被动的政校关系不仅束缚了大学自主权和办学活力，而且加重了政府的责任和负担。正因为没有把握好这种“管”与“放”的平衡，使我国大学成为政府的附属，大学很难实现自治。

（三）拨款机制存在不足

我国公立大学作为公益类单位，其经费来源主要有财政拨款和学生学费。大学的价值追求并非经济效益和经济价值，而是社会价值和社会效益，所以给予充足的办学经费是政府对公立大学的重要职责。在我国，政府采用直接面对高校的二元拨款机制，没有专门设立监督机构或中介机构，这使整个拨款程序受拨款机构的政府官员主观意识影响较多，拨款程序缺乏独立性和透明性。并且现在的拨款机制没有考虑我国公立大学的实际需求，只是机械化地根据拨款体制进行经费的估计与划拨，使拨款成为单方行为，容易导致供需脱节，使有限的教育资源没有合理分配到最需要的地区、大学和学科中去，从而降低了资金使用效率。不论是哪种拨款机制都突出反映出一个问题，即简单粗糙，拨款机制参数单一、欠缺合理性，拨款数额也不能体现不同类型、不同层次、不同专业的办学成本。由于教育经费的多寡取决于招生人数，教育机构的盲目扩张就成为一种必然现象。

（四）监督评估机制不完善

加强对教育成果的监督和评估对我国的高等教育水平和质量有很大的促进作用。自20世纪80年代起，我国开始尝试在高等教育质量评估方面进行探索和实践，这些尝试性的探索和实践对我国高等教育改革和教育质量的提高起到了积极作用。但是对我国公立大学及其质量的监督和评估机制仍旧不完善，主要表现在以下几个方面：一是第三方监督评估机构较少，对于现存的第三方机构法律地位不明确，独立性也比较差。由于第三方机构的经费来源主要依靠政府，在一定程度上，其事权和财权都受制于政府，这进一步扭曲了第三方机构与政府、公立大学三者之间的关系。二是政府评估占主导。为了防止由于一些高校盲目扩招可能带来的教育质量滑坡现象，我国政府成立了教育部高等教育教学评估中心，建立了专业评估机构。但是由于评估机构与政府存在附属关系，在评估过程中，政府一般都是直接参与评估的组织与管理，行政干预严重，评估机构没有实际参与管理的权利，大学所接受的评估结果和评估建议也缺乏独立性和权威性，使评估难以发挥作用。三是高校的教育评估需求不足。目前我国已建立了专业的评估机构，并且建立了本科教学工作水平每五年评估一次的评估制度，但是高校主动要求教育评估的需求很少，在评估中，高校多处于被动接受的地位，消极应付，将教学工作水平评估当作一项行政任务应对，这将抑制教育评估的积极性和主动性，甚至抑制教育评估服务和服务项目的进行和发展。

（五）大学的领导、执行、监督机构权力失衡

在党委领导下的校长负责体制下，大学的领导、执行、监督机构权力失衡。校党委身兼多职，既是最高领导和决策机构，又负责监督和协调各个部门的工作；校长与党委书记之间的关系也不明确，两者权责不清，以党代政时常发生，可能导致内部管理间的矛盾。由于很多学术权力实际上都被行政权力取代，对行政权力起不到实质性的监管，并且学校领导对此缺乏意识，群众也没有参与意识，工会的作用也不明显，导致教职工代表大会的监督作用受限，很多教职工代表参与会议讨论也只是走形式，导致监督机构监管不力。

（六）高校与院系权力分配不合理

在我国现有高校管理体制下，校级行政部门的权力比较大，很多相关事项都以贯彻执行行政指令为主，这与大学教学科研、培养人才的本质不相符。行政管理教学工作、专业设置、学科发展和人才培养，其结果一般都达不到预期的设想。高校虽然引入了学院制，但受到过去集中管理体制的影响，学院的独立性和自主性较差，权力也比较小，许多管理权力还是集中在校级，校、院、系之间的权责分配还不是很合理。目前，部分高校出于减轻经费负担的目的，将本应学校负担的校内工资下放给学院，让学院自己创收，自行解决。结果学院和教师都开始忙于创收，占用了本应用于教学和科研工作的时间和精力，学校失去了办学初衷和本质。

（七）学术权力和行政权力的失衡

学术权力和行政权力是一对横向权力，各高校成立学术委员会，由校长担任主席，与此同时，校长也是最高行政权力机构，在这样的权力模式下，行政权力和学术权力失衡，导致重行政轻学术的局面。行政权力过度干预学术问题，在学科设置、教学计划、课程安排、院系设置及人员引进等方面占据主导。这使我国高校学术发展受到严重阻碍，行政权力和学术权力背向而行，行政权力欲控制学术工作，以更加巩固其主体地位，学术权力就想要争取行政权力和自由，发挥学术的权力和作用。这就导致很多学术研究人员更加追求行政权力，而丧失了自己的学术地位，影响了学校的学术水平，损害了学生的利益，进而不利于国家培养高素质的人才。

（八）利益相关者缺位与财政危机

高校治理体系完善本质上是寻求利益相关者利益平衡和利益最大化的过程，它必然要求多重的主体，但我国高校没有建立一个利益相关者愿意参与、容易参与及参与后应有的利益所得的机制。高校外部利益相关者如社会、市场、公民及内部利益相关者如普通教职工、学生参与不足，造成利益不均衡，阻碍高校治理优化。我国的大学治理模式没有一种有效的机制吸纳不同层次的利益相关者参与大学事务决策，造成利益相关者缺位，进而导致监督体系的不健全、资金来源单一等问题，其中最严重的是大学财政危机日益凸显，在大学飞速扩张和建设的背景下，单纯依靠政府拨款和学费收入已经不能弥补大学的财政支出，资金来源单一的大学就显得捉襟见肘。

三、新时期我国公立大学治理模式

各公立大学特征单一，只有在类型（普高和职高）和行政所属关系上有区别。所以各公立大学治理方式也类似，都是在“党委领导下的校长负责制”的大框架下建立自己的治理方式，只是具体机构设置等稍有不同。对此，本书将公立大学治理模式大体分为两类：

（一）纯“党委领导下的校长负责制”

党委领导下的校长负责制是国家以法律形式确定下来的具有中国特色的大学内部治理结构，是长期探索和历史的结晶。但是，《高等教育法》没有明确规定党委和校长的权责范围，公立大学在办学实践中党委和校长常常权责不清、职能交叉和重叠。大学依据自身历史传统、个人权威或协商来处理校党委权力与校行政权力的划分，容易导致“一把手治理”或“精英治理”，校党委常委会和校长层级成员高度重合，例如首都经济贸易大学的 7 名校长、副校长、总会计师（副校级）同时又是校党委常委；北京大学 7 名校长、副校长中有 6 名又担任党委常委，只有 1 名副校长不是党委常委。

这种治理模式具有三个特征：首先，校长权责不对等，对重大事项无法负责，即“领导不负责，负责不领导”；其次，由于权责不清，党委与校长之间容易滋生摩擦、推诿和争权现象；最后，这种模式违背科层组织的基本原则，即一个规范组织系统不允许有两个牵头人。

这种治理模式使大学利益内化，党委和校长形成权力集团，掌握学校几乎所有重要事项的决策权和执行权，缺乏教师、学生及其他公共利益代表等利益相关

者的参与，不能完全反映公办大学服务公众的宗旨。

（二）“党委领导下的校长负责制＋校董事会”

随着高等教育管理体制不断改革和发展，公立大学治理结构开启了建立校董事会的探索。董事会拓宽了公立大学的筹资渠道，加强了大学与社会间的联系和互动，提高了其运营能力，同时也扩大了公众影响力。但总体上，董事会还处于探索期，对公立大学内部治理机制和结构不起关键作用。

校董事会有四个特点：第一，参与权受限，相当于大学的咨询机构，不具有权威性和约束力；第二，没有严谨的聘用程序，组织形式松散，运行管理机制不健全；第三，成员之间组成“感情＋利益”联合体，以政府官员、商界精英、校友代表居多；第四，没有理顺校董会与大学内部治理结构中各主体之间的关系，尤其是董事会与党委、董事会与校长之间的关系。

董事会存在的问题有：第一，不能从根本上改变中国教育行政管理体制，也不能完善公立大学的内部治理结构。第二，它的建立具有不可否认的功利主义，导致大学盲目追求利益。第三，《教育法》和《高等教育法》都没有明确确定董事会在大学治理结构中的法律地位、参与管理大学的权利和责任，以及资本投入和使用的相关条例，导致董事会活动无章可循。第四，董事会依旧不能充分代表公共利益并由各利益相关者广泛参与。在人员构成上，本应是内外部各利益团体代表构成的董事会仍旧由“内部人”主导。第五，董事会作用不明显，只是在咨询指导、支持帮助、沟通互动等方面起到一定的作用，但是在治理学校和服务社会上作用不大。

综上所述，上面两种模式都没能突破政府行政控制的特点，呈现出“内部性”特征，这是由公立大学财政拨款为主的筹资方式及内部治理结构设计决定的。

四、我国公立大学治理模式的转型

（一）我国公立大学治理模式转型的实现路径

对于我国现阶段而言，需要建立适应社会变革和教育发展趋势的大学治理结构，建立问题导向机制，即首先明确目前大学治理结构中存在的问题，以这些问题为导向进行有针对性的调整和优化。基本思路就是要根据我国国情，遵循高校治理结构历史演进的基本规律，把握高校治理结构的两大基本关系，外部就是要建立政府、社会和大学的多元治理模式，内部就是要处理好行政权力和学术权力的矛盾，建立互动制衡机制，相互促进和监督，构建具有中国特色的现代大学治理结构（见图 8 –2）。

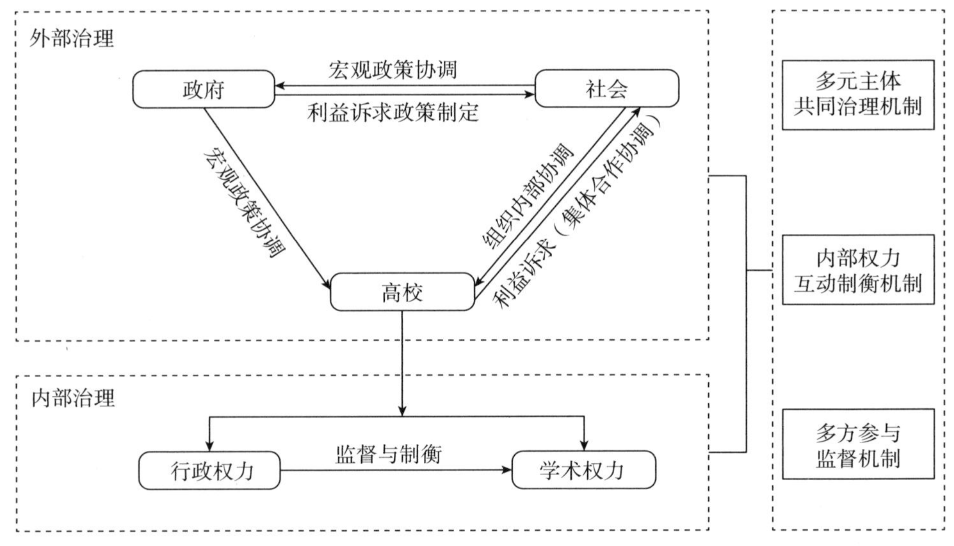

图 8 –2　我国公立大学治理模式

（二）我国公立大学治理模式转型的运行机制

1. 多元主体共同治理机制

治理主体的多元化是现代治理的主要特征，它强调除政府外的其他利益主体参与治理，由原来的政府单一治理模式向多元主体治理模式转变，重点是重构政府、学校和市场的关系。本章认为，现代大学共同治理至少体现在三个方面：首先，在政—校—社会三者关系上，政府不再是唯一的治理中心，大学自治权增强，成为大学治理最重要的主体，同时社会组织和成员等各利益相关者也在大学治理中起重要的作用；其次，在治理方式上，政府和大学是平等协商的相互合作关系，而不是管与被管的关系；最后，在治理责任上，多元共同治理强调各参与主体对大学治理的共同责任，而不是只强调政府对大学的管理责任。

2. 内部权力互动制衡机制

治理的内涵强调治理关键在于权力的运行，权力主体间的关系是权力的本质。因此，大学外部治理的实质在于政府、大学及社会利益团体等各利益相关者之间建立良性互动的合作关系。大学管理不再是依附于政府的权威，而是各权力主体间的相互合作，权力运行多元互动，不再自上而下和单一。大学的内部治理取决于其内部各权力主体间的互动合作关系。大学存在多种内部权力，只有在各种权力之间建立制衡和约束机制，形成多种权力间的良性互动，才能实现大学的有效治理。

3. 多方参与监督机制

在治理中，没有监督和约束制衡的权力会被异化。高校多种权力间的关系比较复杂，建立良好的监督约束机制就显得尤为迫切。民主管理与监督体系应当贯穿于权力运行的全过程，反映在大学治理的方方面面，保障多元权力之间形成相互依赖、相互制约的关系。

五、深化我国公立大学治理改革的建议

（一）转变政府职能

政府职能是一个社会行政体系在整个社会系统中所扮演的角色和发挥的作用，在“服务型政府”理念下，政府的首要任务是提供社会公共服务（包括高等教育服务）以满足社会公众的需求。然而，我国政府并非高等教育服务的提供者而是其购买者，通过差额拨款或全额拨款的形式。政府对于公立大学的发展具有宏观调控和评价监督的权利，但是不应该对公立大学内部治理进行过多的行政管治。因此，政府应脱离传统的集权管理方式，创新管理理念，增强政校合作理念而非管控思想，认清自身职能。政府的职责是办教育而不是办学校，减少对公立大学的行政干预，着眼于整体的教育水平和质量。要正确定位政府与我国公立大学的关系，既不能越位也不能缺位，真正形成政府宏观控制、学校自主办学的新型政校关系。

在我国公立大学治理与发展中转变政府职能，主要体现在政府对高等教育的统筹规划、政策引导、监督管理等方面。首先是立法方面，政府必须是立法权的掌控者，政府必须按照高等教育法律法规制定有关高校发展的法案，使公立大学有法可依、有规可循，政府和公立大学一起合作做到依法办学、依法治教。其次是规划方面，政府对我国公立大学的规模、层次、结构等方面进行统筹规划，并确定相应的发展要求和目标。最后是引入市场竞争机制，鼓励外部各类利益相关群体参与高校办学，制定并不断完善高等教育市场的竞争规则和秩序，创建一个统一、自由、公平、公正、公开的高等教育竞争市场。

（二）建立健全拨款体制

财政拨款是政府与公立大学关系的重要体现，拨款体制是否科学合理，是政校关系是否顺畅的重要因素，建立健全拨款体制对于理顺政校关系具有重要意

义。首先，要将拨款体制纳入法律框架，为政校关系营造法律环境。目前，改革我国政府拨款方式已经成为主流，为确保改革的顺利进行，将财政拨款体制纳入《高等教育法》《预算法》等法律中，确保财政拨款的实施有法可依，还应考虑制定财政拨款实施细则及评估监督等的制度和方法，确保财政拨款有章可循。总之，财政拨款体制改革只有在相对完善的法律框架下才能更加科学和民主。其次，建立财政拨款的中介机构。该机构应该尽量独立于政府部门，可由政府官员、高校的领导者、教育专家及其他利益相关者组成，其人员比例要设置适当，政府官员和高校的领导者都不宜过多，以避免成为变相的行政部门。该机构的主要职能是与评估机构密切配合，参考评估机构的评估结果为政府制定高校的整体财政计划，将拨款与评估结果相挂钩，确保经费使用的效益和效率等。最后，要改革拨款方式，引入绩效拨款。引入绩效拨款，必须对我国公立大学教育经费的使用效率、效益和质量进行评估，为此，高校需要进行绩效预算。也就是说明申请经费所要达到的目标及为了实现目标而需要进行哪些活动和支出，并且要量化指标来衡量其每项活动的完成情况。政府和中介机构可以参考高校的绩效预算进行经费分配，能够提高拨款效率与效果。

（三）完善评估监督机构

建立完善我国公立大学的评估监督机构不仅能够促进公立大学的不断完善，为社会提供优质的教育和优秀的人才，也能够为财政拨款提供依据，进而理顺政校关系，完善大学治理结构。完善我国公立大学的评估监督机构，建立相应的准入制度是至关重要的，必须对其构成和资质进行审批，主要包括以下几个方面：第一，具有获得高等教育评估资格认证的专家和相关的评估技术人员，并且具有独立性；第二，主要业务是进行高等教育评估，并具有独立的法人资格；第三，具有一定的注册资本，经费来源相对稳定；第四，具有完善的评估规则和程序、评估运行机制、评估自律机制等；第五，具备评估所必需的基本设备和能力。政府作为审批方，必须严格按照准入条件进行审批，并且在程序上做到公正、公平，只有符合审批条件者才能进入高等教育评估市场。建立并完善了评估监督机构后，我国公立大学可以根据自身需求选择相应的评估监督机构，政府要积极引导高校自愿、主动接受外部第三方的评估和监督，并且将评估监督机构的评估结果作为考量教育经费的一个指标，一次促进高校积极接受和进行评估监督。此外，还可以对那些评估结果优异的高校进行相应奖励从而引导和激发高校积极参与评估。政府还要不断培育和扶持不同类型的高等教育评估监督机构，以满足高校的多种评估需求和提高高等教育质量。

(四) 建立大学内部权责划分的制约机制

传统大学管理制度容易导致一个机构权力膨胀及学术权力不自由等问题，因为高校缺乏权力制衡机制，所以需要建立大学内部权责划分的制约机制。首先，明确党政职责划分，在党委领导的校长负责制的大制度下制定行动实施细则，明确党委的职责，使党委与校长之间权责分明，党委要支持校长的行政工作，校长也要积极配合高校党建工作，加强党建和思想政治工作与学校业务工作的融合，党政之间既分工明确，互不过度干预，又要注重协作和相互支持。其次，要增强监督机构的监管力度。应当给予教务委员会实权，使其不仅是一个参与行政事务讨论与研究的议事机构，而且是一个能吸收校内行政人员、教职工、学生甚至政府等利益相关者参与的有效的行政监督机构。此外，学术委员会的权威也应当加强，实行教授治学，将高校学术性事务的决策权赋予学术委员会，充分发挥学术权力的作用。教职工代表大会的作用也不容忽视，遵循民主集中制原则，让教职工代表大会成为大学最高的监督机构。通过强化校务委员会、学术委员会和教职工代表大会的权利来加强对各管理层的监督，同时，这三者之间可以借鉴国外的经验，引入董事会制度在这三者之间形成“双向监管”。

(五) 实行学院参与型的治理模式

学校各学科间差异大，过度集中管理使学校领导难以管理到具体的每一个院系，不利于学科发展，所以学校应当将权力下放，实行以学院为重点的权力体系，给予院系一定的自主权。学院参与型的治理模式是指发挥学院学术人员、行政人员及学生等各利益相关者的主观能动性，积极参与到大学的治理中。学校以培养人才为主，所以学术人员是治理核心，行政人员为各项工作的开展提供资源和服务，学生是学习主体，学校治理的好与坏直接关系到其切身利益。学院参与型的治理模式要求建立健全决策执行系统、参谋咨询系统和监督反馈系统。院务委员会承担决策机构职责，可由院党委、院长及教授代表等构成，学院的所有重

大事项都需经其讨论通过，涉及学生利益时，也可选出学生代表参与讨论。在讨论有关发展规划时，可邀请校外人士参与，以加强学校和社会的联系。教授和业务专家应当充分发挥其专业知识和教学经验的作用，在学术方面给予学校管理上的建议。此外，还应该在学院组织结构中设置监督委员会加强对学院行政领导在科研教学质量和行政工作质量等方面的监督和评估，尤其要注重对院一级领导的监督，并将评估结果和意见提交反馈给院务委员会讨论，改善当前学院分党委和行政共同决策和办事的状态。

（六）调整学术权力与行政权力的关系

针对前面章节提出的问题，高校治理应当摆正行政权力位置，重视学术权力。这两种权力性质不同，不能简单地用谁替代谁，否则就会违背规律，阻碍其发展。行政权力主要实施学校教学、科研和其他行政管理工作，学术权力应该对学校有关学术的重大问题拥有决策权和审议权，不能形同虚设。大学的职能和属性决定了行政权力服务于学术权力，为教学和科学研究创造条件。赋予学术委员会学术权力，对学校的招生政策、学科建设、课程安排及学位授予等学术性事务具有决策权，充分实现学术自由。行政部门管理学校的教学、科研和其他行政管理工作，倡导其在做决策时争取学术权力的支持，实现两种权力的有机结合。通过制度创新和内部体制改革，实现由高度集中管理模式向集中与分散相结合的管理模式的转变，实现以行政管理为主导向行政管理与学术管理相结合的方式的转变。

（七）鼓励利益相关者参与大学治理

我国公立大学外部各类利益相关群体是其外部治理结构的重要主体，对我国公立大学竞争环境的营造具有重要作用。首先，建立外部利益相关者与政府既监督又合作的关系，也就是外部利益相关者既有对政府对于公立大学治理的评价监督权利，又有与政府合作对公立大学进行治理的义务。其次，除了外部利益相关者为公立大学提供资金支持并对其进行评价监督外，高校还应当建立健全与外部利益相关者的沟通交流机制，加强与外部利益相关者的对话和合作，多渠道了解其需求，例如构建面对面、会议、咨询、调研、现场办公、电话、邮件、网络等多种沟通渠道，改善管理方式，相互间建立一种良好的信任关系，提高其参与治理的积极性。再次，加强外部利益相关者自身建设，为参与我国公立大学外部治理做好准备。最后，要建立完善的外部利益相关者参与规则，也就是实现外部利益相关者参与高校治理的法治化和制度化。在保证外部利益相关者知情权的前提下，规范外部利益相关者的参与程序，我国公立大学应不断加强舆论反馈、民主评议、审议、听证等工作，明确界定外部利益相关方参与治理的内容、范围和形式，使其参与有章可循。

（八）注重文化因素力量

理性具有有限性特征，任何正式制度都有漏洞和缺失，需要文化因素填补。文化是大学的软实力，建立现代大学制度文化氛围是大学治理的有效推手。首先，大学追求卓越，脱离功利主义，传播文明的精神，形成大多数人认可的价值观，并在其约束下自觉行事，有序沟通、互动，推动大学发展。其次，高校治理形式要以人为本，包括治理的理念、方法、模式及特色等，形成组织和目标统一、鼓励创新、协调合作的工作和生活状态。好的理念文化精神能弥补正式制度存在的漏洞和缺失，使制度在大学文化体系下更加有效。

第九章　结　论

公益类事业单位是我国事业单位的重要组成部分，承担为全国人民提供科、教、文、卫等公共物品和服务的重要任务，坚持公益性是事业单位改革最终的目标取向。从中华人民共和国成立至今，我国事业单位已走过近 70 年的历程，经历了计划经济阶段、改革探索阶段、深化改革阶段及分类改革阶段，科教文卫领域改革都取得重大进展。总体来讲，公益类事业单位改革大方向逐步从国家统管模式向市场治理模式转变，从最初的计划经济向现在的分类改革转变，在此过程中改革始终坚持市场经济改革方向，始终坚持党管干部、素质优先原则，始终坚持政事分开和加强监管相结合，始终坚持创新管理机制与运行机制相结合，始终坚持分类指导和统筹协调相结合。我国公益类事业单位在改革历程中管理主体、运行机制和管理方式等方面都突破了单一化的体制限制，向多元化方向发展，架起了政府与民生之间的桥梁，是政府向社会提供公共产品和公共服务的重要渠道。在公益类事业单位改革的推进方面，随着我国经济发展水平不断提高，社会公众对公共服务的要求也随之增加。我国已经进行了几轮事业单位改革，取得不菲的成绩，新一轮改革在一定程度上减少了事业单位数量。

综上所述，公益类事业单位改革探索伴随着我国改革开放的整个过程，其发展的四个不同阶段是密不可分、不断探索深化的过程。但是，公益类事业单位的改革不是一蹴而就的，尽管取得了一系列成就，但整体的进程比较缓慢，许多问题没有得到实质性的解决，对传统体制存在惯性依赖，相关社会主体参与不足，政事分开、管办分离进程举步维艰，公益类产品定价不科学，缺乏完善的绩效评价机制，缺乏法律规章，政府与市场关系失调。而这一系列问题有待于政府和市场治理主体的共同参与，政府逐步退出，充当“掌舵人”而不是“划桨人”，让市场在资源配置中发挥主要作用。

计划经济体制下的公益类事业单位治理结构遵循“资产政府所有、领导政府任命、价格政府制定、经营政府控制、盈亏政府统负”，这一传统理念是我国公益类事业单位管制政策和法律制定实施过程中所驻足的政治逻辑基础。治理结构的特点主要表现为管理体制的行政化、经费来源的供给化、人员编制的干部化、职能目标的计划化及行为模式上的双规化。政府主导下的治理模式在计划经济时代起到一定的积极作用，如为国家兴办社会事业、集中力量办大事提供了符合当时体制要求的模式；为人才的累积、延续和发挥作用提供了重要的载体和平台；为政权的运转和社会的稳定提供了有效手段。但公益类事业单位所属行业的产权结构、治理结构和市场结构无一不带有强烈的政府主导倾向，然而在全球公用事业放松管制和私有化运动带动下，我国各级政府已经意识到必须打破统包统管的传统体制模式，公益类事业单位逐步从以政治性为主导的治理模式向以市场性为主导的治理机制迈进。中央和各级政府也高度关注公益类事业单位的改革和治理模式的转变，颁布各项改革相关法规政策。综上可知，尽管我国事业单位改革取得不菲的成绩，市场经济体制改革取得较大进展，但出身于计划经济体制下的公益类事业单位治理模式还未完全摆脱政治性治理的束缚，因此，我国公益类事业单位治理仍处于“强政府，弱社会”阶段。随着事业单位改革进入攻坚期，公益类事业单位在治理模式中存在的问题日益显现：公益类事业单位治理体制改革动力不足，公益类事业单位“政事不分、管办不分、政资不分”的现象仍然存在，公益类事业单位缺乏灵活多样的激励机制，社会治理主体实质性参与不强，不同政策系统间契合和衔接不到位，公益类事业单位治理结构职能定位不明确，治理结构所有权虚化，资源配置效率低。

我国公益类事业单位改革需要根据自身的特点构建具有自身特色的治理模式、治理机制，虽然国外没有公益类事业单位，但是因为公益类事业单位提供的产品多为广义上的公共产品，因此可以通过国外各国公共产品的供给机制改革历程和发展现状，从中吸取可以借鉴的经验。广义的公共产品具有非排他性或非竞争性，并且具有民生必需性和较强的外部性，从而产生了“搭便车”、公地悲剧、排他成本等问题。因此，国外公共产品的供给也经历了社会自发供给、政府供给、市场化供给等过程，虽然并不是每个国家都经历了每个过程，但是就目前现状来看，多数国家的公共产品的供给并不是单一的供给模式，而是根据提供的公共产品的特性的不同，采用政府供给、市场供给、社会供给的多元化供给模式，通过对国外公共产品供给改革历程、典型模式特点的总结及案例国家典型行业公共产品供给模式、管理模式等方面的总结，为我国公益类事业单位改革提供经验借鉴。通过对英国、新西兰、德国、日本等国家公益类事业单位的典型案例进行分析和总结，发现各国对于公共服务的供给都是逐步进行改革的，基本上都经历了自由发展—政府供给—市场化供给—多元供给和治理的过程。这个过程为我国公益类事业单位的改革提供了经验和借鉴，未来要逐渐完善法律法规及配套制度建设，发展多种组织形式的公共服务提供者，基础性的社会公益事业仍需政府主办，同时加强公共产品和服务供给机构的监督与制约。

在研究公益类事业单位治理模式和机制的问题中，会出现三个参与主体，即政府、公益类事业单位、社会公众，它们追求的目标是不同的。政府追求的目标是社会福利的最大化，实现公平和效率两方面，以及可持续发展；社会公众追求的是公共服务的便利化；而公益类事业单位追求的是利润最大化。三个参与主体追求的目标虽然不同，存在着一定的利益冲突，但它们之间还存在着相互的联系，还可以互相影响和作用，即本书所要研究的问题可以描述为：三个目标不同的参与人，多数情况下存在信息不对称，如何把握政府对于公益类事业单位的控制或者干预程度，设计符合这种控制程度的一个补贴方式，在此种补贴方式下，三者都可以追求到各自的最大效用，实现各自所追求的目标。而博弈论是关于聪明而又理性的多个参与者在利益相互影响的情况下如何选择策略、采取行动及与对手互动的决策理论，恰好可以满足上述问题研究的要求，因此本书使用博弈论的方式建立模型，来分析公益类事业单位治理的相关问题。根据公益类事业单位治理博弈模型分析结果，对公益类事业单位采用服务及成本监督下的补贴方式更适合我国国情，建议政府部门在对公益类事业单位补贴时，采用具有较强激励机制的服务及成本监督下的补贴方式，准确地观测公益类事业单位的行为选择，这样更能激发单位努力经营的动力，能高效率地使用财政补贴，实现较大的社会效益。

公益类事业单位作为我国公共服务生产的主要部门，对社会正常运转和稳定有重要作用，目前我国公共服务供给体系结构还不够稳定，许多深层次问题还有待解决，特别是公益类事业单位的改革迫在眉睫。就公益类事业单位定位而言，政府应负有保障有效供给的终极责任，但在运营体制上可通过直接供给、公私合作和利用市场机制等多种方式实现。消费者应具有以公平合理的价格获得公共服务及相应的监督权利。在未来，公益类事业单位应成为我国公共服务供给体系的主要组成部分，其改革成败关系到能否成功建立“基本服务优先、供给水平适度、布局结构合理、服务公平公正的中国特色公共服务体系”。考虑到公共服务涉及的各个方面，基于营利/非营利、公立/私立两个维度，以及政府、市场、社会公众等要素建立了公益类事业单位整体治理框架。我国公益类事业单位整体治理架构反映了公益类事业单位公共服务供给的各个参与部分之间的关系，框架既包括了作为公共服务生产者的公益类事业单位、作为公共服务消费者的社会公众与机构，同时也包括了作为关键治理机制的政府和市场。框架中的公益类事业单位不仅要接受政府、市场、社会公众和相关机构的监督和约束，同时其内部也要根据其类型的不同形式保证其高效运营的不同治理机制，比如政府治理机制、理事会治理机制和董事会治理机制等，并明确公益类事业单位治理原则，坚持政事分开、管办分离原则，分权制衡原则，公益属性原则，多元治理原则。我国的公共服务供给体系应是政府和市场体制合作的不同组织形式的连续统一体。不同组织形式应具有不同的治理结构模式和治理体制。综合考虑公益类事业单位的供给体制、运营体制、公共服务的共用品特性、规模和服务范围及服务特点等因素，可将未来的公益类事业单位治理结构模式分为政府治理、联合治理、理事会治理、合作治理和董事会治理等多种治理模式。政府治理模式由政府主导，负责提供、投资、建设、运营普遍性基本公共服务，主要适用于公立非营利情况，针对市场无法发挥作用的领域，例如公共安全领域，如外交、国防等。联合治理模式依托于财政拨款，以政府为供给主体，通过建立联合委员会，对不同地区的文化、医疗、教育等公共服务领域进行统筹监管，统一决策各个公共服务产品的资金来源、价格制定和运行体制。该模式适用于公立非营利模式，例如教育、医疗、文化等领域。理事会治理模式的资金来源主要为财政支出，供给主体以公有为主，但引入了市场机制和竞争机制，实现自主经营，通过政府机构进行有效监管。该模式适应于我国公立医院和公立学校等领域。合作治理模式是政府与市场的相互作用，通过公私合作达到均衡，更多地体现在政府购买，采用公开招标、定向委托等方式，将部分公共服务项目转移给非营利组织、企事业单位、私营单位等。董事会治理模式的资金来源于市场价格机制下的公共产品收费，供给主体以私营企业为主，除了组织内部监督，还受到政府和行业机构的监督。该模式主要针对公共服务中的私立营利性组织。

公益类事业单位目前普遍存在组织形式单一、所有者缺位、内部人控制等问题，同时部分公益类事业单位以公共服务的名义营利。原因在于公益类事业单位尚未建立有效的治理结构，因而未能清晰界定并规范内部和外部利益相关者的职责和权限。从内部来看，严重依赖政府的单边治理导致管理模式过于官僚化，缺乏有效的监督机制、竞争机制和决策机制。从外部来看，法律机制不健全，监管机制不健全，市场机制没有发挥实际作用。同时，利益相关者的参与机制缺失导致消费者的参与度和外部监管程度低下，影响了公益类事业单位深化改革的推进。有效的治理结构通过建立科学合理的决策、执行和监督机制，可以解决目前公益类事业单位存在的诸多问题。因此，治理结构的建立和运行将是推进我国公益类事业单位改革的一个重要突破口和切入点，同时需要建立一系列保障措施为公益类事业单位治理模式的顺利进行保驾护航。为了减少公共服务产品从产生到供给、从决策到执行过程中的低效与滞后问题，公益类事业单位治理机制应该从政府监管、强制约束、供给、运营、激励约束、绩效评价、社会监督等角度来考虑，针对不同的治理模式，建立相应的治理机制，包括政府监管机制、法律政策机制、供给机制、运营机制、激励约束机制、绩效评价机制、社会监督机制。公益类事业单位改革是整个事业单位改革的核心和难点。目前，改革已经启动，而理论储备不足。亟须建立适合公益类事业单位特点的治理结构模式，并为推进公益类事业单位改革提供理论分析和政策建议，建立一系列公益类事业单位治理模式保障措施，具体为深化公益类事业单位管理体制改革，积极有序加强公益类事业单位法人治理结构建设，同步推进公益类事业单位配套制度改革，制定和健全公益类事业单位法人治理结构的法律和程序，加强公共服务内部与外部监督。

公立医院作为公益类事业单位的重要组成部分，一直是国家和社会关注的焦点。党的十八大以来，深化医改已取得阶段性成效，中国特色基本医疗卫生制度已基本形成。而党的十九大对此提出更高要求，进一步指出，我国要全面建立中国特色基本医疗卫生制度、医疗保障制度和优质高效的医疗卫生服务体系，健全现代医院管理制度等。近年来，人们对医疗卫生需求尤其是公共医疗卫生需求的不断增加，呈现出多样化的态势。同时，虽然我国医疗服务资源的供给量逐年增长，但医疗资源总量仍不足。尽管我国卫生总费用持续增加，但是其占 GDP 的比例一直相对较低，卫生总费用不足。另外，医疗资源的地域分布不合理加剧了医疗服务供需矛盾。大规模的综合型公立医院一般分布在经济发达地区，医疗资源的地域分布不均，转诊制度未能有效执行，导致公共医疗体系无法发挥作用。随着我国公立医院改革的不断深入，其在发展过程中出现的问题也越发突出，存在供需矛盾突出、“看病难、看病贵”、医疗服务质量较低、管理效率低下等众多问题，政府干预过多等问题也越来越严重。而这些问题的主要原因在于我国公立医院缺乏完善的法律法规体系；管办不分、权责不明，没有在根本上处理好政府和医院的关系，我国公立医院缺乏明晰的产权界定和独立完整的法人财产权，缺乏独立的人事权、分配权、经营管理自主权；医院人事制度缺乏专业性；财政补偿机制使医院“入不敷出”；忽视了建立绩效管理机制的真正意义；利益相关者参与机制不健全；缺乏有效的监督机制。因此，建立现代的医院治理体系，从而对公立医院进行更好的管理和监督是解决当前问题的当务之急。由于我国各地方公立医院情况不同，所以划分标准也不同，我们应该根据研究问题和情况的不同，设计出合理的制度安排。本书按照政府与市场的关系，即政府参与公立医院管理的程度强弱，总结出四种模式：政府治理模式、托管治理模式、公私合作治理模式及董事会治理模式。政府治理模式是指由政府出资、建设和运营公立医院。该模式的资金来源主要为财政税收和财政补贴，政府为主要供给主体，并实现外部监督。该模式的适用情况为规模小、地区偏远或医疗技术较差、需要政府大量资金支持的公立医院。托管治理模式是指医院产权所有者将医院的经营管理权交由第三方职业管理团队来负责，他们通常具有较专业的经营管理技能和较强的经营管理能力，并承担一定的经营管理风险进行有偿经营。该模式只适用于公立医院规模较大、内部治理机制有待完善、需要专业型治理团队的情况。公私合作治理模式是指允许民间资本加入到公立医院，参与医院的改制、改组和改造，形成以公有制医疗机构为主体、多种所有制医疗机构共同发展的新格局。该模式适用于内部治理机制较完善、所需资金量较大、需从资本市场上筹集资金的公立医院。董事会治理模式由董事会、监事会和管理层构成。董事会应由出资者代表、医院代表、政府相关部门人员和财务、法律等利益相关者构成。董事会对出资人负责，主要职责是审议医院的重大决策，任命董事会成员和重要行政人员，以及制订国有资本再投资计划等。这种治理模式使公立医院真正实现了自负盈亏、自担风险的独立法人地位，有利于进一步提高医院的经营管理效率。该模式适用于医疗服务技术较高、内部治理结构较完善的公立医院。为了保障我国公立医院治理模式顺利转型，应建立相应的运行机制，包括政府监管机制、社会监督机制、绩效评价机制、激励约束机制，并建立一系列配套制度，处理好政府和市场的关系，深化人事、薪酬、绩效考核制度改革，完善社会保障体系建设。

公立大学是公益类事业单位的重要组成部分。政府作为我国公立大学外部治理和内部治理的决定者和推动者，主导着我国大学制度建设。随着治理环境的变化和治理条件的成熟，我国公立大学开始进入政府主导和大学自我治理并重的阶段，而且大学治理制度建设越来越得到各方面的重视。但是，由于我国公立大学与政府的特殊关系，长期以来政府扮演着我国公立大学的举办者、管理者、办学

者和评估者的角色，政府部门集四种职能于一身，对大学实行直接管理和行政干预。我国公立大学被“行政化”“机关化”，束缚了大学的发展，使我国大学成为政府的附属，大学很难实现自治，同时也加重了政府的责任和负担。我国公立大学作为公益类单位，其经费来源主要有财政拨款和学生学费，政府对公立大学的拨款机制缺乏差异定价，既不能反映教育服务的成本支出，也不能反映社会经济发展对教育服务的需求状况，因此缺乏对教育机构服务市场的激励效应。监督评估机制不完善、群众参与意识不强及工会自身工作薄弱等原因，造成教职工代表大会的监督作用受限，导致监督机构监管不力。利益相关者的参与缺位，不仅造成监督机制的不健全、学术权力泛行政化、教授很难参与决策等问题，最重要的是大学的财政危机在这种背景下日益严重。结合当前大学治理结构中存在的现实问题，对我国公立大学治理模式进行转型的基本思路是：把握大学治理结构的两大基本关系，大学外部治理方面建立政府、社会和大学的多元治理模式，大学内部治理方面要处理好行政权力和学术权力的矛盾，建立互动制衡机制，相互促进和监督，构建具有中国特色的现代大学治理结构。深化我国公立大学治理改革，要正确定位政府与我国公立大学的关系，既不能越位也不能缺位，真正形成政府宏观控制、学校自主办学的新型政校关系，并建立健全拨款体制，完善评估监督机构，建立大学内部权责划分的制约机制，实行学院参与型的治理模式，调整学术权力与行政权力的关系，鼓励利益相关者参与大学治理，营造现代大学制度文化氛围。

参考文献

［1］“构建和谐社会与深化行政管理体制改革”研讨会暨中国行政管理学会 2007 年年会论文集［C］．中国行政管理学会，2007：7.

［2］巴泽尔．产权的经济分析［M］．费方域等译．上海：上海人民出版社，2006.

［3］柏良泽．事业单位改革回顾与新制度构建［C］．中国行政管理学会．“构建和谐社会与深化行政管理体制改革”研讨会暨中国行政管理学会 2007 年年会论文集．中国行政管理学会：中国行政管理学会，2007：2390－2396.

［4］蔡佳楠，高烁等．环境、经济与社会发展协同效益研究综述［J］．中国人口·资源与环境，2016，26（S2）：35－38.

［5］陈慧．浅议中国事业单位管理体制改革［J］．经济师，2011（7）：14－16.

［6］陈金圣．重塑大学治理体系：大学治理能力现代化的实现路径［J］．教育发展研究，2014，34（9）：20－26.

［7］陈娟．政府公共服务供给的困境与解决之道［J］．理论探索，2017（1）：92－98.

［8］陈鹏．非营利事业单位：我国事业单位改革的一种模式选择［D］．浙江大学硕士学位论文，2005.

［9］成思危．中国事业单位改革——模式选择与分类引导［M］．北京：民主与建设出版社，2000.

［10］崔岐恩，习勇生等．大学内部关系性契约治理研究［J］．高教探索，2015（5）：9－12.

［11］党秀云，周晓丽．论德国公共服务改革及其对我国的启示［J］．四川行政学院学报，2007（1）：34－37.

［12］杜志淳．我国现代大学内部治理结构的改革与完善［J］．法学教育研

究，2015，12（1）：40－50，389.

［13］范恒山．关于中国事业单位改革几个重要问题的思考［J］．中国经贸导刊，2004（12）：39－40.

［14］范恒山．中国事业单位改革探索（下卷）［M］．北京：人民出版社，2010.

［15］方鹏骞，张霄艳等．中国特色现代医院管理制度的基本框架与发展路径［J］．中国医院管理，2014，34（10）：4－7.

［16］封铁英，戴超．公益服务类事业单位养老保险基金收支预测与政策仿真——基于养老保险制度参数的优化设计［J］．中国软科学，2010（11）：73－87.

［17］傅冬雁．新形势下公益性事业单位的资金控制探讨［J］．财经界（学术版），2016（18）：79－80.

［18］傅涛．市场化进程中的城市水业［M］．北京：中国建筑工业出版社，2007.

［19］甘永涛．大学治理结构的三种国际模式［J］．高等工程教育研究，2007（2）：72－76.

［20］甘永涛．英国大学治理结构的演变［J］．高等教育研究，2007（9）：88－92.

［21］管仲军．面向现代公益事业组织的事业单位分类改革研究［J］．北京行政学院学报，2014（2）：1－6.

［22］郭军灵．我国公益类科研机构体制改革的模式探讨［J］．科研管理，2007（4）：73－80.

［23］郭小聪，聂勇浩．事业单位分类改革：内在冲突及替代性方案［J］．中国人民大学学报，2011，25（5）：100－106.

［24］何文杰．公益类事业单位绩效工资制、工资保障及其相关立法研究［J］．甘肃政法学院学报，2013（3）：88－92.

［25］胡玮玥．浅析慈善2.0时代政府监管的角色定位［J］．山西青年，2017（14）.

［26］黄恒学，宋彭．正确认识公益事业体制及公益事业单位改革［J］．北京行政学院学报，2013（3）：1－4.

［27］黄少瑜．从公立医院的公益性看其社会责任［J］．现代医院管理，

2011，9（1）：12－14.

［28］黄少瑜等．对公立医院法人治理结构的认识和思考［J］．卫生软科学，2011，25（5）：291－293.

［29］黄涛．博弈论教程［M］．北京：首都经济贸易大学出版社，2004.

［30］黄学恒．中国事业管理体制改革研究［M］．北京：清华大学出版社，1998.

［31］贾博．公益性与自主性：公益类事业单位改革的双重价值目标［J］．北京行政学院学报，2013（6）：1－4.

［32］蒋达勇．学术委员会撬动大学治理改革的理论与实践［J］．高教探索，2016（7）：42－46.

［33］蒋寒迪，匡胜．事业单位改革的难点与对策：基于国际经验的探讨［J］．当代财经，2005（10）：17－20.

［34］康静．基于绩效评价的城市供水企业价格形成机制研究［D］．首都经济贸易大学硕士学位论文，2014.

［35］柯婷等．困境与对策：当前中国大学治理的路径分析［J］．社会工作与管理，2016，16（4）：88－92.

［36］李和中，曾一晰．中国深化事业单位改革的基本思路与步骤［J］．湖北社会科学，2006（12）：23－26.

［37］李建忠．公益目标及其实现机制：事业单位分类改革的核心问题［J］．北京行政学院学报，2014（1）：5－9.

［38］李建忠．我国事业单位改革现状与趋势［J］．中国党政干部论坛，2016（12）：7－12.

［39］李军鹏．国外公共服务改革的做法与启示［J］．行政管理改革，2010（10）：55－59.

［40］李军鹏．政府购买公共服务的学理因由、典型模式与推进策略［J］．改革，2013（12）：17－29.

［41］李瑞霞．我国事业单位的发展现状与改革取向［J］．学习月刊，2008（13）：32－34.

［42］李卫平，黄二丹．公立医院法人化治理改革实践——浙江东阳市人民医院的法人治理结构［J］．卫生经济研究，2010（8）：5－8.

［43］李文钊，蔡长昆．政治制度结构、社会资本与公共治理制度选择

[J]．管理世界，2012（8）：43－54.

[44] 李文钊．事业单位分类改革的公共服务与制度逻辑［J］．改革，2012（6）：133－147.

[45] 李旭炎．全面完善大学治理结构［J］．教育与职业，2015（4）：45.

[46] 梁小威，张纯．英国医院的市场化体制改革实践［J］．医院管理论坛，2003，20（3）：35－47.

[47] 刘刚，朴春兰．公益类事业单位改革问题探讨［J］．学理论，2011（17）：71－72.

[48] 刘广明．中国大学治理模式的特点、困境与出路［J］．郑州大学学报,2013，46（5）：143－147.

[49] 刘厚金．国外公共服务市场化的实践与启示［J］．福建论坛（人文社会科学版），2010（5）：153－156.

[50] 刘佳丽，谢地等．西方公共产品理论回顾、反思与前瞻——兼论我国公共产品民营化与政府监管改革［J］．河北经贸大学学报，2015，192（5）：11－17.

[51] 刘杰．党政关系的历史变迁与国家治理逻辑的变革［J］．社会科学，2011（12）：4－11.

[52] 刘洁．新制度主义视角下我国大学治理结构的重塑［J］．齐齐哈尔大学学报，2016（3）：164－166.

[53] 刘戒骄．英国电信产业的放松管制和对主导营商 BT 的再管制［J］．中国工业经济，2002（1）：32－40.

[54] 刘菁，黄伶．公益性事业单位绩效管理分析［J］．财经界（学术版），2017（15）：124－126.

[55] 刘玲玲．公共财政学［M］．北京：中国发展出版社，2003.

[56] 刘美萍．西方公共服务市场化与我国公共服务领域的改革［J］．中国矿业大学学报（社会科学版），2005（2）：38－42.

[57] 刘明，孙福胜．浅论我国的大学治理结构［J］．高教研究与实践，2014，33（3）：3－6，40.

[58] 刘尚希．完善事业单位财政保障机制问题研究［J］．经济纵横，2014（9）：55－61.

[59] 刘向东，陈英霞．大学治理结构剖析［J］．中国软科学，2007（7）：

97－104.

［60］刘小雪．欧盟与印度经贸关系发展及对我国的影响［J］．南亚研究季刊，2013（3）：43－47，1.

［61］刘晓苏．国外公共服务供给模式及其对我国的启示［J］．长白学刊，2008（6）：38－41.

［62］柳学信，董晓丽，孔晓旭．政府购买公共服务体系构建与深化事业单位改革［J］．经济与管理研究，2017，38（4）：35－46.

［63］柳学信．基础设施产业市场化改革的公共风险及其控制［J］．改革，2008（4）：47－53.

［64］柳学信．市场化背景下我国城市公用事业财政补贴机制重构［J］．财经问题研究，2014（2）：108－116.

［65］柳学信．中国基础设施产业市场化改革风险研究［M］．北京：科学出版社，2009.

［66］娄成武．公共事业管理学［M］．北京：高等教育出版社，2002：9－10.

［67］罗重谱．中国事业单位分类改革轨迹及走向判断［J］．改革，2012（4）：5－15.

［68］马超．公益类事业单位治理存在的问题与对策［D］．湘潭大学硕士学位论文，2014.

［69］马静．城市供水行业财政补贴问题的博弈分析［D］．首都经济贸易大学硕士学位论文，2013.

［70］马庆霜．推进事业单位分类改革，促进收入秩序稳步发展［J］．经营管理者，2014（19）：138－139.

［71］马晓静，杨肖光等．公立医院法人治理结构改革初探——以北京市门头沟区医院为例［J］．中国卫生政策研究，2013，8（8）：27－31.

［72］马晓君，宋远航等．国外大学治理结构的经验借鉴与启示［J］．经济师，2015（5）：205－207.

［73］曼昆，Mankiw，梁小民．经济学原理（第4版）［M］．北京：北京大学出版社，2006.

［74］曼瑟尔·奥尔森等．集体行动的逻辑［M］．上海：上海人民出版社，2014.

［75］孟华译．公共服务提供［M］．北京：清华大学出版社，2009.

［76］潘丰文．中国大学治理改革的法治化路径［J］．湖北警官学院学报，2014，27（1）：46－49.

［77］全国教育科学规划领导小组办公室．“基于利益相关者的大学权力结构与运行机制研究”成果报告［R］．2016.

［78］尚燕．我国公益类事业单位改革问题研究［D］．南京大学硕士学位论文，2014.

［79］石嘉莹．公益类事业单位转型的路径分析——以公私合作模式的类型化分析为思维进路［J］．法制与社会，2015（29）：159－160.

［80］苏杨．中国公益机构的现状分析及其改革思路［J］．行政论坛，2006（3）：14－16.

［81］孙佳宁．关于建国以来我国教育发展历程的思考［J］．现代交际，2015（11）：224－225.

［82］孙哲勇，何京扬．深化事业单位改革提高公共服务水平［J］．浙江经济，2005（22）：26－27.

［83］田明．公益性事业单位监管制度改革研究［D］．厦门大学硕士学位论文，2014.

［84］王成东．公益类事业单位改革的难点与对策［D］．黑龙江大学硕士学位论文，2009.

［85］王东明．分类推进事业单位改革不断满足人民群众公益服务需求［J］．求是，2011（17）：31－34.

［86］王东燕．公益类事业单位绩效工资实施的相关问题及措施［J］．低碳世界，2016（23）：231－232.

［87］王敬元．我国公益类事业单位改革的探讨［J］．现代经济信息，2015（8）：53，55.

［88］王镜．基于博弈分析的城市公共交通定价及补贴的理论与方法研究［D］．北京交通大学博士学位论文，2008.

［89］王澜明．改革开放以来我国事业单位改革的历史回顾［J］．中国行政管理，2010（6）：7－12.

［90］王乐夫，陈干全．我国政府公共服务民营化存在问题分析——以公共性为研究视角［J］．学术研究，2004（3）：69－73.

［91］王晓鹏，徐明安，任芳芳．公益类事业单位分类难点问题研究［J］．机构与行政，2013（2）：29－31.

［92］王艳．公益性事业单位预算管理分析［J］．中国外资，2013（6）：130－131.

［93］王绽蕊．教师参与大学治理制度反思与完善［J］．高教发展研究理论探索，2016.

［94］王自力．公用事业改革的动因：财务约束假说［J］．财经科学，2005（2）：92－96.

［95］魏光波．我国公立医院法人治理结构完善及治理模式研究综述［J］．中国医院，2010，14（9）：20－22.

［96］吴杰，张自伟．大学治理结构的国际比较与借鉴［J］．山西财经大学学报，2007（2）：19－22.

［97］吴开松，侯尤峰．公益类事业单位管理改革创新路径探析［J］．学习与实践，2016（6）：68－71.

［98］吴泰青．公益类事业单位绩效考评的问题和机制探析［J］．当代经济，2015（29）：82－85.

［99］习近平．决胜全面建成小康社会　夺取新时代中国特色社会主义伟大胜利——在中国共产党第十九次全国代表大会上的报告［J］．中国经济周刊，2017（42）：68－96.

［100］熊波．深化事业单位改革的基本方向与路径选择［J］．湖北社会科学，2009（4）：39－41，45.

［101］熊季霞，陆荣强．新医改背景下公立医院理事会型治理模式的特点及评价［J］．中国卫生事业管理，2012，29（9）：644－646.

［102］熊季霞，陆荣强等．新医改背景下公立医院集团模式的治理与评价［J］．南京中医药大学学报（社会科学版），2013，14（3）：177－180.

［103］熊季霞，苏晓艳．新医改背景下公立医院法人治理结构对综合绩效影响的研究综述［J］．中国卫生事业管理，2013，30（11）：848－852.

［104］徐婧雯．公益类事业单位改革探索研究［D］．黑龙江大学，2010.

［105］徐琪，姜华．大学内部权力结构和决策角色研究——基于社会网络分析的视角［J］．清华大学教育研究，2016，37（1）：55－62.

［106］徐晓新，张秀兰，余晓敏．公益类事业单位改革：来自社会企业的启

示［J］．北京师范大学学报（社会科学版），2013（5）：107－114.

［107］严必锋．公益类事业单位人员绩效考核探究［J］．人力资源管理，2016（8）：41－42.

［108］杨道田．我国事业单位现状、改革目标与途径探析［J］．云南行政学院学报，2005（2）：45－48.

［109］杨建庄，闫梅等．公立医院法人治理结构改革试点效果与对策分析［J］．中国医院管理，2014，34（9）：15－18.

［110］杨静．分类改革背景下江西省公益类事业单位人力资源管理研究［D］．南昌大学硕士学位论文，2016.

［111］杨雪冬．人民代表大会制度的完善与国家治理体系现代化［J］．团结，2016（6）：23－26.

［112］杨在云．在自治与管制之间：对中国大学治理结构的探讨［J］．商，2016（26）：52－53.

［113］易丽丽．公益类事业单位与政府关系类型研究——基于四种类型典型案例改革的比较分析［J］．中国行政管理，2016（12）：8－12.

［114］殷献茹．我国公益类事业单位改革的对策研究［J］．产业与科技论坛，2010，9（9）：21－23.

［115］尹晓敏．寻求政府控制与大学自治的平衡——世纪之交政府与大学关系的合理定位［J］．高教探索，2007（4）：52－55.

［116］于晗，赵萍．日本公共文化服务的多元化供给及运营模式［J］．新视野，2014（6）：110－113.

［117］于佳．公益类事业单位向第三部门转化的障碍问题研究［D］．兰州大学硕士学位论文，2009.

［118］于立，冯博．中国经济改革与发展的“三小法宝”［J］．改革，2013（1）：5－17.

［119］于维生，朴正爱．博弈论及其在经济管理中的应用［M］．北京：清华大学出版社，2005.

［120］余承海等．高等教育治理模式的国际比较与启示［J］．国家教育行政学院学报，2015（9）：84－88.

［121］臧旭恒，曲创．从客观属性到宪政决策——论“公共物品”概念的发展与演变［J］．山东大学学报（哲学社会科学版），2002（2）：37－44.

[122] 曾惠芬．我国公益类事业单位的运行机制以及财政供给方式［J］．中国乡镇企业会计，2015（5）：82－83.

[123] 张安．事业单位改革与公共服务体制建设［J］．宏观经济管理，2005（3）：25－26.

[124] 张朝太，田从科．事业单位分类管理与改革［J］．西南科技大学学报（哲学社会科学版），2003（3）：56－59.

[125] 张红梅．我国大学治理结构中内部主体矛盾关系［J］．现代教育管理，2015（3）：78－83.

[126] 张五常．经济解释：供应的行为［M］．北京：中信出版社，2012.

[127] 赵明，马进．我国公立医院治理机制改革模式及效果研究［J］．医学与哲学（人文社会医学版），2010，31（3）：31－33.

[128] 赵文晋．我国现代大学治理结构的完善路径［J］．现代教育科学，2015（5）：100－103.

[129] 赵秀竹，张帆，武宁．事业单位改革对公益类事业单位的影响及对策研究［J］．中国卫生产业，2017，14（16）：148－150，153.

[130] 郑国安．非营利组织与中国事业单位体制改革［M］．北京：机械工业出版社，2002.

[131] 中共中央　国务院关于分类推进事业单位改革的指导意见［J］．人才资源开发，2012（5）：6－9.

[132] 周生来．法人治理结构体制下的医院组织架构与职能［J］．中国医院，2011，15（6）：17－19.

[133] 周学荣，何平，李娲．政府治理、市场治理、社会治理及其相互关系探讨［J］．中国审计评论，2014（1）：107－126.

[134] 朱柏铭．公共经济学［M］．杭州：浙江大学出版社，2002.

[135] 朱光明．非营利机构与我国事业单位改革的目标选择［J］．中国行政管理，2004（3）：25－27.

[136] 朱光明．试论完善事业单位治理结构的基本原则［J］．理论学刊，2010（3）：97－100.

[137] 朱光明．政事分开与事业单位改革的路径选择［J］．政治学研究，2006（1）：110－116.

[138] 朱莉．我国公益类事业单位转型社会企业研究［D］．东华大学硕士

学位论文，2017.

［139］朱庆芳．现代事业人事管理［M］．北京：中国人事出版社，1997.

［140］朱喜群．深化事业单位改革的战略思考［J］．行政论坛，2006（3）：83－86.

［141］庄丽君．美国高校董事会制度的特点研究［J］．重庆高教研究，2016（4）：35－40.

［142］庄序莹，毛程连．事业单位国有资产管理现状与改革设想［J］．上海财经大学学报，2007，9（6）：76－82.

［143］庄序莹．公益型事业单位的治理机制研究［J］．财政研究，2006（8）：30－32.

［144］邹敏．中国城市供水企业绩效评价及补贴机制研究［D］．首都经济贸易大学硕士学位论文，2012.

［145］Aghion P.，Dewatripont M.，Rey P. Competition，Financial Discipline and Growth［J］. Review of Economic Studies，2010，66（4）：825－852.

［146］Alam M. M.，Rashed M. A. Delivering Countywide Cost－Effective and Better Education Services：The Models of Public Private Partnership（PPP）［J］. Social Science Electronic Publishing，2017，5（4）：875－880.

［147］Alexander J. A.，Lee S. Y. Does Governance Matter? Board Configuration and Performance in Not－for－profit Hospitals［J］. Milbank Quarterly，2006，84（4）：733－758.

［148］Antonecchia P.，Kryspin T. Dashboards for Your Board：Communicating Data Effectively and Efficiently［J］. Physician Executive Journal，2010，36（3）：34－37.

［149］Bank W. China：Deepening Public Service Unit Reform to Improve Service Delivery［J］. Economic Research Journal，2005，40（8）：4－17，23.

［150］Barry J. Nalebuff，Joseph E. Stiglitz. Prizes and Incentives：Towards a General Theory of Compensation and Competition［J］. The Bell Journal of Economics，1983，14（1）：21－43.

［151］Barzel Y. The Market for a Semipublic Good：The Case of the American Economic Review［J］. American Economic Review，1971，61（4）：665－674.

［152］Blumenthal D. Stimulating The Adoption of Health Information Technology

[J] . West Virginia Medical Journal, 2009, 105 (3): 28 –29.

[153] Buchanan J. M. An Economic Theory of Clubs [J] . Economica, 1965, 32 (125): 1 –14.

[154] Cao X. F. Consideration about 2006 Reform of Public Service Unit Wage System [J] . Journal of Xingtai Polytechnic College, 2007.

[155] Carl Grafton. Understanding Intergovernmental Relations, by Deil S. Wright [J] . Acoustics Speech & Signal Processing Newsletter IEEE, 1988, 19 (1): 196.

[156] Colm G. Comments on Samuelson's Theory of Public Finance [J] . Sba Controle & Automacao Sociedade Brasileira De Automatica, 1956, 20 (3): 383 –393.

[157] Cui X. A Tentative Analysis for Concerning Matters of the Classified Reform of China Public Service Unit [J] . Journal of Shangqiu Normal University, 2013.

[158] Cuthbert R. W. Effectiveness of Conservation – Oriented Water Rates in Tucson [J] . American Water Works Association Journal, 1989, 81 (3): 65 –73.

[159] Ding Z. C. Research on Classification, Orientation and Development Patterns of Scientific Research Institution for Public Welfare [J] . Soft Science, 2001.

[160] Drucker P. F. The Age of Discontinuity; Guidelines to Our Changing Society [J] . Population, 1969 (9): 413.

[161] Ebbers W. E., Pieterson W. J., Noordman H. N. Electronic Government: Rethinking Channel Management Strategies [J] . Government Information Quarterly, 2008, 25 (2): 181 –201.

[162] Fan S., Deng Q. On Reform of Public Institutions under Background of Social Organizational Unit Evolution [J] . Reformation & Strategy, 2014.

[163] Germa Bel, Anton Costas. Do Public Sector Reforms Get Rusty? Local Privatization in Spain [J] . Journal of Policy Reform, 2006, 9 (1): 1 –24.

[164] Gianluca Veronesi, Ian Kirkpatrick, Ali Altanlar. Clinical Leadership and the Changing Governance of Public Hospitals: Implications for Patient Experience [J] . Administration, 2015, 93 (4) .

[165] Grossman, Sanford, Hart, Oliver. Corporate Financial Structure and Managerial Incentives [J] . Social Science Electronic Publishing, 1983: 107 –140.

[166] Guo J. A Study on The Structural Reform Patterns of Scientific Research Institutions for Public Welfare in China [J]. Science Research Management, 2007, 28 (4): 73-80.

[167] Han, Wan. The Development and Reform Prospect of Personnel System in China's Public Service Unit [J]. Journal of Wuhan Metallurgical Managers Institute, 2008.

[168] Head J. G., Shoup C. S. Public Goods, Private Goods, and Ambiguous Goods [J]. Economic Journal, 1969, 79 (315): 567-572.

[169] Holmstrom B. Moral Hazard in Teams [J]. Bell Journal of Economics, 1982, 13 (2): 324-340.

[170] Holtermann S. E. Externalities and Public Goods [J]. Economica, 1972, 39 (153): 78-87.

[171] Hooshmand E., Tourani S., Ravaghi H., et al. Evaluation Systems for Clinical Governance Development: A Comparative Study [J]. Acta Medica Iranica, 2014, 52 (8): 607-612.

[172] Hua Y R, Sheng G W, Qin W H. Innovation and Development of Scientific Research Institution for Public Welfare in China [J]. Review of China Agricultural Science and Technology, 2006.

[173] Hudson J., Jones P. "Public Goods": An Exercise in Calibration [J]. Public Choice, 2005, 124 (3-4): 267-282.

[174] Jacob Fowles. Public Higher Education Governance: An Empirical Examination [D]. University of Kentucky Graduate, 2010.

[175] Jian L. I., Gao T., et al. The Inspiration from The Management Mechanism of Foreign Scientific Research Institution for Public Welfare [J]. Studies in Science of Science, 2008.

[176] Ju-Sheng Y. U. Study on The Administration and Reform of Agricultural and Other Public Welfare Research Institutions by Local Government [J]. Journal of Library & Information Sciences in Agriculture, 2003.

[177] Kamensky J. M. Role of The "Reinventing Government" Movement in Federal Management Reform [J]. Public Administration Review, 1996, 56 (3): 247-255.

［178］ Kessides I. , Miniaci R. , Scarpa C. , et al. Toward Defining and Measuring the Affordability of Public Utility Services ［R］. Policy Research Working Paper, 2009.

［179］ Lai W. C. The Problem of Social Cost: The Coase Theorem and Externality Explained: Using Simple Diagrams and Examples to Illustrate the Role of Land Use Planning in Tackling Externalities ［J］. Town Planning Review, 2007, 78 (3): 335 –368.

［180］ Laing A. Marketing in The Public Sector: Towards a Typology of Public Services ［J］. Marketing Theory, 2016, 3 (4): 427 –445.

［181］ Lee W. Y. The Political Economy of Public Sector Reform in Hong Kong: The Case of a Colonial – developmental State ［J］. International Review of Administrative Sciences, 1998, 64 (4): 625 –641.

［182］ Manning N. , Parison N. International Public Administration Reform: Implications for the Russian Federation ［J］. World Bank Publications, 2010.

［183］ Mccourt W. Models of Public Service Reform: A Problem – Solving Approach ［R］. Policy Research Working Paper, 2013.

［184］ Mishan E. J. Joint Products, Collective Goods, and External Effects: Reply ［J］. Journal of Political Economy, 1971, 79 (5): 1141 –1150.

［185］ Noce A. A. , Mckeown L. A New Benchmark for Internet Use: A Logistic Modeling of Factors Influencing Internet Use in Canada, 2005 ［J］. Government Information Quarterly, 2008, 25 (3): 462 –476.

［186］ P A. Contrast between Welfare Conditions for Joint Supply and for Public Goods ［J］. Review of Economics & Statistics, 2001, 51 (1): 26 –30.

［187］ Patrinos H. A. , Barrera – Osorio F. , Guáqueta J. The Role and Impact of Public – Private Partnerships in Education ［J］. World Bank Publications, 2009, 9 (100): 1 –116.

［188］ Pieterson W. , Ebbers W. , Dijk J. V. Personalization in The Public Sector: An Inventory of Organizational and User Obstacles towards Personalization of Electronic Services in The Public Sector ［J］. Government Information Quarterly, 2007, 24 (1): 148 –164.

［189］ Pieterson W. , Jan D. V. Governmental Service Channel Positioning:

History and Strategies for the Future [J]. Globalisation Societies & Education, 2006.

[190] Prybil L. D., Bardach D. R., Fardo D. W. Board Oversight of Patient Care Quality in Large Nonprofit Health Systems [J]. American Journal of Medical Quality, 2014, 29 (1): 39-43.

[191] Robin Means, Randall Smith. From Public Assistance Institutions to "Sunshine Hotels" [J]. Ageing and Society, 1983, 3 (2): 157-181.

[192] Rutherford B. A. The Social Construction of Financial Statement Elements under Private Finance Initiative Schemes [J]. Accounting Auditing & Account Ability Journal, 2003, 16 (3): 372-396.

[193] Schellong A., Mans D. Citizens Preferences towards One-stop Government [C]. National Conference on Digital Government Research. Digital Government Society of North America, 2004: 11.

[194] Schwartz T. The Logic of Collective Action [M]. Harvard University Press, 1971.

[195] Scott Simoneau, Janelle Stevens. Higher Education Governance Structure [J]. Legislative Program Review & Investigations Committee, 2010.

[196] Sikai F., Quanguo D. On Reform of Public Institutions Under Background of Social Organizational Unit Evolution [J]. Reformation & Strategy, 2014.

[197] Taleah Collum, Nir Menachemi, Meredith Kilgore. Management Involvement on the Board of Directors and Hospital Financial Performance [J]. Journal of Healthcare Management, 2014 (59).

[198] Teerling M. L., Pieterson W. Multichannel Marketing: An Experiment on Guiding Citizens to The Electronic Channels [J]. Government Information Quarterly, 2010, 27 (1): 98-107.

[199] The Development and Reform Prospect of Personnel System in China's Public Service Unit [J]. Journal of Wuhan Metallurgical Managers Institute, 2008.

[200] Tomas Serebrisky, Andres Gomez-Lobo, Nicolas Estupinan, et al. Affordability and Subsidies in Public Urban Transport: What Do We Mean, What Can Be Done? [J]. Transport Reviews, 2009, 29 (6): 715-739.

[201] Wang Y., Mao H. The Fifth International Forum in Developing Non-governmental Higher Education [J]. Journal of Zhejiang Shuren University, 2012.

[202] Wijngaert L. V. D., Pieterson W., Teerling M. L. Influencing Citizen Behavior: Experiences from Multichannel Marketing Pilot Projects [J]. International Journal of Information Management, 2011, 31 (5): 415-419.

[203] Xiaofeng C. A Tentative Analysis for Concerning Matters of the Classified Reform of China Public Service Unit [J]. Journal of Shangqiu Normal University, 2013.

[204] Yang R. H., Gao W. S., Haiqin Wu. Innovation and Development of Scientific Research Institution for Public Welfare in China [J]. Review of China Agricultural Science & Technology, 2006.

[205] Zhang H. Y. Classifying, Positioning and Combining Resources: Key to the Reform of the Public Service Unit [J]. Journal of Guizhou University, 2005.

[206] Zuo R., Director - General D. Building a Modern Public Service Unit System with Chinese Characteristics—On Orientation, Model and Approaches to the Reform of Public Service Units [J]. Chinese Public Administration, 2009.